興亡の世界史

アレクサンドロスの征服と神話

森谷公俊

目次

目次

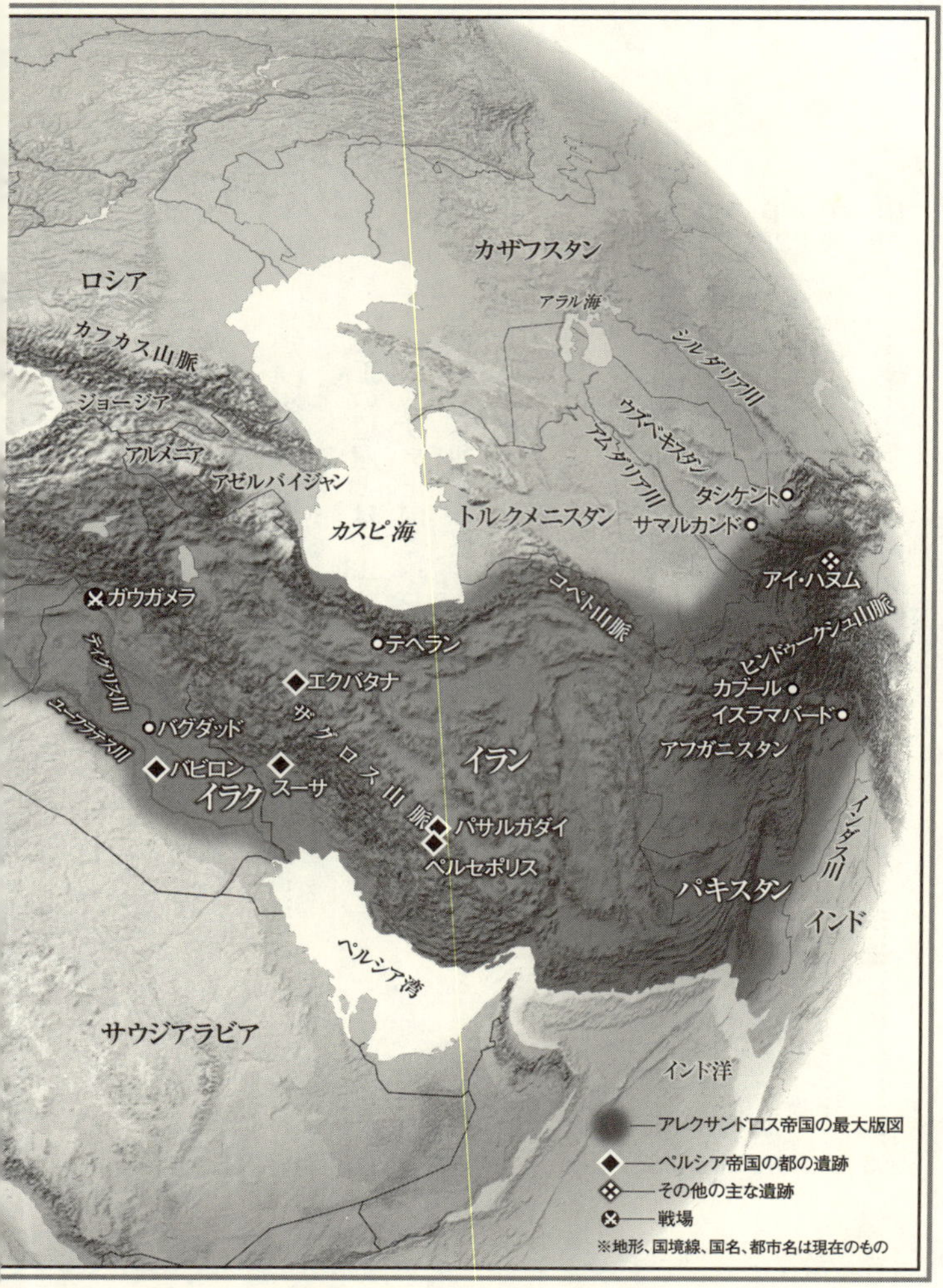

ロシア
カザフスタン
カフカス山脈
アラル海
シルダリア川
ジョージア
ウズベキスタン
アムダリア川
アルメニア
アゼルバイジャン
タシケント
カスピ海
トルクメニスタン
サマルカンド
アイ・ハヌム
ガウガメラ
コペト山脈
ヒンドゥークシュ山脈
テヘラン
エクバタナ
ティグリス川
カブール
ユーフラテス川
バグダッド
イスラマバード
ザグロス山脈
アフガニスタン
バビロン
スーサ
イラン
イラク
インダス川
パサルガダイ
ペルセポリス
パキスタン
インド
ペルシア湾
サウジアラビア
インド洋
アレクサンドロス帝国の最大版図
ペルシア帝国の都の遺跡
その他の主な遺跡
戦場
※地形、国境線、国名、都市名は現在のもの

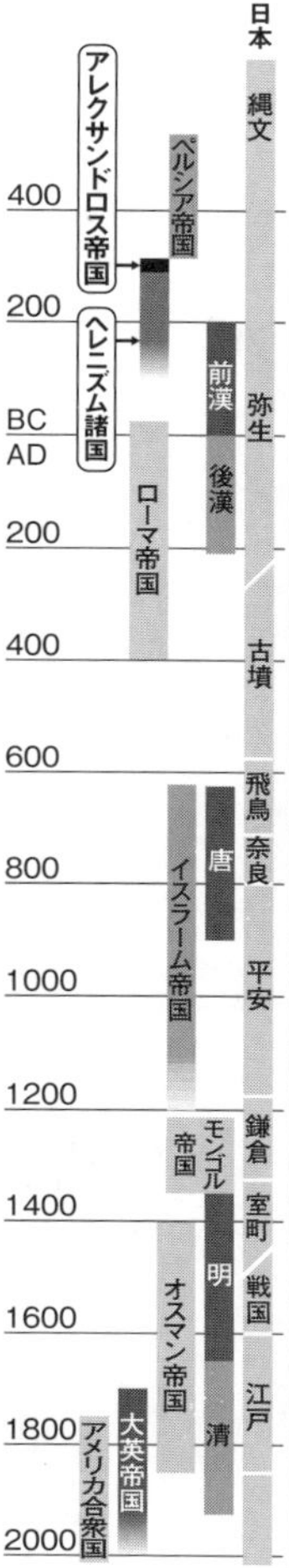

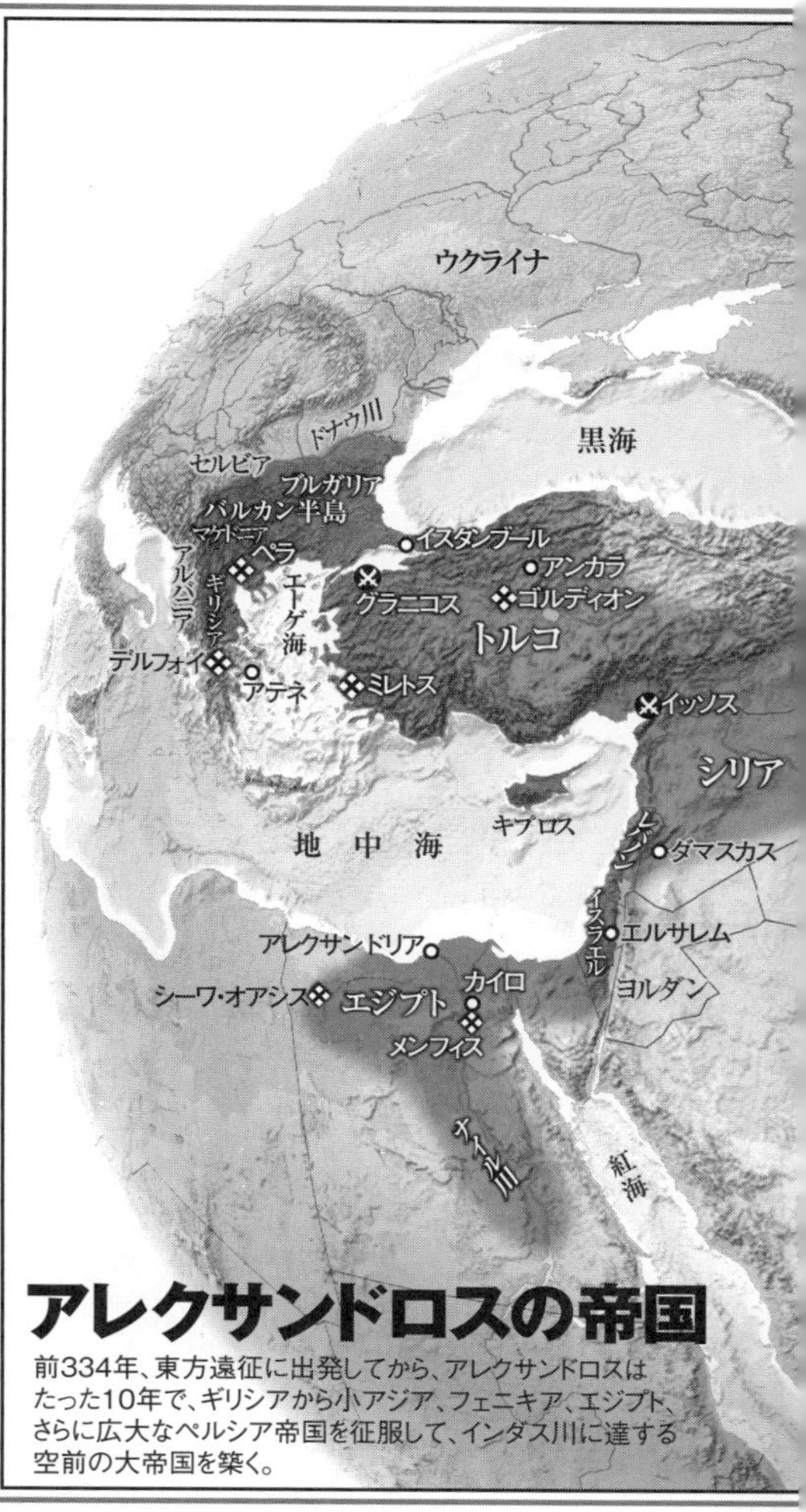

アレクサンドロスの帝国

前334年、東方遠征に出発してから、アレクサンドロスはたった10年で、ギリシアから小アジア、フェニキア、エジプト、さらに広大なペルシア帝国を征服して、インダス川に達する空前の大帝国を築く。

地図・図版作成
ジェイ・マップ
さくら工芸社

興亡の世界史

アレクサンドロスの征服と神話

はじめに

アレクサンドロスという小宇宙

アレクサンドロスという名前には、人を惹《ひ》きつけてやまない魔力のような輝きがある。彼が世を去ったのは、はるか二三〇〇年以上も前のこと。にもかかわらず、同時代から現代に至るまで、人々は絶えずアレクサンドロスを振り返り、彼の姿をさまざまに思い描いてきた。まじめな歴史書から娯楽作品、教訓的な伝記から空想的なロマンまで、多種多様なアレクサンドロスが生み出され、今なお大王像が一つに収斂《しゅうれん》することはない。

たしかに、アレクサンドロスの生涯は一篇の大河小説のごとく、名立たる逸話にあふれている。開戦劈頭《へきとう》グラニコスでの華々しい一騎打ち、だれも解けないゴルディオンの結び目を一刀両断にしたとの伝説、リビア砂漠のアモン神殿における謎めいた神託、イッソスとガウガメラにおけるペルシア軍との決戦、捕虜とした王族女性たちへの騎士のごとき振舞い、壮麗なペルセポリス王宮の放火事件、インド侵攻とインダス川下り、ゲドロシア砂漠の死の横断、ペルシアの旧都スーサでの集団結婚式、そして突然の熱病と死。どれもみな映画や小説の名場面とするに十分な魅力がある。

汲めど尽きせぬ泉のように、いつの世にあっても大王のイメージは豊かに流れ、だれもが彼の生涯から自分だけの大王像を描いてきた。一方で彼は天才的な将軍、偉大な哲人王、ギリシア文化の使徒、神にも等しい英雄であり、だれもが彼をはるかな高みに仰ぎ見る。他方では飽くことを知らぬ征服者、無慈悲な専制《せんせい》君主、向こう見ずな暴君であり、ひたすら非難と弾劾のことばが浴びせられる。こうした千変万化のイメージは、つまるところ、その時々の人々の理想や未来像、あるいは人間観や世界観の投影なのであり、要するにわれわれ自身の鏡にほかならない。

では、なぜアレクサンドロスがそうした鏡となり得て、万華鏡《まんげきょう》のごとき魅力と輝きを放ち続けてこられたのか。

「この天と地の間には、哲学などの思いもよらないことがあるのだ」

このハムレットの台詞《せりふ》を借りて言えば、アレクサンドロスには人知の及びもつかない何かがある。わずか三二年と一一ヵ月、疾風怒濤《しっぷうどとう》の生涯で、その精力と才覚は底知れず、およそ人間のもつ可能性を極限まで展開して見せた。同時代人にとってさえ、彼は人間の次元を超えた、むしろ神々とともに天上にあるべき存在であった。アレクサンドロスという人物自体が、言わば未知の小宇宙なのだ。われわれもまたこの小宇宙を、驚嘆と畏怖《いふ》、憧憬《しょうけい》と羨望《せんぼう》のまなざしで見つめているのである。

解放者か侵略者か

二〇〇五年二月、オリバー・ストーン監督の映画『アレキサンダー』が日本で公開された。三時間近いこの大作の後半、インダス川を背にしたアレクサンドロスは、全軍兵士にさらなる前進を呼びかける。

「恐れを感じて当然だ。ここまで来た者はいない。数週間で海に出られる。故郷に通じる道だ。愛する者に再び会える。アジアの財宝や冒険談を土産に、われわれの輝かしい業績を永遠に伝えるのだ」

しかし、冷ややかな沈黙。すでに八年に及ぶ遠征に、兵士たちは疲弊《ひへい》しきっていた。全軍を代表して側近のクラテロスが歩み出《い》で、王に向かって静かに語りかける。

「八年前には四万の仲間がいました。陛下と共に一万六〇〇〇キロ以上来ました。雨の日も、照りつける太陽の下でも戦い、多くの敵を殺しました。そして今生き残ったのはわずかです。それなのにまだ東へ進み、蛮族《ばんぞく》どもと戦い、象という怪物のいる地で一〇〇もの川を渡れと？　俺たちの望みは子供たちに会うこと。女房や孫の顔を最後に見たいのです」

兵士たちの顔には、よくぞ言ってくれたという共感の表情が広がる。

しかし、アレクサンドロスは譲らない。それどころか、お前たちは実直さを失って堕落《だらく》

アレクサンドロスの頭像　前4世紀末。アクロポリス美術館蔵

したと叱りつけ、きっぱりと言い切る。

「私は進み続ける。アジア兵と共に」

兵士の中から王に対する非難罵倒《ひなんばとう》の声が上がり、ほとんど暴動にまで発展する。だが、アレクサンドロスは首謀者を即刻処刑して不満を抑えつけ、さらに東へと軍を進めるのであった。

一体何のための遠征であろう。マケドニア人がついて来ないなら、たった一人でも行くと言わんばかり。彼の目的は何なのか、何がそこまで駆り立てるのか。

映画前半のハイライト、ガウガメラにおけるペルシア軍との決戦を前にして、アレクサンドロスは兵士たちを激励する。

「向かう先にはダレイオスの率いる大軍が待ち構えている。われわれは奴隷ではない。マケドニアの自由な戦士として今ここに立つ。なぜ勇敢に戦うか、聞かれたら答えろ。ガウガメラの戦いは、自由とギリシアの栄光のためだ。ゼウスよ、守りたまえ」

ストーン監督自身は、「政治的な意図は全然ない、あくまでも古代のロマンだ」と言ったそうだが、この映画に現代を重ねることは容易である。事実、映画のパンフレットに寄稿した評論家やジャーナリストは、期せずしてブッシュ大統領とイラク戦争を連想している。「自由」と「栄光」の大義を掲げ、ペルシア人を奴隷と呼び捨て、専制帝国打倒に突き進むアレクサンドロスは、イラクをフセイン独裁から「解放」し、中東に「自由と民主主義」を打ち立てるとしてイラク攻撃に踏み切ったブッシュそのものではないか。アレクサンドロスがギリシアの最高神ゼウスの加護を呼びかければ、ブッシュも「神の祝福がありますように」と繰り返した。

ブッシュ大統領に重ねるか否かは別としても、征服された側から見ればアレクサンドロスはまぎれもない侵略者である。西アジアから広大な中央アジアを経てインダス川流域に至るまで、彼の行く先々で、一体どれほどの兵士と住民の命が奪われたことか。たった一度の会戦で万を数える犠牲者を出し、中央アジアでの平定作戦は、ときに民族絶滅戦争の様相を呈した。戦闘以外でも、灼熱《しゃくねつ》の砂漠や雪に覆われた山脈で、多くのギリシア人・マケドニア人が命を落とした。彼が掲げた自由や栄光は、これほどの犠牲に値するものだったのだろうか。そもそも、彼の自由とは、栄光とは、一体何だったのか。

平和共存と融合

これとはまったく対照的に、アレクサンドロスを、諸民族・諸文明の共存と融合を目指した偉大な先駆者として描く見方もある。たとえば、二〇〇三年四月二〇日に放送された、NHKスペシャル『文明の道』（全八集）がそうだ。第一集のこの日は「アレクサンドロスの時代」と題し、大王の東方遠征とオリエント世界とのかかわりを主題にしていた。

おりしも、二〇〇一年米国で起きた9・11同時多発テロ事件以来、「文明の衝突」という言葉が再び脚光を浴びていた。これに対して番組は、互いに衝突しながらも文明の違いを乗り越えてきた人類の、共存や融合の歴史を描こうとする。事実、ペルシア帝国やモンゴル帝国、オスマン帝国などは、多民族、多言語、多宗教の人々に対する支配を長期にわたって維持してきた。その秘密は寛容《かんよう》にある。そしてアレクサンドロスこそ、そうした寛容政策の先駆者だという。

こうして番組は、大王がアジアの諸民族に対して、いかに融和的な政策をとったかという側面に焦点を当てていく。最も象徴的なのは、彼がバビロンに入城するにあたって住民に語った言葉である。バビロン出土の粘土板文書には、「私はあなたがたの家に侵入しない」と記されていた。これは、彼が武力のみに頼るのでなく、人々の宗教や習慣を大切にしたことを示す、アレクサンドロスは今や世界帝国を作るための新しい方針を採用したのだ、こう解説される。

アレクサンドロスが諸民族・諸文明の平和共存をめざしたこと、これも一面の真実である。何しろ彼の征服地は、地中海沿岸からナイルやインダスの肥沃《ひよく》な流域、イランやアフガニスタンの峻険《しゅんけん》な山脈から中央アジアの砂漠とオアシスまで、広大かつ多様であった。その上そこにはそれぞれ固有の伝統、文化、宗教を持つ数多くの民族が長らく共存し、農業や遊牧に携わり、大規模な都市を築き、国際的な交易を営んでいた。中でもエジプトやメソポタミアはすでに三〇〇〇年近い文明を誇っており、たかだか数世紀来の文化しか持たないギリシア人などは、西からやって来た新参者にすぎない。アレクサンドロスはギリシア世界の狭い枠組みを超え、こうした多様な東方世界に自らを順応させようとした。エジプトでもバビロンでも、彼はその土地の王として迎えられ、それぞれの伝統に従って宗教儀礼を執り行った。今やアレクサンドロスが名のるのは「アジアの王」である。王権の基盤をしだいにアジアへ移し、東方の諸民族に依拠して新しい支配体制を築こうとした。こうした推移を見れば、彼の路線を共存・融和の政策と呼ぶことも可能であろう。

このように、二一世紀初頭のアレクサンドロス像も二つに分裂している。一方に侵略と征服、他方に寛容と共存。二三〇〇年来の対照的な大王像の流れのなかに、われわれもまた棹《さお》さしているのである。

巨大なるイメージ

さらにもう一つ、現時点でアレクサンドロスを振り返るとき、彼が後世に何を残したかという問題がある。この問題に正面から取り組んだのが、二〇〇三年一二月に奈良で開かれた「シルクロード・奈良国際シンポジウム」である。シルクロードの東の終着駅である奈良で二年ごとに行われてきたこの国際シンポジウムは、アレクサンドロスの遠征をシルクロードの原点と位置づけて、東西交流の先駆者たる大王の足跡を多面的に解明しようとした。シンポジウムでは、私自身も含めて歴史・文学・考古学・美術史・思想史など多方面にわたる専門家が集まり、ローマから中近東、アジアまでを対象として専門の枠を超えた活発な討議が交わされた。

ここであらためて明らかになったのは、アレクサンドロスが政治や社会から思想・文化に至るまで、各方面に刻印した足跡の巨大さである。実を言えば、彼が直接残したものはごくわずかにすぎない。墓はいまだに発見されず、彼が各地に建設した都市アレクサンドリアも、エジプトのそれを例外としていったんはほとんどが消滅した。大王を描いた彫像やモザイクはすべて後世に制作されたもので、原作は残っていない。にもかかわらず彼の巨大さを感じさせるのは、一つにはアレクサンドロスが残した名前とイメージである。たとえば足が速いことを意味する韋駄天《いだてん》とは、アレクサンドロスのアラビア語形イスカンダーを中国語で表記したものがさらに変形してできた言葉だという。そこには短い生涯で広大な世界を一気に駆け抜けた、疾風《はやて》の如き大王の姿が反映している。

もう一つは、アレクサンドロスが作り出した世界が、その後の多様な文化や思想の交流の場になったということである。彼の遠征なくしては、ギリシア文化の東方への伝播《でんぱ》ははるかに小さいものだったかもしれない。ヘレニズムという概念の当否は後に詳しく述べるとして、ともかく彼が踏破した世界が、彼の死後に新たな可能性を現実のものとしていったことは疑いない。

いずれの場合も、大王が後世に残した反響の大きさを語っている。無限とも言える可能性を残したという意味で、アレクサンドロスは生前よりもむしろ死後においてこそ、その存在の巨大さを実感させる。これまた歴史上稀有《けう》の存在というべきであろう。

変幻自在の帝国

とはいえ、増幅される一方のイメージと、その帝国の実態とはまったく別問題である。一見するとアレクサンドロス帝国とは、専制君主である大王がすべてを思いのままに支配する、単純この上ない大国に見える。しかし一歩踏み込んで中身を見ると、帝国の中心は遠征軍と共に絶えず移動して留まることがない。彼が一ヵ所に長期滞在するのは、大規模な包囲戦を除けば、せいぜい数ヵ月の冬営に限られ、これ以外は常に移動していた。大王の変転きわまりない所在地がその時々の首都であり、帝国は捉《と》らえどころのない流動体に見えてくる。また支配体制にも何か一貫した原則があったわけではない。征服した都市や地域の多種多様な条件と伝統に適応して、その統治の方法も多様であった。それこそ寛容政策と呼びたくなるが、いったん相手が服属すれば細かな点には干渉しないという意味で、放任と言ってもおかしくない。それゆえ彼の帝国は、一元的な原理で統合された堅固な構築物ではなく、さまざまな断片を継ぎ合わせたパッチワークのごとき脆弱《ぜいじゃく》な創作物である。大王という唯一の支点を失えば、たちまち瓦解《がかい》するしかない。

その上アレクサンドロス自身も、その属性を次々と変えていった。まず彼はマケドニアの王であり、テッサリア連邦の長官、コリントス同盟の盟主にして全権将軍だった。次いでエジプトのファラオとなり、バビロニアの王として迎えられ、さらにアカイメネス朝の後継者として立ち現れた。その血統も、フィリッポス二世とオリュンピアスの息子、英雄アキレウスとヘラクレスの末裔《まつえい》であり、さらに最高神ゼウスの子にしてアモン神の子を自称した。彼自身がこのような肩書を名のっただけでなく、行く先々の諸民族は、アレクサンドロスを彼らの伝統の文脈で新たな支配者として受け入れた。こうして大王の姿は、カメレオンのように次々と変貌《へんぼう》を遂げていったのである。彼が次に何になるのか、身近にいた側近たちさえ皆《かい》目《もく》見当がつかなかったろう。

要するにアレクサンドロス帝国とは、巨大なガス雲が中心に向かって渦巻きながら恒星を生み出しつつある、生成途上の天体のごときものであった。実際彼は、すべてを星雲状態のままに残してこの世を去ったのである。

ヘレニズムの幻影

アレクサンドロスの遺産を語るとき、しばしば言及されてきたのがヘレニズムという言葉である。アレクサンドロスはギリシア文化を広めるために遠征に出発した、その結果ギリシア文化が東方に広まり、オリエント文化と融合して新しいヘレニズム文化が生まれた、ヘレニズム文化こそ大王の遺産である。このようなヘレニズムの捉らえ方は、高校の世界史教科書や概説書をとおして広く普及し、今も常識として通用している。しかしこの概念は歴史認識という点で重大な問題をはらんでいる。

ヘレニズムとは、一九世紀プロイセンの歴史家ドロイゼンが初めて提唱した概念である。それまでは、いわゆる古典期のギリシア、すなわち前五〜前四世紀の最盛期ばかりが注目され、マケドニアによって征服されて以降のギリシアは衰退期と見なされて、まともな研究対象になっていなかった。これに対してドロイゼンは、アレクサンドロスが新しい時代を切り開き、大王以後のギリシア史も独自の価値を有すると考えて、これをヘレニズム時代と名づけたのである。ヘレニズムという言葉はギリシア語のヘレニスモスに由来し、これはギリシア語を話すとか、ギリシア風の生活をするという意味である。ドロイゼン以後、これは古典期に次ぐギリシア史の一時代として古代史学界に定着し、ギリシア文化の東方への拡大という現象と結びついて理解された。

現在ヘレニズムという言葉は、およそ次の三通りの意味で使われている。

第一に、すでに紹介したような、ギリシア文化が東方に広まり、オリエント文化と融合して生まれた新しいギリシア風の文化という意味。

第二に、アレクサンドロスの治世からローマによる東地中海征服までの、約三〇〇年間を表す時代の名称。大王の治世とともに始まり、プトレマイオス朝エジプトの女王クレオパトラ七世が自殺して、ローマの地中海統一が成った前三〇年に終わる。

第三に、ヘブライズムすなわちユダヤ教・キリスト教と並ぶ、ヨーロッパ文明の二つの源流の一つという意味。この場合のヘレニズムは、ギリシア・ローマの古典文化を意味する。

このうち問題なのは、一番目の意味が東方文化に対するギリシア文化の優越という価値判断を前提にしていることだ。これを象徴的に表すのが融合という言葉であろう。欧米の歴史家は、ギリシア文化が他の文化と混合すると「融合」と呼ぶが、ペルシア文化が他の文化と混じるときは、しばしば「折衷」というマイナス価値の言葉を使う。実際にはペルシア人もまた、先行するアッシリア、バビロニア、エジプト、メディアなど多様な文化を吸収して独自の総合を遂げていたのであって、その具体的現れはペルセポリスの浮彫りに見ることができる。またヘレニズム時代になってギリシア人が多数東方に移住し、交易が盛んになり、各地で都市が発展し、コイネーと呼ばれる共通ギリシア語が広まったと言われる。しかし、諸民族の平和的な共存と交流はすでにアカイメネス朝時代に実現していたし、当時アラム語が国際商業語として広く用いられていたことは、高校の世界史教科書にもきちんと書かれている。にもかかわらず、交易の発展や文化の交流がまるでギリシア人の専売特許であるかのごとく語られてきた。その背後には紛《まぎ》れもなく、ギリシア文化が最高で東方の文化は劣等なものと見る、差別的な価値観がある。日本で流通しているヘレニズム概念もまた、このようなギリシア中心主義、それを受け継いだヨーロッパ中心の視点を深く内在させているのだ。

また日本では、ヘレニズム文化の代表としてガンダーラ美術が言及されてきた。ギリシア風の様式で彫られた仏像の中に、ヘレニズム文化の粋《すい》を見出すのである。これは二〇世紀前半フランスの美術史家フーシェの説だが、今日ではすでに時代遅れである。実際ギリシア人がガンダーラ地方を支配していた前一世紀から後一世紀前半には、まだ仏像は現れない。仏像が作られるのは紀元一世紀後半、クシャン朝時代のことであり、アレクサンドロスとは四〇〇年近い隔たりがある。今日の研究では、ガンダーラの仏教美術にはギリシア、イラン、ローマという三つの文化が影響を与えていると見るのが有力である。大王と仏像が直結しているかのような解釈はまったくの的外れであり、われわれの常識のなかのヘレニズムは幻影だと言わねばならない。

こうしてアレクサンドロス帝国の解明は、従来のオリエント史、ヘレニズム史の根本的な再検討につながる。本シリーズ「興亡の世界史」において、特定の人物を中心とする本巻はいささか特異な内容を持っているが、以上述べてきたことから、アレクサンドロスをもって一巻となすことの意義は十分ご理解いただけると思う。繰り返して言えば、アレクサンドロスという人物自体が一個の小宇宙であり、複雑な構造と展開を有する帝国にさえ匹敵する存在なのである。二一世紀の世界を私たち自身がどのように展望し構想するのか、アレクサンドロスはそうした私たちの問いかけに答え、新しい世紀に相応しい人物像を浮かび上がらせてくれるだろう。本書は、そうした問いかけと応答のささやかな試みである。

第一章　大王像の変遷

大王像の原点

大王への賛辞

この王は短期間にこの上ない偉業を成し遂げ、彼自身の英知と勇気のおかげで、その功業の大きさは、太古の時代から記憶によって伝えられているすべての王を凌駕《りようが》した。というのも、彼は一二年でヨーロッパの少なからぬ部分とアジアの大半を征服し、古《いにしえ》の英雄や半神たちに匹敵する赫々《かくかく》たる名声を手に入れたのだから（ディオドロス　第一七巻一章）。

思うに当時、人類のいかなる種族、いかなる都市、いかなる人物であれ、およそアレクサンドロスの名が届かなかった場所はなく、その名を聞かなかった者もいなかった。実際かくも比類なき人物は、神なくしてこの世に現れるものではないと私には思われる（アリアノス　第七巻三〇章）。

右の引用は、アレクサンドロス大王に対する賛辞のほんのわずかな例にすぎない。彼の偉

戦闘場面のアレクサンドロス　シドン出土の石棺に描かれた大王。イスタンブール考古学博物館蔵　鈴木革撮影

大さを称えるには、おそらく千万言を費やしても足りなかったことだろう。ではこうした賛辞に代表される大王像は、一体どんな経路をたどって今日まで伝えられたのだろうか。

アレクサンドロスについて知るための基本的な史料は、古代に書かれた大王の伝記である。まとまった形で現存する大王伝は五篇あり、うち三つがギリシア語、二つがラテン語で書かれている。実はこれらはすべてローマ時代に書かれた。実際ローマの多くの政治家、将軍、皇帝たちはアレクサンドロスの大征服に憧れ、その偉大さを我が物にしたいと切に願っていた。それゆえ大王像の源流を探るには、まずローマ時代に目を向けねばならない。

大王に憧れるローマ人

前一世紀の将軍ポンペイウスは、その容姿がアレクサンドロスに似ていたという。年少の頃から優しさと威厳を兼ね備え、若さの中にも王者の威風を帯びていた。それゆえ人々は彼をアレクサンドロスと呼んだが、ポンペイウスはこれを拒まず、成人してからもしばしばアレクサンドロスと呼ばれた。その彼が小アジアやシリアなどを征服し、東方におけるローマの支配体制を固めたのち、前六二年に帰国して凱旋《がいせん》式を行った。盛大な行列の中で、彼は貴石をちりばめた戦車に乗り、大王の着ていたマントを着用したと言われる。そのマントとは、彼が小アジアのポントス王ミトリダテスから得た戦利品の中に見つけたという。それは彼にとって、今やローマがヨーロッパとアジアの支配者となったことの象徴であった。

のちにこのポンペイウスを倒すカエサルは、前六一年属州スペインに赴任したさい、アレクサンドロスの伝記を読んで長いこと思いにふけり、それから涙を流した。友人がわけを尋ねると彼は言った。

「今の私の年齢で、アレクサンドロスはすでにあれほど多くの民族の王となっていたのに、自分はまだ何一つ華々しいことを成し遂げていない。これを悲しむのは当然ではないか」

この時、カエサル三九歳。ルビコン川を渡ってローマの独裁官となるのは、それから一二年後のことである。

前四四年にカエサルが暗殺された後、アントニウスとオクタウィアヌスが地中海世界を二分して争った。アントニウスはエジプト女王クレオパトラと結び、彼女が生んだ男の子をアレクサンドロスと名づけ、それにヘリオス（太陽）という添え名をつけた。前三〇年、この二人を倒してエジプトを征服したオクタウィアヌスは、大王の遺体を首都アレクサンドリアの霊廟《れいびょう》から出させた。彼はつくづくと見入ってから黄金の冠を遺体の上に置き、花を散らして大王に敬意を表した。プトレマイオス朝歴代の王の遺体も見たいかと聞かれ、こう答えた。

「私が見たいのは王であって、死んだ者ではない」

彼にとってアレクサンドロスは、今なお生きているも同然だったのだ。

このオクタウィアヌスがアウグストゥスの尊称を受け、初代ローマ皇帝となってからのこと。各種の書類や書簡に印を押すとき、彼はある時期アレクサンドロスの肖像を彫った印を用いた。また彼が片手を上げて立つ彫像は、大王を描いた彫刻を模倣したものといわれる。

第三代のカリグラ帝がブリタニア（イギリス）とゲルマニアに遠征しようとした時、彼は出発する前から凱旋将軍の服装をして歩き、時にはアレクサンドロスの石棺から見つけたという胸当てを身につけた。ただし遠征そのものは実行されずに終わったが。

五賢帝の一人トラヤヌスはメソポタミア地方に遠征し、一一六年にはティグリス川を下ってペルシア湾岸に達した。そこで彼はインドに向かう船を見、アレクサンドロスの幸運を思い起こして、自分も若ければ必ずインドに渡ったことだろうと言った。

お守りになった大王像

帝政期のローマでは、日常生活にもアレクサンドロスが浸透した。貴族のマルキアス家では、男たちが使う指環や銀器、女たちの腕輪や指環、その他あらゆる装飾品にアレクサンドロスの浮彫りがほどこされていた。また衣服や房飾りや女性用の外套《がいとう》にも、大王の姿が色とりどりの糸で織り込まれていた。この家系の一人、コルネリウス・マケルがヘラクレス神殿で会食を開いたとき、彼はまずお椀をかかげて乾杯したのち、会食者でアレクサンドロスを熱烈に崇拝する者たち全員にそれを回した。その椀の周りには、大王の全生涯が細密な像で表現されていた。当時のローマ人の間では、金であれ銀であれアレクサンドロスの肖像を身につけている者は、何をするにも彼の助けが得られると信じられていたという。要するに大王像はお守りになったのである。

こうしてローマの皇帝や政治家、貴族たちは、大王への賛美とその模倣、また大王にあやかろうとする態度を共有していた。それは単なる憧れ、根拠のない夢想ではない。ローマが地中海一帯を完全に征服した上、東方にも領土を広げつつあるという現実に基盤を持っていた。当時のローマが東方で対峙《たいじ》していたのは、パルティア王国、次いでササン朝ペルシアであり、特に後者はアレクサンドロスが滅ぼしたアカイメネス朝ペルシアの後継者を自称する大国である。さらに小アジアの辺境属州では、周辺の諸民族に対する平定戦が繰り返された。東部国境方面における異民族との戦いは、ローマの為政者たちにアレクサンドロスの遠征を絶えず想起させ、かの偉大な征服者に自身を重ね合わせる心理的根拠を与えていたのである。

専制君主としての大王像

その一方で知識人の間では、アレクサンドロスを無慈悲な暴君、東方の専制《せんせい》君主と同類の野蛮な支配者とする見方も強かった。皇帝ネロの教師を務めたストア派の哲学者セネカは、『怒りについて』のなかで、アレクサンドロスが怒りに駆られて側近のクレイトスを刺し殺したことを取り上げ、これは東方の野蛮な王たちと同じ残虐な仕打ちであると非難した。ローマの上流階級に浸透していたストア哲学は、情念にかき乱されない心の平静を重んじ、厳しい克己心《こっきしん》と義務を説いて、理性的な生き方を最高とした。この立場から見れば、アレクサンドロスが酒に溺れ、側近を殺し、東方の「遅れた」習慣を身につけたことは人間としての堕落にほかならず、君主の道にそむく者、あってはならない反面教師となる。

四世紀の教父アウグスティヌスは、代表作『神の国』において、正義が失われれば王国も大きな盗賊団以外の何ものでもないとして、こんな逸話を紹介している。ある海賊が捕らえられた時、アレクサンドロスが「海を荒らすとはどういうつもりか」と詰問した。海賊は臆することなくこう答えた。「陛下が全世界を荒らすのと同じことです。ただ私は小さな舟でするので海賊と呼ばれ、陛下は大艦隊でなさるので皇帝と呼ばれるだけです」。アウグスティヌス曰く、この答えはまったく適切で真実を衝《つ》いている（第四巻四章、服部英次郎訳、一部字句を修正）。これによく似た映画の台詞《せりふ》を思い出す。チャップリンは『殺人狂時代』でこう言った。「一人を殺せば殺人犯だが、一万人を殺せば英雄だ」と。実はアレクサンドロスに殺された側近のクレイトスは、「一将功成りて万骨枯《ばんこつ》る」という意味の言葉を吐いて、王を激昂《げっこう》させたのだった。彼もまた、万を数える殺戮《さつりく》を犯したからこそ英雄なのだ。

ついでながら、こうした暴君のイメージは中世にも受け継がれた。ダンテは『神曲』において、アレクサンドロスを地獄の第七圏に落とした。そこでは「人の血を流し産を掠《かす》めた暴君ども」が、赤々と煮えたぎる血の川で熱湯責めにされ、金切り声を上げている（地獄篇第一二歌、平川祐弘訳）。

現存する大王伝

現存する五篇の大王伝はいずれも、以上のようなローマの政治的・知的雰囲気の中で書かれた。それらは当時のローマ人が抱いていたアレクサンドロス像を踏まえ、それに影響されつつ、同時にローマ人における大王像の形成に寄与した。その内容は多彩であるが、単にいろいろな見方があったというに留まらない。どの作者も、目の前に流布している大王像に対して自分なりの独自性を主張しているのであり、自己の立場と異なる大王像に対しては批判的だった。その意味で、現存する伝記のすべてが「論争の書」なのである。

一方には、大王の偉大さ、英雄的な性格を強調する伝記があり、前一世紀のギリシア人歴史家ディオドロスによる『世界史』第一七巻がその代表である。もっともその叙述はしばしば大げさな描写や感情的な表現に流れ、いかにも大衆受けをねらったような印象を与える。

伝記としての特色を最もよく示すのが、プルタルコスの『アレクサンドロス伝』である。彼のねらいは冒頭にこう書かれている。

ちょっとした振舞いや片言隻句《へんげんせっく》や冗談の方が、何万もの死者を出す戦闘や大規模な戦列や数々のポリスの包囲戦よりも、いっそう人の性格を明るみに出すものだ。画家は肖像画を描くとき、人の性格をあらわす顔や目の表情をとらえ、他の部分はあまり考慮しない。ちょうどそれと同じように、私も大きな事件や戦争などは他の人にまかせて、魂の特徴に分け入ることにしよう（第一章）。

プルタルコスの大王像は、アレクサンドロスの武勇と果敢な性格を浮彫りにする一方、側近たちとの交友関係や日常生活の細部におよぶ。また彼の弱点や欠点も率直に認めた上で、後悔や悲嘆の様子をていねいに描写しており、人間味に富んだ大王像を提供している。

これに対して倫理的な立場を前面に押し出すものに、紀元一世紀の元老院議員クルティウス・ルフスの『アレクサンドロス大王伝』がある。彼によると、ペルシア滅亡後のアレクサンドロスは東方風の宮廷儀礼を採用するなどして傲慢《ごうまん》と怠惰《たいだ》に陥り、過度の飲酒とあいまって人間として堕落していったという。このような断罪にはストア派と共通する観点がある。またユスティヌスの『地中海世界史』第一一～一二巻でも作者の倫理的判断が目立ち、大王が東方風に染まって堕落し暴君と化したというのが叙述の基本となっている。

実際ローマ帝政時代には、アレクサンドロスを野蛮な専制君主、東方風の暴君とする見方が広まったが、ここには現実のローマ皇帝たちの姿が反映していた。すなわち一世紀にはカリグラ、ネロ、ドミティアヌスらが、酒色と淫蕩《いんとう》、近親者の殺人、元老院議員の気ままな処刑など独裁者然とした振舞いを繰り返し、恐怖政治を行っていたからだ。こうした乱暴狼藉《ろうぜき》の皇帝、いや愚帝《ぐてい》たちは、たやすくアレクサンドロスの姿に重ね合わされる。それゆえ暴君アレクサンドロスというイメージは、当時のローマ人には理解しやすかったのである。

このような大王像に反発し、彼を偉大な将軍、不世出《ふせいしゅつ》の王として描いたのが、アリアノスの『アレクサンドロス大王東征記』である。彼の独自性は史料の選択に現れており、最も信頼性が高いと判断される作品に基づいて叙述した。とりわけ軍人であったプトレマイオスの記述を採用したため、戦闘場面の描写は異常なまでに詳しい。また政治家・将軍としても有能であったアリアノス自身の経歴を反映して、大王の戦術に対する著者の解説も織り込まれている。他方でアレクサンドロスの欠点や堕落と言われる行為についてはアリアノスが一人称で語り、人間としての彼の弱さを弁明している。近代の歴史学ではその正確・冷静な記述が高く評価され、長らくアレクサンドロスの「正史」とされて、他の四篇とは別格の扱いを受けてきた。

大王伝の原典

以上が現存する大王伝である。ここで単純な事実を見落としてはならない。それは、彼らが執筆したのはアレクサンドロスの死後数百年もたってからということだ。最も古いディオドロスでも三〇〇年近く後であり、アリアノスに至っては大王の死から五〇〇年近くたっている。ちょうど現代日本の歴史家や作家が、戦国大名の伝記を書くのとおなじくらいの時間の隔たりがあるわけだ。作家たちは当然、自分たちよりも以前に書かれた作品を手がかりとして伝記を書かざるを得ない。ではローマ時代の作家たちが依拠した作品とは何なのか。それらは大王とともに東方遠征に従軍した人々にさかのぼる。代表的な人物は次の五人である。

（1）アリストテレスの親戚にあたる歴史家カリステネス。東方遠征の公式記録を執筆する任務を与えられた。それゆえ彼の作品は大王の「正史」と言えるが、実際には大王を英雄の再来として描く武勲詩のおもむきが強い。

（2）技術者・建築家のアリストブロス。前三世紀初頭に八四歳で大王伝の執筆を始めたといわれる。彼の作品は、アレクサンドロスへの追従《ついしょう》や事実の歪曲《わいきょく》とは無縁な信憑《しんぴょう》性の高い作品として評価され、ローマ時代のアリアノスによって活用された。

（3）マケドニアの貴族で、アレクサンドロスの側近の一人プトレマイオス。かのプトレマイオス朝エジプト王国の創設者である。晩年に執筆した大王伝は、大王の戦争を詳しく記録した軍事史で、個々の作戦や戦闘における兵力と経過、アレクサンドロスの意図と命令などが詳細かつ正確に書かれていた。

（4）犬儒《けんじゅ》学派の哲学者ディオゲネスに学んだ哲学者オネシクリトス。彼の作品は事実と空想を自在に混合させた作品で、大王に対して著しく追従的である。インドの自然や風物、バラモン僧にかんする記述などの断片が残されている。
（5）ギリシア人で大王の朋友でもあったネアルコス。インダス川下りで艦隊の指揮を委ねられ、インド洋沿岸の探検航海を成し遂げて、詳細な航海記録を残した。
これ以外にも群小の作家たちがいるが、ここでは省略する。さらにもう一人、遠征には参加しなかったものの、後世に大きな影響を与えた作家をつけ加えねばならない。
（6）前三世紀初頭、プトレマイオス朝エジプトの首都アレクサンドリアで活躍したクレイタルコス。プトレマイオスの庇護《ひご》を受けながら一二巻の大王伝を執筆した。その作品は一般の人々が抱いていた大王像に合わせた内容で、正確な歴史とは程遠いが、豊かな物語性のゆえに、ヘレニズム時代からローマ時代にかけて広く愛読された。
このように大王伝の作家たちは、作品が現存するのがローマ時代の五人、作品が失われたもので重要なのがヘレニズム時代の六人、計一一人にのぼる。前者は後者の作品を利用して書いたので、失われた作品群を大王伝の原典と呼ぶ。アレクサンドロス研究においてはこれら一一人を常に念頭に置き、現存作品のどの部分にどの原典が用いられたかをたえず確認しながら、記述の意図や信憑性を検証しなければならない。これだけでも十分に複雑な作業である。ところがそれだけではない。原典である六篇の作品自体が、すでにそれぞれ独自の大王像を描いていた。それらがさらにローマ時代の作家によって変形・修正されているのである。要するにわれわれは、ヘレニズム時代とローマ時代という二重のフィルターを通してしかアレクサンドロスを眺めることができない。一一人の作家と二重のフィルターの組み合わせによって大王像は乱反射し、変幻自在な姿を現す。二〇〇〇年以上にわたってアレクサンドロスの人物像が万華鏡《まんげきよう》のごとき多彩さを見せてきたのは、要するにこうした史料の残り方とその性質の故なのである。

近代歴史学のアレクサンドロス像

マキアヴェリも絶賛

では近代歴史学はアレクサンドロスをどのように研究してきたのか。一九世紀に厳密な実証科学としての歴史学が成立して以来、その一環をなす古代史研究も大王伝のそれぞれの特徴を明らかにし、記述の歪《ゆが》みを一つ一つ取り除き、二重のフィルターの向こうにあるはずの「客観的な」アレクサンドロスに到達しようと努力してきたはずだ。しかし歴史学者もまた時代の子であって、彼が生きている時代の価値観から自由にはなりえない。フィルターを取り除くつもりで実は別のフィルターをつけ加え、古代の大王像の上に近代の絵の具を分厚く塗り重ねることも珍しくなかった。

近代歴史学の大王像に進む前に、近世の思想家たちに触れておこう。

一六世紀イタリアのマキアヴェリは、理想の君主像を描いた『君主論』において、しばしばアレクサンドロスを引き合いに出す。大王の死後、彼の帝国で後継者に対する反乱が起き

上から順にマキアヴェリ、モンテーニュ、モンテスキューの肖像

なかったのはなぜか。それは古代ペルシアでは王と君侯が主人と召使のような立場で統治していたので、いったんこれに勝利して君主の血統を絶てば、征服を維持するのは容易だったからである。支配の安定要因を勝利者の力量よりも臣民のあり方に求めるという、マキアヴェリの冷徹な観察眼が光る。

啓蒙思想の時代になると、アレクサンドロスへのためらいのない称賛が前面に現れる。彼の欠点を弁解するどころか、むしろ美点を引き立てる材料にしてしまう。

一六世紀フランスの思想家モンテーニュは、『随想録』のなかで最も偉大な男性として三人のギリシア人を挙げ、その二番目をアレクサンドロスとしている（他の二人は叙事詩人ホメロスと前四世紀テーベの将軍エパメイノンダス）。彼が普通の人間の半生でもって、人間のなし得るすべてをなし遂げたことには、何か人間以上のものを感じないではいられない。正義、節制、寛容《かんよう》、信義、部下に対する愛情、敗者に対する仁愛など、多くの優れた徳はどうだろう。個々には異常な行為があるとしても、これほど偉大な活動をふつうの正義の規則で導くことは不可能である、と。モンテーニュにとって、アレクサンドロスに人間社会の通常の基準を当てはめることは不可能なのだ（第二巻三六章）。

一八世紀のモンテスキューも、『法の精神』において同様な見方をとる。アレクサンドロスは征服者と服属民との差別をなくそうとし、ペルシア王家の女性にも敬意を払った。それゆえ彼が征服したすべての人々が彼の死を悼んだ。彼によって打倒された王族さえ涙を流す、これこそ他に類例のない彼の特質である、と。ではアレクサンドロスの悪業はどうか。ペルセポリス王宮の放火も側近クレイトスの殺害も、彼は心から後悔した。それゆえ人々は彼を憎まずに同情し、彼の激怒や弱点のすぐそばに彼の魂の美しさを見出すのだという（第一〇篇一四章）。モンテスキューにあっては、アレクサンドロスの数々の弱点も、彼をひときわ偉大にするための薬味のようなものだ。

崇高な理念をかかげて

近代歴史学はこのような道徳的評価に先走ることなく、個々の事実に対して厳密に実証的な態度でのぞんだ。ただしここで問題にしたいのは、アレクサンドロスを見る視点と、長期的な視野で見た彼の歴史的意義である。

一九世紀半ばのプロイセン王国では、アレクサンドロスが諸民族を統一して世界帝国を打ち立てたことが最も高く評価された。同様な評価は、ギリシア諸国を征服したフィリッポス二世や、地中海世界を統一したローマのカエサルにも与えられた。その背景には、いまだドイツという単一の国家は存在せず、プロイセンが先頭に立ってドイツ統一を推進していたという政治情勢があった。プロイセンの歴史学者にとっては、バラバラな諸民族・諸国家を一つにまとめることが最も高い価値をもち、アレクサンドロスの東方遠征もそうした観点から意味づけられたのである。一八七一年のドイツ統一は、プロイセンの強大な軍事力によってなし遂げられた。これに対応して、アレクサンドロスの世界帝国像にも軍事的な色彩が濃い。

その一方で、アレクサンドロスは東西文明融合の旗手と見なされた。すでに一九世紀初め、ヘーゲルは『歴史哲学講義』において、「彼のおかげで、成熟した高度な文化が東洋に広がり、占領下のアジアは、いわばギリシア的な国土になった」と述べている（長谷川宏訳――一部字句を修正）。大王は優秀なギリシア文化を東方に広め、遅れたアジアに文明の種を蒔《ま》いた、まさに文明化の使徒である。あまりにもよく知られたこのスローガンは、植民地支配の正当化、すなわち進んだヨーロッパが遅れたアジア・アフリカを支配するという論理と重なり合う。

第一次世界大戦を経た一九三〇年代には、イギリスの学者ターンによる新しい解釈が登場した。彼はアレクサンドロスを人類同胞観念の先駆者として描き出す。晩年の大王は、マケドニア人とペルシア人とが協力し、諸民族が心を一つにして生きるようにと祈った。これは人類がみな同胞であるとの宣言にほかならず、彼は史上初めて民族差別を乗り越えようとしたのだという。こうした麗《うるわ》しい解釈の背景には、第一次世界大戦後の国際情勢があった。すなわちイギリス帝国は支配下の諸民族の要求に応じて彼らに一定の自治を与え、イギリス連邦を結成した。また国際連盟が成立し、列強のあいだで不戦条約や軍縮条約が結ばれて、国際協調の気運が高まっていた。これに呼応してアレクサンドロスの世界帝国も軍国主義的な色合いを薄め、国際協調の流れに適合させられて、理想主義的な衣装をまとうことになる。しかもターン自身が貴族の出身であり、一九世紀ヴィクトリア時代の価値観を深く身につけていた。その結果、アレクサンドロスは性生活にも禁欲的だったなどとして、英国紳士にふさわしい人間像を作り上げたのである。ターンの大王像は東西融合論と並んで、第二次世界大戦後の研究に決定的な影響を与えた。

こうして世界帝国、東西融合、人類同胞などといった高邁《こうまい》な目的と理念がアレクサンドロスに与えられ、大理想の実現に邁進《まいしん》し志半ばで倒れた若き天才という英雄的なイメージが創造されたのである。

等身大の王

しかし一九七〇年代以降、こうした大王像を根本的に批判する研究が現れる。それはアレクサンドロスから高邁な理念や目的を取り除き、彼の行動や政策はその時々の状況に応じて個別になされた決断の結果であると見る。大状況ではなく小状況に目を向け、先験的な観念に頼るのでなく個々の事実関係を重視するわけだ。このような研究は、「ミニマリズム」＝

最小限評価主義と呼ばれる。ちょうどファッションの世界で、余計な装飾を取り去ったシンプルな様式のドレスをミニマリズムと呼ぶのと同じこと。ここでのアレクサンドロスは、一貫した大原則に従うのでなく、個々の状況に応じてその時々に最適な決断を下していく。目的と手段を冷静に見極める有能な政治家である。その反面、英雄的な輝きを薄められ、カリスマ性を剝《は》ぎ取られた等身大の大王でもある。このような大王像は、強力な指導者の登場をむしろ警戒する大衆民主主義の時代に適合したものと言えるかもしれない。

ミニマリズムの立場が微視的な視点を持ち込むことで、アレクサンドロス研究に飛躍的な進歩をもたらしたことは確かである。それは一九七〇年代以降に進められた、現存史料の根本的な再検討と同時並行で行われただけに、大きな説得力をもっている。しかし、ミニマリズムは大王の人物と業績を個々の要素や局面に分解するため、逆に統一的な大王像を見失わせる危険をはらんでいる。そのゆえであろうか、最近現れた何冊かの研究書は、アレクサンドロスという人物を全体としてどう捉えるべきかという問題関心を前面に押し出している。本書の冒頭でも触れたように、アレクサンドロスは巨大な矛盾をはらんだ複雑きわまりない人物だ。その彼を、顕微鏡のような目で見て、合理的な解釈をほどこすだけで捉えきれるものだろうか。非合理的な情念や衝動も含めて、彼を一人の人物として丸ごと理解しようという方向性が、専門家のあいだでも強まっているように思われる。それはまた、どこの世界でもリーダーの資質が問われ、すぐれた指導者が必要とされる今日の時代状況に合致するものであろう。まさに今、二一世紀にふさわしいアレクサンドロス像が求められているのである。

二一世紀の大王像を求めて

ここまで読んできて、読者の中には空しさを覚える方がおられるかもしれない。どんな大王像も、結局はそれぞれの時代、あれこれの作家や学者の主観的な創作にすぎない。だれもが納得するような一致したアレクサンドロス像などそもそも存在しなかったし、これからもあり得ないだろう。そんな思いに駆られたのではなかろうか。一面においてはまさにその通りである。歴史学は、現在残されている本当にわずかな手がかりを基にして過去に近づいていくしかなく、いくら合理的な論証を積み重ねたところで結論は常に仮説に留まるのだから。これはあらゆる歴史研究の宿命である。

しかし、他方で歴史学もまた社会的な営みの一つであり、過去と現在との対話の中から、同時代の人びとが求める歴史像を提供するという責務を担っている。そうした歴史像を、根拠のない推論ではなく実証的な研究を踏まえて作り上げることが、われわれの使命である。

ではどうすれば二一世紀初頭にふさわしい新たな大王像を構築することができるだろうか。

第一に、単なる英雄史観に陥ることなく、アレクサンドロスという人物を可能な限り客観的な歴史的条件の中で捉えることである。確かに彼は不世出の人物だ。しかしいかなる偉人といえども、与えられた歴史的条件を超越することはできない。東方遠征がどれほど空前の事業であったにせよ、彼はその時点でもっていた条件を最大限に活用し、その時々に直面した課題と闘い、それを克服しながら前進していった。そうした条件や課題、解決の具体的方策を究明することで、アレクサンドロスの人物像をより客観的な基盤の上に浮かび上がらせることができるだろう。

第二に、アレクサンドロスの業績を長い時間の枠組みの中で考察することである。短期的な視野で見れば、彼がわずか一〇年でなし遂げた信じられない功業には目を見張るしかない。しかし歴史上の人物を評価するさいに肝要なのは、彼が前の時代から何を受け継ぎ、次の時代にどんな新しいものをつけ加えたかを長い射程で観察することである。さらに大王のような征服者の場合には、征服したそれぞれの地域において何を受け継ぎ何を残したかを仔《し》細《さい》に見極めねばならない。すなわち東方遠征を時間と空間の二重の枠組みで評価することである。

もちろんアレクサンドロス研究の領域はあまりに広大であり、本書もすべての主題を包含できるわけではない。また本書は彼の伝記ではない。右に述べた二つの視点をもって、アレクサンドロスの内面を描くことよりも、むしろ彼の帝国の実態に重点をおいて叙述していきたい。というのも、彼の主観的意図を直接示してくれる史料は稀であり、大半は状況証拠によって推測するしかないからだ。それよりも軍隊の構成や権力構造、大王の人事や個々の政策、諸民族との関係、各地域で直面した課題といった、現存史料から比較的堅実に再構成できる側面を積み上げて、アレクサンドロス帝国の実態に迫る方がはるかに生産的である。このようにして歴史の中のアレクサンドロスから未来への指針を見出すことができるなら、本書にもささやかながら存在価値があると言えるだろう。

第二章　マケドニア王国と東地中海世界

ギリシア・ペルシア関係の見直し

歴史の舞台をリセットする

アレクサンドロスは、ギリシア本土の北に位置するマケドニアの王である。そのマケドニア王国はバルカン半島の一角に誕生し、ペルシア帝国、次いでギリシア世界との密接なかかわりの中で成長した。そしてギリシア文化を吸収しながら国力を伸ばし、大王の父フィリッポス二世の時代にギリシア世界を征服し、バルカン半島最強の国家へと成長した。アレクサンドロスは、この強力な国家を受け継いで東方世界に攻め込み、その遠征範囲はペルシア帝国の全領土を含んでインド北西部に至る。それゆえアレクサンドロスについて語るには、この広大な世界を一望のもとに収める必要がある。それにはまず、これまで常識となってきた歴史像を離れ、新しい舞台を設定しなければならない。

高校の世界史教科書では、古代ギリシア史と古代オリエント史は別々の頁に記述され、両者がまったく別世界であったような印象を与える。ギリシアとペルシアの関係は古代ギリシア史の中で語られるが、ペルシア戦争でのギリシアの勝利、アレクサンドロスの東方遠征とペルシア帝国の滅亡という二つの事項しか出てこない。マケドニア王国はギリシアの衰退期に突如として現れ、その背景も国家の様子もたいていは書かれていない。一般読者向けの『世界の歴史』シリーズでも、ギリシア・ローマとオリエントは別の巻に分かれており、東西両世界のかかわりは曖昧《あいまい》なままである。ヘレニズム時代の記述も大王の遠征とギリシア文化の東方への拡大を主題とし、ヘレニズム史とオリエント史はまったくの別物になっている。

このような叙述から受ける印象は、ギリシアとペルシアは常に敵対しており、アレクサンドロスの遠征がオリエントに新しい時代を開いた、というものだろう。しかしこのような歴史観はギリシア人の視点に立つもので、今日ではギリシア中心主義として厳しく批判されている。事実としてギリシア文化は東方世界の深い影響の下に生まれたし、ペルシア人をはじめとする東方諸民族との交流は、経済や文化のさまざまな面で密接に行われていた。黒海からエーゲ海を経て東地中海に至る海は一つの交易圏をなし、ギリシア人商人が活発に行きかい、多くの職人や傭兵《ようへい》が仕事を求めて移動していた。政治的にもギリシアとペルシアは常に対立していたわけではない。ペルシア戦争に際しては、多くのギリシア諸国がアカイメネス朝の支配を受け入れた。ペルシア戦争後にはアテネやスパルタなどが頻繁《ひんぱん》にペルシア大王に外交使節を派遣し、同盟の締結や資金の提供を求めた。むしろペルシア大王がギリシア人同士の対立をあおり、操ってさえいたのである。西アジアからインド北西部までを版図に収めたペルシア帝国から見れば、ギリシアとは海を隔てた西の辺境にすぎない。

ヘレニズム時代についての従来の理解も一面的である。前章でも述べたように、通説によれば、東方遠征によって多くのギリシア人が東方に移住してギリシア文化を広め、諸民族の交流が活発になり、ギリシア文化が各地でオリエント文化と融合してヘレニズム文化が生まれたという。しかしこれもギリシア文化の役割を過大評価している。アカイメネス朝は征服した諸民族に対して寛容《かんよう》な政策をとり、その支配下で多くの民族の平和的な共存と交流がすでに実現していた。国際共通語としてはアラム語が広く使われた。文化面でもペルシア人はエジプトやアッシリアなど先行する文化から多くを学び、ペルセポリスの宮殿浮彫りが示すように、彼ら独自のやり方でそれらを融合させていた。さらに王の道や宿駅制度といった交通・通信網を整備して、効率的な統治システムを構築した。アレクサンドロス自身も遠征においてこうした制度や組織、今日の用語で言えばインフラストラクチャーをそっくり活用したのである。

大王以前に成立していた東西両世界の豊かな関係を踏まえて初めて、アレクサンドロス登場の背景と東方遠征の歴史的意味を考察することができる。これまでの常識をリセットし、まずはギリシアとペルシアのかかわりから見ていこう。

ギリシア世界の勃興と東方世界

前八世紀以降、ギリシア本土とエーゲ海一帯に、ポリスというギリシア独特の小国家が多数生まれた。ポリスとは広義の都市国家で、共同体の成員たる市民がアクロポリスと呼ばれ

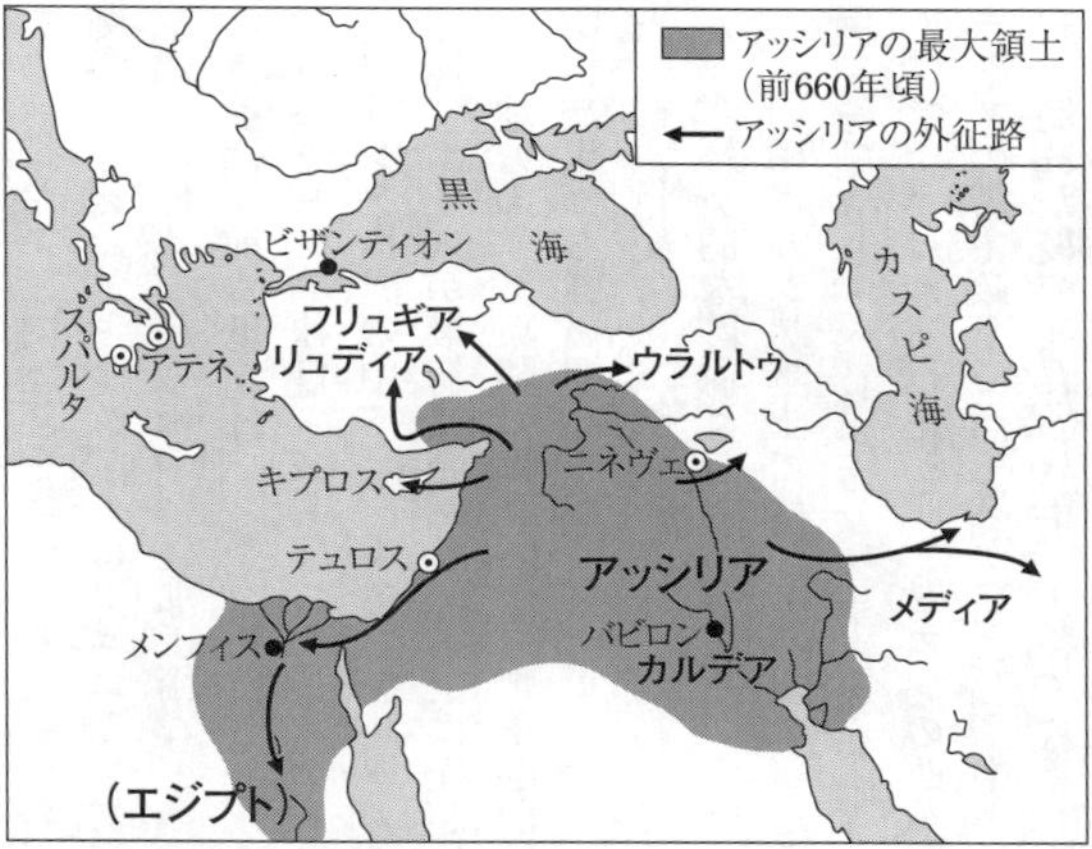

アッシリア帝国とその周辺　前660年頃

る丘のまわりに集住し、政治と軍事を担って共同で国政を運営した。都市部の周辺には農地が広がり、自由身分の農民に土地が割り当てられた。はじめは貴族が政権を独占したが、市民の大半を占める平民にもしだいに政治参加の道が開かれた。ポリスはごく小規模な国家で、市民である成年男子の数は通常数千人程度、小さなポリスでは数百人にすぎない。最盛期に一万人近い市民がいたスパルタや、四万人の市民を有したアテネは例外である。さらにギリシア人は、前八世紀から前六世紀にかけて黒海や地中海沿岸地方に植民市を建設し、活発な交易活動を行いながらギリシア世界を拡大した。ポリスの総数は一五〇〇に及んだと推定されている。

この頃東方では、前八世紀にアッシリア人がメソポタミア地方を統一して帝国を建設し、エジプトにも版図を広げた。小アジアではフリュギア王国が栄え、東地中海や小アジアの沿岸および内陸部を経由する交易が発展して、東方の進んだ文化がギリシア人に多大な刺激を与えた。ギリシア人はフェニキア文字を改良してアルファベットを作ったほか、彫刻や建築の様式、冶金《やきん》術や金属加工術など多方面にわたって東方世界から多くを学んだ。それゆえ前八〜前六世紀は、「東方化の時代」とか「東方様式化革命の時代」と呼ばれる。このようにギリシア独自の文明は、オリエント世界の強い影響の下に誕生したのである。

ギリシア世界の中では、小アジア西岸のイオニア地方が東方からの刺激を豊かに受け、この地でポリスが最初に発展し、本土に先がけてギリシア文化が開花した。前七〜前六世紀、この地方のすぐ東隣にはリュディア王国が栄えていた。栄華を誇るこの国の王たちは、ギリシア文化にも強い関心を寄せ、デルフォイなどギリシア有数の聖地に莫大な寄進を行っていた。前六世紀には、クロイソス王が初めて小アジア沿岸のギリシア諸国を征服し朝貢を強いたが、経済的な関係はむしろ強まり、大陸のギリシア人は引き続き繁栄を享受した。

その頃ギリシア本土では、スパルタが王政のもとで全市民が政治と軍事に専念する独自の国制を確立し、ペロポネソス半島の諸ポリスを同盟に組織してギリシア随一の強勢《ごうせい》を誇った。アテネは前六世紀初頭、ソロンの改革で民主政への第一歩を踏み出した後、ペイシストラトスの僭主政《せんしゅせい》下で商工業が発展し、中小農民の生活も安定するようになった。そして僭主政が倒れた後の前五〇八年、クレイステネスが国制を改革し、重装歩兵身分を中心とする民主政を確立した。これ以外のボイオティア、テッサリア、フォキス、ロクリスの各地域では、複数のポリスが共通の方言や宗教で結びつき、それぞれにゆるやかな連邦制を形成していた。こうしてイオニアに遅れはしたが、本土の諸国も政治的な発展を遂げつつあった。

このような状況を大きく変動させたのが、ペルシア帝国の成立とその西への拡大である。

ペルシア帝国の西進

ペルシア人は中央アジアから南下して、前七〇〇年頃、ザグロス山脈南東部のパールサ（ギリシア語でペルシス）地方に定着し、エラム人やメディア人の影響を受けながら王国を形成した。前五五九年、キュロス二世が即位すると、ペルシアは旺盛な征服活動を開始する。前五四六年には小アジアへ侵攻してリュディア王国を滅ぼし、小アジア沿岸地方のギリシア人も服属させた。前五三九年にはバビロンを占領してオリエント世界を統一し、次のカンビュセス二世がエジプトを征服して、ここに空前の大帝国が出現した。前五二二年にカンビュセスが死ぬと、ダレイオス一世が王位を簒奪《さんだつ》、全土で起きた反乱を一年がかりで鎮圧して王権を確立した。その版図はエジプトから中央アジアを経てインダス川流域にまで及ぶ。彼は領域を属州に区分して総督を置き、王の道や通信網を整備する一方、支配下の諸民族にはおおむね寛容な政策をとって自治を認めるなど、世界帝国としての支配体制を整えた。多様な宗教や慣習をもつ数多くの民族をいかにして統治するか、この問題にアカイメネス朝は模範解答を与えたのである。その支配体制は帝国のモデルとして、後のローマ帝国やオスマン帝国に受け継がれていく。

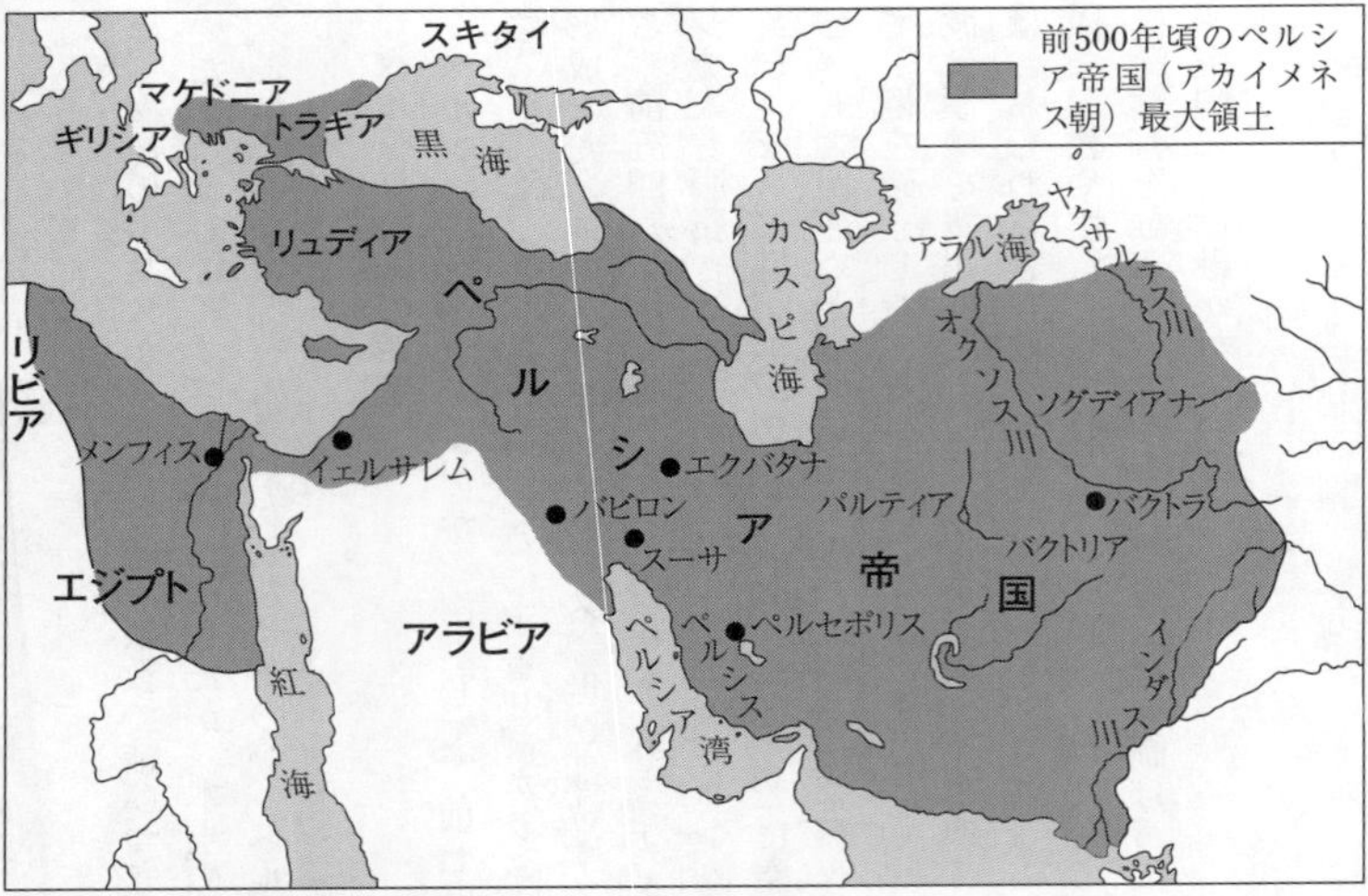

ペルシア帝国の最大版図　前500年頃

ダレイオスはさらにボスポラス海峡を渡り、黒海に沿って北上しスキタイ遠征を敢行する。遠征は失敗に終わったが、これがきっかけでペルシアはヨーロッパ側にも勢力を広げることになった。当時のバルカン半島では、エーゲ海沿岸からハイモス山脈・ロドピ山脈を越えてドナウ川に至る地域にトラキア人が住んでいた。彼らは幾つもの部族に分かれ、統一国家を作ることはなかった。彼らの西隣、ストリュモン川一帯にはパイオニア人が住み、その西にマケドニア王国があった。ダレイオスがヨーロッパに残した将軍メガバゾスは、前五一〇年代末にトラキア地方を征服し、パイオニア人をアジアに強制移住させ、さらにマケドニア王国も臣従させた。それからペルシアがギリシアに敗れて撤退するまで、約三〇年にわたってバルカン北部はペルシア帝国に組み込まれる。この時期には、ピンドス山脈を東西に貫く交易路がエーゲ海北岸を経て小アジア、さらにはドナウ川流域にまで通じ、交易活動が活発になった。トラキアとマケドニアの王族や貴族がペルシア風の生活様式を学んだのは、この時期であると思われる。マケドニアの王が狩猟用の広大な庭園をもつようになったのも、ペルシア人の影響であろう。

前四九九年、イオニア地方のギリシア人が反乱を起こしたが、六年後に鎮圧される。その後ダレイオスはエーゲ海島嶼《とうしょ》部や本土のギリシア人の一部にも宗主権を認めさせた。ペルシア人の支配は、王およびペルシア人高官と各国の支配者との間の個人的な友好関係によって成り立っていた。ギリシア諸都市の支配層は、ペルシア人の後ろ盾を得ることによって政権を維持することができたし、ペルシア側も善行を行ったギリシア人に土地や村などの報賞を与えて彼らの忠誠を確保した。小アジア沿岸とエーゲ海一帯のギリシア人に対する支配は、網の目のように張り巡らされた個人的友好のネットワークによって維持されていた。

アテネの海

イオニアの反乱をアテネが支援したことがきっかけで、前四九二年、ペルシア戦争が始まった。前四九〇年にダレイオス一世はアテネに軍を派遣したが、マラトンの戦いで敗退。次の王クセルクセスは前四八〇年に自らギリシアに遠征したが、サラミスの海戦に敗れて撤退し、残された陸軍も翌年プラタイアで敗北した。こうしてペルシア戦争はギリシアの勝利に終わった。

とはいえペルシア軍が撤退した後も、その脅威が去ったわけではない。前四七七年、アテネが中心となってエーゲ海とその周辺の諸都市はデロス同盟を結成し、ペルシア軍の再来に備えた。ギリシア艦隊による反攻作戦は小アジア南西部にまで及び、大陸のギリシア諸都市はペルシアの支配を脱することができた。こうしてエーゲ海はギリシアの、いやアテネの海となった。なぜならアテネはペルシア戦争の勝利に最も貢献した国であり、その威信と強力な海軍力をもってエーゲ海に君臨したからだ。前五世紀半ばからは、政治家ペリクレスの指導の下で直接民主政を完成させ、デロス同盟の資金を独占してパルテノン神殿など数々の公共建築事業に投入する。こうしてアテネは政治的にも文化的にもギリシア最大の国家として最盛期を迎えた。

一方ペルシア戦争後のギリシアでは奴隷制が発達し、アジア人をはじめとする多数の奴隷が市場で売買された。アテネでは、よほど貧しい市民以外は二、三人の奴隷を持つのが普通であり、中流の農民なら五、六人から七、八人の奴隷を所有して家事や農作業に使用した。奴隷制が行きわたり、それが日常生活に不可欠になるという現実を基礎にして、外国人イコール奴隷という観念が生まれた。もともと非ギリシア人を意味しただけのバルバロイという言葉が、野蛮人、夷狄《いてき》といった差別的な意味を帯びるようになる。その野蛮人の代表と見なされたのがペルシア人で、彼らの国では王だけが自由であり、他の者はすべて奴隷だと考えられた。ペルシア戦争を、東の専制国家に対するギリシアの自由の勝利と見なす思想が生ま

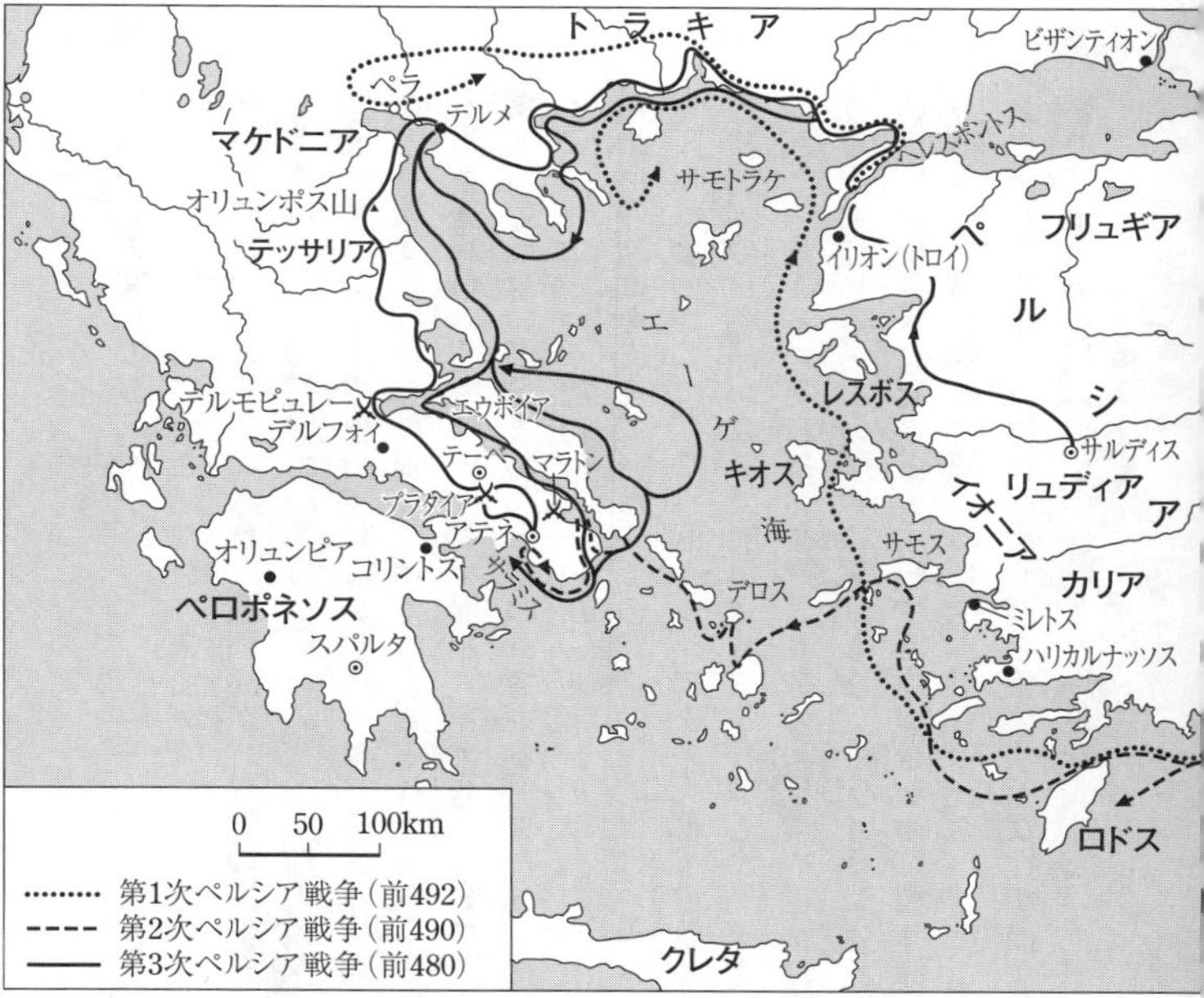

ペルシア戦争当時のギリシア　前500〜前479年

れたのは、最盛期のアテネにおいてのことである。毎年の祭典で上演される悲劇や喜劇作品も、野蛮で遅れた外国人という決まり文句を繰り返し語り、それは固定観念となってギリシア人の脳裏に深く浸透していった。

しかしながら、以上述べたところは実はギリシア・ペルシア関係のほんの一面にすぎない。豊かなペルシア文化はギリシア人の憧れの的となる一方、政治的にはペルシア王がギリシア諸国を翻弄《ほんろう》するという事態が生まれたのである。

ペルシア文化の流入

ギリシア世界に豊かなペルシア文化が流れ込んだのは、ペルシア戦争後のことである。近代以前においては、手に入れた戦利品が、異国の文物をつぶさに観察する絶好の機会を提供してくれた。この意味で戦争は、広義の文化交流の役割を果たしたともいえる。ペルシア戦争後のギリシア人も例外ではない。彼らはプラタイアの会戦後に獲得したペルシア人の豪華な家具調度品に目を見張るだけでなく、それを模倣するに至る。たとえばアテネに建てられた当番評議員の詰所は円形で、別名スキアス（日傘）と呼ばれたが、これはペルシア王の天《てん》幕《まく》あるいは傘の形をまねたと言われている。またペリクレスがアクロポリスの麓《ふもと》に建設したオデイオンという建物は、一辺六〇メートル以上の方形で、九列×九列、計八一本の柱が四角錐《すい》形の屋根を支えていた。この建物の目的ははっきりしないが、当時のギリシアでは到底考えられない様式で、これもペルシア王の天幕を模倣したと思われる。ある学者は、デロス同盟諸国の貢納品がここで展示され、それゆえオデイオンの目的はアテネの権力の誇示にあったと解釈する。それはペルセポリスの謁見殿《えっけん》や玉座の間にうかがえる「権力の表象」という思想に通じる。この解釈に従うなら、オデイオンは、アテネの公共建築がペルシアの宮殿の意匠《いしょう》を取り入れたことを示唆する点できわめて興味深い。

ペルシア風の愛好は個人のレベルでも広がった。たとえば壺絵には、東方風のデザインの長い上衣をまとった男女、傘や扇を手にする女性が描かれている。衣服とは政治の視覚化であり、上流の市民は自己の優越した地位を表すという意図をもって、東方風の衣服を身に着けた。また女性が日傘を奴隷に持たせて外出することも、彼女の社会的地位の高さを示す。ペルシアでは従者が王の背後から傘をさしかける浮彫りが作られており、傘は権力を象徴する持ち物であったからだ。さらにアテネが派遣した外交使節も、ペルシア王から豪華な贈り物を受け取り、数々の舶来品を本国へもたらした。最も有名なのは、ピュリランペスという人物が孔雀をもらって帰ったことだ。使節たちの見聞やお土産も、アテネにおけるペルシア趣味の拡大に貢献した。

こうしてアテネ人は、一方でペルシア人を奴隷と軽蔑しながら、その豊かで異国情緒あふれる文化に強く憧れた。とりわけ上流市民は競ってペルシア趣味を愛好し、社会的地位の顕示と差異化にそれを利用したのである。

王に日傘をかざす従者　ペルセポリス、玉座の間のレリーフ

ペルシア帝国の周縁としてのギリシア

アテネによる海上支配の発展は陸の覇者スパルタに脅威を与え、前四三一年、両者はギリシア世界の覇権を争ってペロポネソス戦争に突入した。ペリクレス死後のアテネは、民衆に迎合する政治家たちの指導で無謀な作戦に手を出し、ありあまる国

ペルセポリス謁見殿のレリーフ、諸民族の貢納　諸民族の代表団が貢ぎ物を持ち、王に謁見した。中央上段は駱駝を引くアレイア人、中央中段のこぶ牛を連れているのはバビロニア人、下段の馬車を牽いているのがリュディア人

力を浪費していった。両国は競ってペルシア王に使節を送り資金援助を求めたが、スパルタがペルシアから得た資金で艦隊を建設し、ついにアテネ海軍を破って降伏に追い込む。こうして前四〇四年、ペロポネソス戦争は終結した。

海上覇権を握ったスパルタはギリシア諸国に強圧的な支配を行い、さらにペルシアの支配下に復帰していたギリシア諸国を解放するとの名目で、小アジアに侵攻した。ペルシア王はスパルタの脅威を取り除くため、アテネやテーベなどの有力国に資金を送り、これらの国が反スパルタ同盟を結んで、前三九五年にコリントス戦争が始まった。ペルシアの狙い通り、スパルタは小アジアから軍隊を撤退させる。戦争は一進一退を重ねたが、アテネの海上支配の復活を恐れるスパルタとペルシアの思惑が一致し、両者の合作で前三八六年に講和条約が結ばれ、コリントス戦争は終結した。その条約は諸ポリスの自由と自治を保障する一方、小アジアのギリシア人がペルシア王に服属することを承認した。条約には本土とエーゲ海一帯の全ギリシア諸国が参加したので、これを普遍平和条約と呼ぶ（大王の和約、あるいはスパルタ人使節の名を取ってアンタルキダスの和約ともいう）。こうしてペルシアの後ろ盾を得たスパルタが再びギリシア世界に君臨したが、他方で大陸のギリシア人を夷狄に売り渡したとの非難を浴びた。

その後はスパルタの支配にアテネが反発して再び決起し、前三七七年、自由と自治を旗印に海上同盟を復活させる。さらにテーベが覇権を求めてスパルタに挑み、前三七一年のレウクトラの戦いで大勝して、スパルタを一等国の地位から転落させた。こうした有力国同士の覇権争いから漁夫の利を得たのはペルシア王である。王はギリシア人同士を戦わせ、普遍平和条約を更新しながら、決して一つの国が覇権を握ることのないよう彼らを操った。こうすればギリシア人が一致してペルシアに攻めてくる心配はない。こうして前四世紀のギリシアは普遍平和条約という枠組みの中で、ペルシア王によって統制されていたのである。

慢性的な戦争から抜け出せないギリシアでは、政治抗争や経済的没落のために多くの市民がポリスを離れ、生計のために傭兵《ようへい》となって各地を転々とした。ギリシア人傭兵は優秀な兵士として評判が高く、ペルシア王や小アジアの総督たちは積極的に彼らを雇った。アテネの将軍たちも個人的な利得を求めて外国へ出かけ、傭兵隊長として活躍した。スパルタに至っては、レウクトラの会戦で大敗した後、王自らスパルタ兵を率いてエジプト王に雇われ、その収入で国家財政を立て直そうとした。国家ぐるみの出稼ぎである。そのエジプトは前四世紀にはペルシアから離反しており、ペルシア王は宗主権の回復のため何度も軍を派遣した。両軍はともにギリシア人傭兵に依存していたから、何のことはない、ギリシア人同士が敵味方に分かれて戦っているのであった。

ペルシア王の統制下で戦争を繰り返し、国力を消耗《しょうもう》するギリシア諸国。国外を放浪し王侯に雇われて生計をたてるギリシア人傭兵たち。これが前四世紀ギリシアの現実、ペルシア帝国の西の辺境と呼ぶしかない惨《みじ》めな姿である。このギリシアを屈服させたのがマケドニア王国であった。

マケドニア王国の興隆

マケドニアとは何か

アレクサンドロスは古代マケドニア王国の王であるが、ギリシアの支配者でもあった。彼が東方遠征で率いたのはマケドニアとギリシアの連合軍である。地図を見ると、古代マケドニアの中心部は、現在ではギリシアの領土である。ギリシアの通貨はすでにユーロに切り替わったが、かつての百ドラクマ貨幣には大王の横顔が彫られていた。マケドニアとギリシアは一体どういう関係にあるのか。一言で説明するのは実は容易でない。

今日マケドニアと言えば、一九九一年に旧ユーゴスラヴィアから独立したマケドニア共和国をさす。ギリシアと国境を接する内陸の国で、面積は二万六〇〇〇平方キロ、人口二〇〇万の小国だ。このマケドニアが国連に加盟を申請した時、ギリシアが猛反対した。マケドニアとは純粋にギリシアの地名であり、「マケドニア人」なる民族は存在しないというのがギリシア政府の言い分であった。その背後にはギリシア人の民族意識がある。マケドニアといえばアレクサンドロス大王の故国、その国はギリシアの一部、ゆえに大王はギリシア最大の英雄、というわけだ。実際には現在のマケドニア人は中世スラブ人の末裔《まつえい》で、言語もスラブ系、それゆえ古代マケドニア人とはまったく別の民族である。しかしマケドニアの独立は、アレクサンドロスを民族の誇りとするギリシア人の神経を逆なでしたのだった。結局妥協が成立し、一九九三年、「マケドニア旧ユーゴスラヴィア共和国」という名称でマケドニアの国連加盟が承認された。

ある民族の系統をどう規定するか、それは純粋に学問的な問題にとどまらず、端的に政治問題である。そもそも現代マケドニアの領域には、マケドニア人のほかにアルバニア人、ブルガリア人、ギリシア人、ワラキア人、ユダヤ人、トルコ人らが住んでおり、マケドニアといえば複雑さの代名詞となっている。イタリア料理店のフルーツ・カクテルがマチェドニア（マケドニアのイタリア語形）と呼ばれるのが、その混在ぶりをよく示す。マケドニア人という民族意識が生まれたのは、オスマン帝国時代の一九世紀末のこと。第二次大戦後、チトーのおかげで彼らは初めて独自の国をもつことができた。ユーゴスラヴィア社会主義共和国連邦を構成するマケドニア共和国である。ユーゴスラヴィア政府は新しいマケドニア語の普及につとめ、民族としてのマケドニア人を育成した。要するにマケドニア人は、二〇世紀後半に作られた、ヨーロッパで最も新しい民族の一つなのである。

さて話を古代に戻すと、現在の研究によれば、古代マケドニア人は古代ギリシア人の北西方言群に属する一派である。しかしその国家も社会も、ポリス世界とは大きく異なっていた。

マケドニア王国の成立

古代マケドニアの領域は、テルマイコス湾に面した扇形の平野部と、それを円弧状に取り巻く山岳地帯の二つからなる。平野部はエーゲ海につながり、山岳地帯はバルカン半島の北部に連なって、海と大陸の両方に開かれていた。その気候も地中海性と大陸性の二つの気候が並存していた。その景観がギリシアといかに違っているかは、バスで旅行すればすぐにわかる。ギリシア南部が山また山の連続で平野も狭いのに対し、マケドニアの低地は延々と続く平原地帯である。

マケドニア人はもともと、バルカン半島を南北に貫くピンドス山脈で移動放牧を営んでいた。山羊や羊の群れを追いながら、夏は涼しい高原へ、冬は暖かい平野へと、牧草地を求めて移動する。そんなマケドニア人がオリュンポス山の北に広がるピエリア山脈の山裾《やますそ》に定住し、王国を建てたのは、前七世紀半ばのことである。建国伝説によれば、山羊の群れが導くところに国を建てよという神託に従ってこの地に至り、アイガイと名づけた町を都に定めた。アイガイとは、山羊を意味するギリシア語の複数形アイゲスに由来する。以来マケドニア人は、遠征の際には軍旗の前に必ず山羊の群れを歩かせたという。彼らはそこから北へ勢力を広げ、テルマイコス湾の奥に広がる豊かな平野を支配した。

前六世紀末、アカイメネス朝ペルシア帝国が西進してトラキア地方を支配下に収め、パイオニア人をアジアへ強制移住させると、マケドニアはこの機会を捉えてアクシオス川の東に領土を拡大する。アミュンタス一世は娘をペルシア総督の息子に嫁がせて同盟関係を結び、ペルシアの宗主権に服した。前四九二年、ダレイオス一世はマルドニオス指揮下の遠征部隊をギリシアへ派遣し、陸軍はエーゲ海北岸を西へ進んでマケドニアに到着した。ところが海軍がアトス半島沖で嵐に遭って甚大な被害を受けたため、マルドニオスは遠征を断念して帰国する。前四八〇年夏には、クセルクセス王自ら率いる陸海の大軍勢がマケドニアに集結し、ここから南下してギリシア本土に侵攻した。当時の王アレクサンドロス一世もこれに従い、ギリシア攻撃に参加した。しかし、ペルシア軍は敗退してエーゲ海一帯から完全に手を引いた。

その後マケドニアはギリシア諸都市との結びつきを強める。そのための手段は木材の輸出だった。広大な森林地帯は豊かな木材をもたらし、王はこれを独占的に輸出して王国の財政を潤した。最大の輸出先はアテネである。ペルシア戦争後、デロス同盟の盟主としてエーゲ海に君臨したアテネは、海軍を維持・拡充するために毎年大量の木材を必要とし、それを確保するためマケドニア王国と同盟を結んだ。マケドニアにとっても、当時ギリシア世界最強のアテネと友好関係を保つことは、王国の安全保障に不可欠だった。この意味で木材は、今日の石油に匹敵する戦略物資であったといえる。前五世紀末、アテネの民会は、木材貿易での貢献を称えてマケドニア王の顕彰《けんしょう》を決議した。

他方で王国の北には、イリュリア人やトラキア人という好戦的な民族がいくつもの部族に分かれて住んでいた。彼らは南に侵入しては略奪を繰り返し、時に王国の存立さえ脅かした。これらの民族に対する防衛は王国にとって最重要な課題であった。

マケドニアの社会

マケドニア王国では、アルゲアダイ（アルゲアス家）という王家が代々支配し、貴族がそれを支えた。一般の自由人は農業や移動放牧に携わり、ギリシアと違って奴隷や隷属身分は存在しなかった。その社会は、ホメロスの英雄叙事詩に描かれている原始的な族長社会を思わせる。

王は軍隊の最高指揮官であり、宗教儀礼を司《つかさど》り、裁判官の役目もはたした。きわめて古い儀式に軍隊の清め式があり、一匹の犬が犠牲とされて真二つに裂かれ、兵士たちはその間を行進した。毎年春の遠征シーズンの初めには、王を先頭とする完全武装の戦士たちの祭典でこの清め式が執り行われた。貴族たちはヘタイロイ（朋友、仲間）と呼ばれ、王に奉仕する代わりに土地や役得を与えられた。

軍隊の主力は騎兵である。マケドニアの広大な平原は馬の飼育に適しており、貴族の子弟は幼いときから乗馬の訓練を受けた。古代にはまだ鐙《あぶみ》が発明されていなかったので、騎乗のさいに足で踏ん張ることができず、両の太ももで馬のわき腹をしっかりと締め付けねばならない。この体勢で馬を自在に操り、しかも槍をもって戦うには高度の熟練を要した。騎兵こそ軍の花形で、重装歩兵が中心のギリシアでは騎兵が脇役にすぎなかったのと対照的である。戦争は彼らの最も重要な活動であり、古い時代には、〝敵を一人も殺したことのない者は、帯の代わりに馬の端綱《はづな》で腰を締めよ〟という法律があったほどだ。屈辱的な目印である。戦場での武勇こそが、最高の名誉であった。

大王生誕の地ペラのモザイク　貴族の邸宅の床に残る。右の剣を持つ若者が大王ともいわれる

　戦争と並んで王族や貴族の生活に欠かせなかったのが狩猟である。豊かな森林にはライオンや豹《ひょう》、野猪《やちょ》、鹿といった野生の獣が多数棲息していた。狩りは単なる娯楽ではなく、勇敢な戦士を育てるための訓練場でもあった。貴族でさえ、槍だけで野猪を仕留めたことのない者は、食事のさい寝椅子に横になる

ことが許されず、椅子に座らされた。狩猟が重要な意味をもつという点で、マケドニアはアッシリアやペルシアといったオリエントの帝国と共通性をもっている。狩猟のためにわざわざ猛獣を囲い込んだ庭園を作ったのは、ペルシア支配の時代に学んだ習慣であろう。

酒宴もまた大事な気晴らしの場で、マケドニア人の痛飲は悪名高く、乱痴気《らんちき》騒ぎも並ではなかった。アレクサンドロスの父フィリッポス二世は、遠征先に必ず笛吹きたちを連れて行き、連日豪快に酒をあおっては余興に浮かれた。

まことに荒々しい、蛮勇を絵に描いたような戦士の世界。それが古代マケドニアである。西部劇の荒くれ男どもを想像すればわかりやすいだろう。

ギリシア人かバルバロイか

こうしたマケドニア人の社会は、南の先進ギリシア人とはまったく異質であった。先ほど述べたように、マケドニア人を古代ギリシア人の北西方言群に属する一派であるとする点で、大方の学者は一致している。しかし当時のギリシア人にとって、マケドニアは北方の遅れた辺境地域にすぎない。大半のポリスで王政が廃止されていた古典期（前五〜前四世紀）のギリシアでは、王を戴くこと自体が遅れた国家と見なされた。ギリシア人が葡萄酒を水で割って飲んだのに対し、マケドニア人が生《き》のままで飲んだのも、彼らがバルバロイ（野蛮人）であることの証拠とされた。もっとも私に言わせれば、ギリシアのワインは酸味が強くて酸っぱいが、マケドニアのワインはバランスが取れて実においしく、水で割るなどもったいないと思うのだが。

マケドニア王家は、自分たちがギリシア人にどう見られているかをもちろんよく知っていたに違いない。それゆえ、王家の祖先がギリシアの英雄たちの血をひいた生粋のギリシア人であることを証明しようと躍起になった。歴史家ヘロドトスはペルシア戦争を描いた『歴史』において、そうした血統証明の物語を二つ紹介している。

一つは建国伝説で、かつてテメノスの末裔《まつえい》にあたる三人の兄弟がアルゴスから亡命し、マケドニア王国を建てたという。テメノスとはヘラクレス一族の一人でアルゴスの支配者、そのアルゴスはミケーネ時代にさかのぼる由緒あるギリシア都市、それゆえ王家の祖先はギリシア神話最大の英雄に連なる生粋のギリシア人、ということになる。

もう一つはペルシア戦争時の王アレクサンドロス一世の逸話で、彼は若い頃にオリンピック競技会に参加し、スタディオン競走に出場したという。スタディオンとは長さの単位で約一八〇メートルだから、今の二〇〇メートル走にあたる。ところが他の選手から、彼は外国人だから出場資格がないとの抗議が起きた。オリンピック競技会はギリシア人だけの祭典なので、競技参加にあたっては厳重な資格審査が行われる。そこでアレクサンドロスは、自分がアルゴス人の血統に属することを証明し、資格審査委員もこれを認めて彼をギリシア人と判定した。彼が持ち出した証明とは、右に紹介したアルゴス人亡命者による建国伝説だったにちがいない。こうして無事に出場した彼は、一位の者と互角の成績をあげたというのである。

ペラの遺跡　幾何学模様の床モザイクが残る邸宅跡

ヘロドトスのこの記述はきわめて曖昧《あいまい》である。「一位と互角」とは同時優勝という意味か。しかし、オリンピックの優勝者リストに彼の名前は記録されていない。もし彼の参加が事実なら、年齢からみてペルシア戦争より以前、前六世紀末のことと推測される。いずれにせよこの逸話には疑問点が多いため、多くの学者はこれをアレクサンドロスの捏造《ねつぞう》であると見る。実際ヘロドトス自身がマケドニアを訪問し、アレクサンドロス一世から直接話を聞いた可能性が強いのである。しかしオリンピック競技会というギリシアで最も有名な祭典について、作り話が容易に信じられたとも考え難い。

事の信憑《しんぴょう》性はさておき、これら二つの物語にうかがえるのは、マケドニア王家がギリシア人の血統を証明するためにいかに苦心したかということだ。それはペルシア戦争後、ギリシア世界への参入に王国の将来を見出したマケドニア王家が、ギリシア人に受け入れてもらうためにどうしても必要なことだったのである。

フィリッポス二世と王国の隆盛

以上述べてきたのは、しかし古代マケドニアの一面にすぎない。ギリシアとの関係が深まるにつれ、王たちは積極的にギリシア化政策を採るようになった。とりわけ前五世紀末のアルケラオス王は新しい首都としてペラを建設し、そこにギリシア文化の粋《すい》を集めた。彼は高名なギリシア人芸術家たちを多数招き、宮殿の建築や絵画・彫刻・モザイクの制作に腕をふるわせた。アテネの悲劇作家エウリピデスも晩年をマケドニアで過ごし、ここで生涯を終えた。のちにギリシア悲劇はマケドニア貴族の一般教養となり、彼らはエウリピデスの作品を自在に暗唱できた。

アルケラオスの死後、前四世紀の前半は王国にとって苦難に満ちた時代となる。王位をめぐる争いで王権が混乱した上、北方からはイリュリア人が侵入を繰り返し、一時は彼らに首都を占領され、ギリシア人の援助でやっと国土を取り戻すほどだった。前三五九年、イリュリア人の大規模な攻撃の前に、ペルディッカス三世は四〇〇〇の兵士とともに壮絶な最期を遂げる。近隣のパイオニア人も侵攻の構えを見せ、王位争いには外国も干渉の手を伸ばす。王国は文字通り風前の灯であった。

フィリッポス２世の頭像　アレクサンドロスの父。ヴェルギナ王墓出土の象牙製。ヴェルギナ博物館蔵

ここに即位したのが弱冠二三歳のフィリッポス二世である。急造の軍隊と巧みな交渉で当面の危機を乗り越えると、翌年イリュリア人を激戦の末に破り、北からの脅威を取り除いた。その後は豊かな資源を最大限に活用し、強力な軍隊を育て、征服地を拡大して、わずか二〇年あまりでマケドニアをバルカン半島随一の強国に仕立て上げた。その根底には、文字通り国家と社会の作り直しがあった。その事情を伝える証言としてしばしば引用される史料がある。前三二四年、アレクサンドロス大王は、騒擾《そうじょう》事件を起こしたマケドニア兵士に向かって次のように演説した。

> フィリッポスの目に映った当時の諸君の姿は、定まった家もなければ、その日の暮らしにも事欠くという惨めな有様だった。大方の者は、まだ羊の毛皮を身にまとい、わずかばかりの羊の群れを山の上で放牧しながら、それらを後生《ごしょう》大事に守って、イリュリア人だのトリバッロイ人だの、すぐ隣のトラキア人だのと、勝ち目の少ない苦しい戦いを続けていたのだ。父はそんな諸君を見て、羊の毛皮の代わりに身に着けるようにと外套《がいとう》を支給して

やり、諸君を山から平地へと連れ出し、これからはもう山中の地の利に頼るのでなく、むしろ持ち前の勇気をこそ頼みとして、近隣の蛮族とも十分に対抗できるだけの勇者ぞろいに諸君を鍛え上げた。また諸君を都市の住民とした上で、立派な法律や慣習を整備し、都市を整えてやったのだ（アリアノス　第七巻九章、大牟田章訳、一部字句を修正）。

修辞と誇張が混じっているとはいえ、フィリッポスの国家建設が住民の生活様式から社会のあり方までを根底から変革する大事業であり、誤解を恐れずに言えば「近代化革命」と呼びうるものだったことがわかる。

フィリッポスは征服した地域に多くの都市を建設し、支配下の諸民族を強制移住させてそこに住まわせ、農地の開拓・開墾にあたらせた。これを通じてマケドニア人という均質な「国民」を創出した。バルカン半島随一の金鉱であるパンガイオン山を手に入れ、大量の貨幣を打ち出して経済活動を活発にし、また金貨を諸外国の有力者にばらまいて支持者を増やした。結婚もまた大切な外交手段だった。一夫多妻の慣例に従って彼は生涯に七人の妻を娶《めと》ったが、そのうち六人が周辺諸国の王家や貴族の娘である。王の結婚は相手国との同盟締結であり、すなわちそれは王国の安全保障政策にほかならない。

最も重要な課題は軍隊の整備と強化だった。彼は一〇代半ばの三年間を人質としてテーベで過ごした経験をもっている。前三六〇年代のテーベは、エパメイノンダスとペロピダスというギリシア史上屈指の将軍の指導下で、ギリシア世界の覇権を争っていた。若きフィリッポスは彼らの活動をつぶさに観察し、またギリシア諸都市の政治・軍事の実情を肌で知ることができた。その経験をもとに彼は重装歩兵を改良し、五・五メートルの長槍を持たせてマケドニア独自の密集歩兵部隊を作り上げ、これを優秀な騎兵部隊と組み合わせた。ギリシアの重装歩兵がふだんは農業に従事する一般市民であるのに対し、フィリッポスは生産活動から離れた職業戦士を養成し、彼らを精鋭部隊として組織した。王の命令一下、いつでも、どこでも、どんな長期間でも遠征できるマケドニア軍は、それまでのギリシア人における戦争の常識、素人市民による限られた期間の出征というやり方を覆すものだった。こうしてバルカン最強、無敵の常備軍が登場したのである。

巧みな征服戦略

フィリッポスのバルカン・ギリシア征服は、無闇《むやみ》に軍を動かして一方的に攻め込むという単純なものでは決してない。彼は周囲の諸民族や国々の状況を冷静に見極め、成算ありと判断した上で兵を率いた。また金で相手を買収したり、外交交渉を巧みに操るなどして目的を達した。個人的な交友関係から宗教的権威に至るまで、目に見えない要素も大いに活用した。彼の成功の原因は、自分が手に入れた多様な能力と手段を、その時々の状況と相手に応じて自在に使いこなしたことにある。

一方ギリシア諸国は内部の問題を自らの力で解決することができず、勢力隆盛のフィリッポスに頼り、彼を積極的に引き入れた。その結果、フィリッポスはギリシアの政治的宗教的

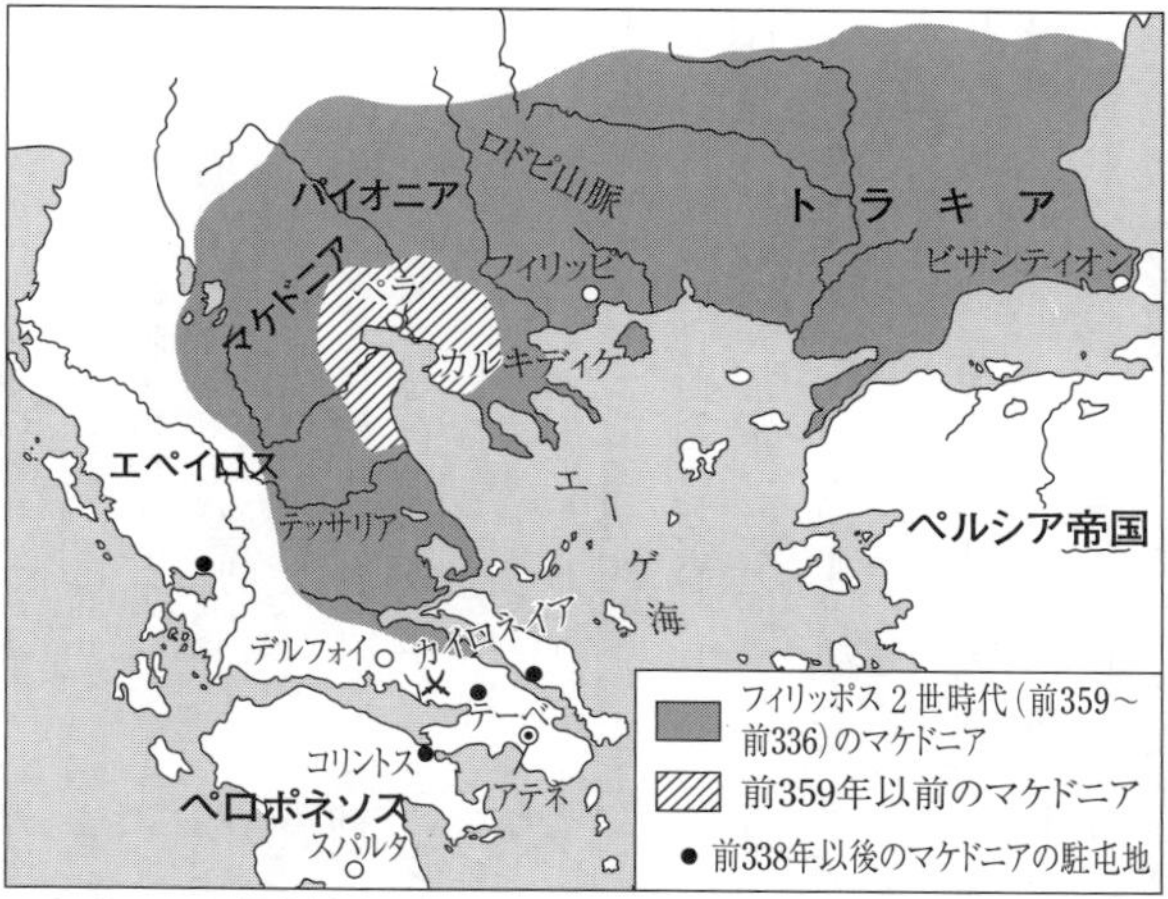

マケドニアの領土拡大

文脈に入り込んでそれに適応し、「合法性」の裏づけをもってギリシア人の上に君臨したのである。その実例をいくつか見てみよう。

　前三五四年、テッサリア人は内部の一都市フェライの僭主《せんしゅ》リュコフロンの脅威にさらされ、フィリッポスに援助を求めた。彼はその年と翌年の二度にわたってテッサリアに遠征し、僭主を破り、その功績によりテッサリア連邦の最高官職であるアルコンに選ばれた。テッサリアの広大な平原地帯は良質の馬を産し、騎兵として従軍する貴族階級が諸都市で実権を握っていた。全テッサリアの統治者となったことで、フィリッポスはその豊かな農産物とギリシア随一の強力な騎兵部隊を我が物とした。

　前三四六年には、それまで一〇年間続

いた第三次神聖戦争の終結に決定的な役割を果たした。ギリシア各地には古くから、聖域を共同管理するために周辺の諸都市が結成した隣保《りんぽ》同盟という宗教的な組織があった。中でも重要なのがアポロンの神託で名高いデルフォイの隣保同盟で、ギリシアの主要一二ヵ国が参加し、最高決議機関である評議会に計二四人の代表を送っていた。第三次神聖戦争は、前三五六年、聖なる土地を耕作したとの科《とが》で罰金刑を受けたフォキス人が、逆に武力でデルフォイを占領したことに始まる。フォキスは神殿財産を流用して多数の傭兵を動員し、戦争はギリシアの主要国を巻き込み一〇年の長きに及んで諸国を疲弊《ひへい》させた。前三四六年、フォキス最大の敵対者であるテーベがフィリッポスと同盟して介入を求め、フィリッポスが遠征すると、フォキス軍は抵抗を断念して降伏した。隣保同盟評議会は、フォキスがもっていた二議席をフィリッポスとその子孫に与えることを決議し、さらに彼をデルフォイで行われる競技会の共同主催者とした。これはピュティア競技会と呼ばれ、オリンピック競技会とともに古代ギリシアの四大祭典の一つに数えられる。こうしてフィリッポスは、ギリシア最大の権威をもつ聖地デルフォイの守り手として称賛され、武勇ばかりかアポロン神への敬神という名声を得たのである。

ギリシア征服を決定づけたのは前三三八年のカイロネイアの会戦だが、そのきっかけを与えたのも神聖戦争だった。前三三九年、隣保同盟評議会は聖地侵害の科でロクリス人に対する神聖戦争を決議し、その指揮権をフィリッポスに与えた。フィリッポスは直ちに南下したが、彼はこの機会を利用してアテネ攻撃を意図し、同盟国のテーベに、アテネ攻撃に参加するか、マケドニア軍の通過を認めるかの選択を迫った。アテネの政治家で反マケドニア派の急先鋒であるデモステネスは自らテーベに赴き、持ち前の雄弁でテーベ人を説得し、アテネとの同盟を締結させた。こうして翌年、マケドニア軍とアテネ・テーベ連合軍との決戦が行われたのである（第三章参照）。

こうしてフィリッポスは、周辺諸国の要求に応じることで友好と権威を獲得し、「合法性」の衣をまとって巧みに機会を捉らえ、自らの野心を実現していった。彼の征服は、可能な限り少ない負担で最大の効果を発揮するよう緻密《ちみつ》に計算された事業であった。

エーゲ海の彼方

フィリッポスの目は、いつの頃からかエーゲ海の向こうに注がれていた。前三三七年に目をつけたのが、小アジア南西部の国カリアである。カリア地方はペルシア帝国の一属州だが、前四世紀には総督ヘカトムノスとその息子たちが地歩を固め、半ば独立王国となっていた。とりわけマウソロスは村々を集めてハリカルナッソス（現ボドルム）に首都を築き、ギリシア文化を積極的に採用して、カリアは一躍強国にのし上がった。彼は付近のエーゲ海島嶼部に手を伸ばし、アテネの同盟諸国を離反させるなど、海上勢力の拡張にも意欲を見せた。またマウソレイオンと呼ばれる巨大な霊廟を建造し、その高さは五〇メートルにおよんで古代の七不思議の一つに数えられた。マウソレイオンの名は、今日でも巨大な墓を指す普通名詞として使われている。

マウソロスの死後は妻で妹のアルテミシアが後を継ぎ、彼女の死後は弟のピクソダロスが支配した。フィリッポスはこのピクソダロスと縁戚関係を結ぼうとした。すなわち息子でアレクサンドロスの兄弟であるアリダイオスを、ピクソダロスの娘と結婚させることを計画したのだ。これは実現しなかったが、もしこの結婚が成立していたらマケドニアとカリアは同盟国となり、エーゲ海の東西を結ぶ強力な絆が生まれたであろう。フィリッポスのペルシア遠征に際しては、もちろんカリアが貴重な協力者となったに違いない。彼の目はすでに東方の大国ペルシアを見据えていたのだ。

前三三六年、フィリッポスは側近に暗殺され、息子のアレクサンドロスが王となる。この時王国は、バルカン半島とエーゲ海島嶼部の大半をその版図に収めていた。この基盤があったからこそ、アレクサンドロスの大遠征が可能となったのである。

ヴェルギナの王墓

フィリッポス二世からアレクサンドロスにかけての時代、すなわち前四世紀後半のマケドニアの内部はいかなるものだったか。幸いにも、一九七〇～八〇年代に発掘された王家の墓が貴重な手がかりを与えてくれる。

王家の墓が発掘されたのは古代のアイガイ、現在のヴェルギナ村である。ペラが新しい首都となってからも、アイガイは王国の宗教と祭儀の中心地として重要な位置を占めていた。

一九七七～七八年、テッサロニキ大学の考古学者アンズロニコスが、このヴェルギナで三基の墓を発掘した。そのうち二基は盗掘を免れ、まばゆいばかりの副葬品を伴っていた。ギリシア考古学史上、二〇世紀最後の大発見である。しかもアンズロニコスが、第二王墓に葬られたのはフィリッポス二世とその妃であると発表したため、大々的な反響を呼んだ。被葬者の特定については依然として決着を見ないが、副葬品の豪華さから見て、これらが前四世紀

ヴェルギナの王家墓　全体が地下博物館。著者撮影

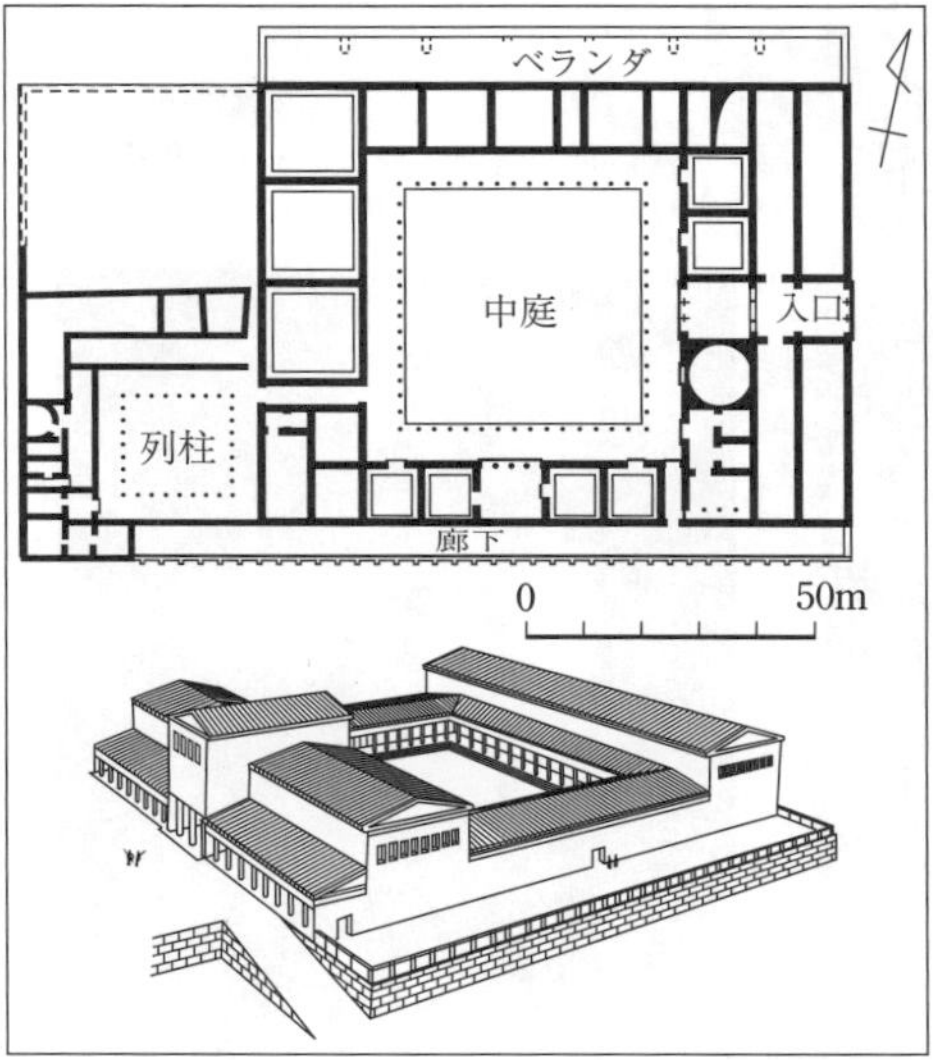

王宮平面図と復元図　Drougou, *Vergina*より

末マケドニア王家の墓であることは疑いない。さらに一九八七年には、それまでで最大かつ最古のマケドニア式墳墓が発掘され、推定年代からフィリッポス二世の母エウリュディケの墓とされている。

これらの王墓で見つかったフレスコ画や金・銀・青銅の副葬品は、当時のマケドニアの芸術・工芸がいかに高度な水準に達していたかを証明している。

第一王墓は盗掘されていたが、壁の三面にはフレスコ画が完全なかたちで残っている。と

第１王墓に描かれたペルセフォネの誘拐　冥界の王が拉致する場面。Andronicos, *Vergina*より

銀器と黄金の冠　第３王墓出土。ヴェルギナ博物館蔵　ギリシャ政府提供

くに冥界の王ハデスがペルセフォネを誘拐し、馬車に乗せて去っていく場面は、流動的なタッチが印象的だ。他の二面には、ペルセフォネの母デメテル女神と、三人の運命の女神モイラ。古代ギリシアの絵画がすべて失われた今、古代美術史上におけるこれらの価値ははかりしれない。

最も豪華な副葬品が見つかったのは第二王墓である。被葬者の骨は、金糸の刺繍をほどこした紫色の布に包まれて、黄金製の骨箱に入っていた。蓋には一六本の星の光線が打ち出されているが、これはマケドニア王家の象徴である。さらに黄金製の王冠や花冠、金箔をはった青銅製のすね当てその他の武具、棺台にほどこされていた象牙の小像レリーフ、銀製の食器など、工芸の粋とも言うべき副葬品が多数見出された。エウリュディケの墓で見つかった玉座は、金箔をはった大理石製で高さ約二メートル。背もたれには鮮やかな色で、ハデスとペルセフォネが仲良く並んで四頭立て馬車に乗っている場面が描かれている。またこの玉座は、女性の立像や、スフィンクス、ライオンなどの細やかな浮彫りで飾られている。

アレクサンドロス大王の時代、マケドニア王国はもはや北方の遅れた国ではなかった。ギリシアの先進文化を吸収し、さらに高い水準へ引き上げていた。その繁栄はローマに滅ぼされるまで、それから二〇〇年近く続いたのである。

第三章　アレクサンドロスの登場

誕生から即位まで

大王の肖像と実像

アレクサンドロスの肉体についてはさまざまな証言が残されている。彼の体つきは非常に美しく色白で、とくに顔と胸はほんのりと赤みがさしていた。髪は金髪、額からかき上げるようにして、小さく波うっていた。目は優雅で快活、色は左右で異なり、右目は黒、左目は青味がかった灰色だった。

二〇歳の素顔を写したと思われる作品が二つある。一つはヴェルギナ第二王墓で発見された象牙の肖像彫刻で、高さはわずか三センチ。首を軽く傾け、目は上を向いている。理想化されていないだけ、実在のアレクサンドロスに非常に近いと思われる。

もう一つはその墓の正面入口の破風《はふ》に描かれたフレスコ画で、表情にはやや幼さが残る。馬に乗って狩りをしている最中で、右手に持った槍を獲物に投げる瞬間を描いている。

アレクサンドロスが王となった後、彼の彫像の制作を独占的に任されたのはリュシッポスだった。彼はペロポネソス半島の小都市シキュオンの出身で、多才多作で知られ、作品の総

狩猟図中央に位置するアレクサンドロス　ヴェルギナ第２王墓正面のフレスコ画を復元したもの。Drougou, *Vergina*より

アレクサンドロスの肖像彫刻　青年の大王の頭部と言われる象牙製の小像。ヴェルギナ博物館蔵

数は一五〇〇にのぼると言われる。プルタルコス『アレクサンドロス伝』は次のように述べている。

さまざまな彫像のなかで、アレクサンドロスの外見を最もよく表しているのはリュシッポスの作品であり、アレクサンドロス自身も彼だけに像を作らせるのがよいと考えた。なぜなら、のちに後継者たちや朋友たちの多くが真似た特徴である、首を軽く左に曲げたところや目の潤いを、この芸術家は的確に捉えたからである（第四章）。

彼の原作は残っておらず、ローマ時代に作られたコピーが現存している。そのうち最も原作に近いとされるのが「アザラの大王胸像」である。一七七九年にローマ近郊のティヴォリで発見され、スペイン大使アザラによってナポレオ

アザラの大王胸像　ローマ帝政期の模刻。ヘレニズム時代に制作される大王像の原型となった。ルーヴル美術館蔵

ンに贈られたことからこの名がついた。保存状態は必ずしも良くなく、唇、鼻、左右の眉は修復されている。台座には「アレクサンドロス／フィリッポスの子／マケドニア人」という三行の碑銘がギリシア語で刻まれている。最も大きな特徴は、額の中央から前髪が逆立って後ろにかき上げられていることだ。これはライオンのたてがみを模倣した表現で、大王がライオンの如き気性の持ち主とされたことに関連する。リュシッポスのこの胸像は、ヘレニズム時代に制作される大王像の原型となった。

アレクサンドロスの誕生と神話

アレクサンドロスが生まれたのは、前三五六年七月二〇日頃である。父はフィリッポス二世、母はオリュンピアス。オリュンピアスはピンドス山脈の西側に位置するエペイロス地方モロッソイ王国の王女だった。マケドニアとモロッソイは共に北方のイリュリア人の脅威にさらされており、それゆえ二人の結婚は、両国が同盟して互いの安全保障を図るための政略結婚である。

歴史上の大人物によくあるように、アレクサンドロスの出生をめぐっては数々の伝説が作られた。ある伝承は、両親が恋愛結婚をしたと語っている。二人がエーゲ海北部のサモトラケ島で共に密儀に入信したとき、フィリッポスはオリュンピアスに恋をして、さっそく彼女

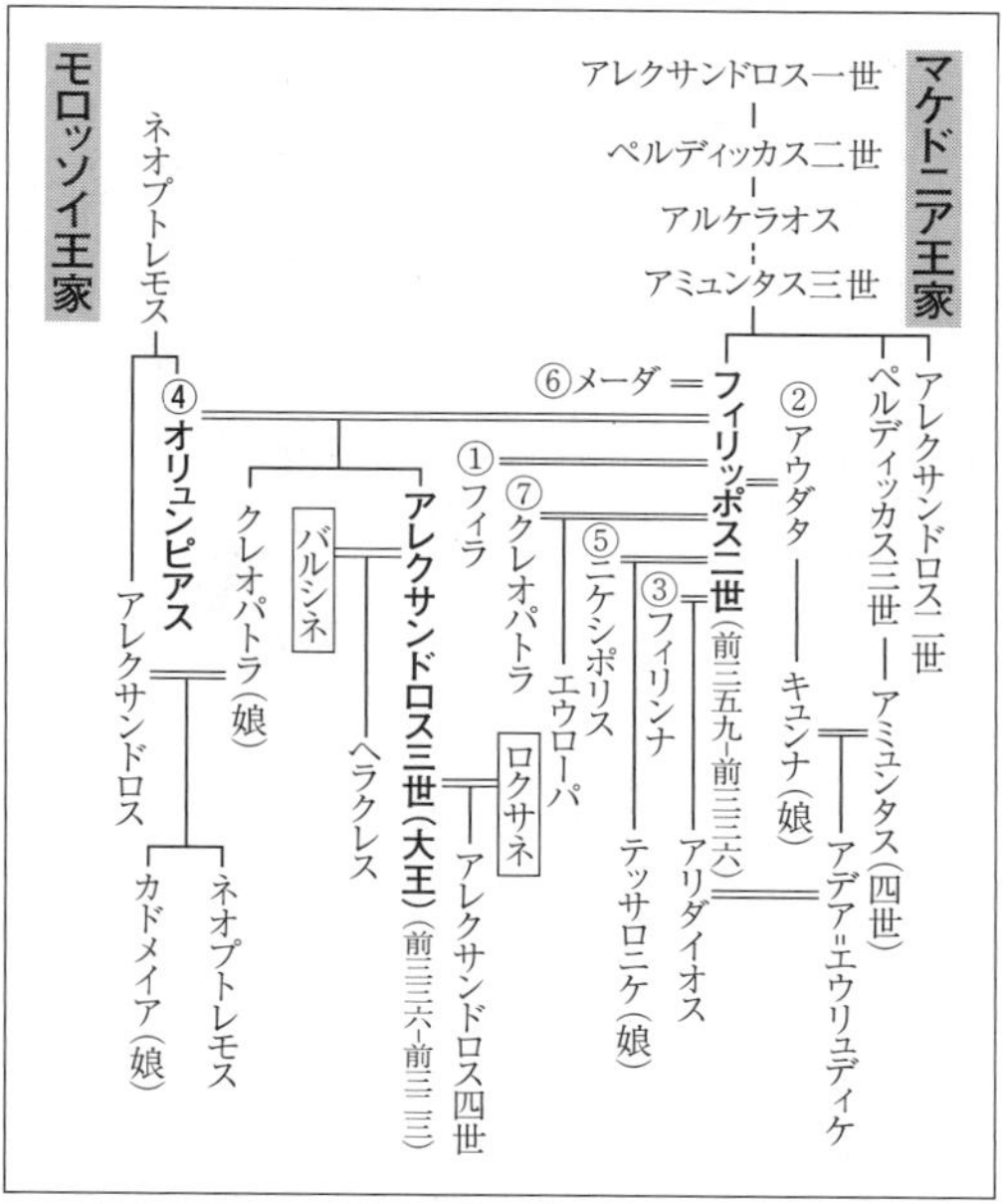

アレクサンドロスの系図　①〜⑦は結婚の順序

の後見人に結婚を申し込んだというのだ。オリュンピアスが密儀の信者だったことは確かだが、フィリッポスについては定かでない。この物語は、サモトラケ島がマケドニア王家の重要な聖地となる前四世紀末以降に作られたものであろう。

　オリュンピアスは結婚式の前夜に夢を見たという。雷が鳴って自分の腹に落ち、そこから炎が上がり、一面に燃え広がって消えたのだ。雷は主神ゼウスが起

こすから、この夢はゼウスが彼女と交わったことを暗示する。一方フィリッポスは、結婚後まもなく自分が妻の腹に封印する夢を見たが、その印の意匠は獅子の像だった。宮廷付きの予言者がこれを解釈し、オリュンピアスは妊娠しており、その子は獅子のように勇敢なのだと予言した。獅子は偉大な君主や支配者にふさわしい高貴な動物と見なされていた。アレクサンドロスを描いた彫刻で、彼の髪がライオンのたてがみのように飛び上がっているのはこのためである。

フィリッポスが王子誕生の報せを受け取ったのは、彼がギリシアの都市ポテイダイアを占領した時だった。同時に、将軍パルメニオンがイリュリア人を破ったこと、彼の馬がオリンピック競技会で優勝したことも知らされた。これらは夏の短い期間に続けざまに起きたのだろう。フィリッポスは、この子は三つの勝利と共に生まれたから不敗の人になるだろうと言って喜んだ。

両親の家系はいずれも神話上の英雄に連なっていた。マケドニア王家の祖先はギリシア最大の英雄ヘラクレスにさかのぼり、モロッソイ王家のそれはトロイ戦争の勇将アキレウスにつながって、いずれも最高神ゼウスの血を引いている。もちろんこうした系図は、王家の血統に箔《はく》をつけるために創作されたものだ。しかし当時の人々にとって、人間と神々とは伝説の世界で交わっていた。神と人間の間に生まれた者を英雄と呼ぶ。祖先が英雄であるという事実は、アレクサンドロスの心理と行動を深く規定するであろう。

少年時代のアレクサンドロス

少年時代のアレクサンドロスについては、現存する大王伝の中でプルタルコスだけが詳しく伝えている。有名な逸話を幾つか列挙してみよう。

少年の時から克己節制の徳にひときわ優れ、名誉を重んじる気持ちのおかげで、彼の精神は年に似合わず重厚で気位の高いものとなった。彼は足が速かったので、周囲の人々がオリンピック競技会でスタディオン（一八〇メートル）競走に出たくはないかと尋ねると、「王たちが競争相手になるならばね」と言った。

少年アレクサンドロスと愛馬ブーケファラス　愛馬を調教するアレクサンドロス。遠征中の大王は、すべての戦闘でブーケファラスに乗って戦った。フィレンツェ考古学博物館蔵

フィリッポスが国を離れている時に、ペルシア王の使節団がやって来た。アレクサンドロスは彼らを国賓《こくひん》としてもてなし、子どもっぽい質問はせずに、道路の長さや内陸への旅の様子を尋ねたり、ペルシア王とは戦争ではどんな人か、ペルシア人の勇気や器量はどうなのか、などと質問した。使節たちは、こうした質問や彼の好意あふれる態度に圧倒され、世上に名高いフィリッポスの賢

明さも、この子の熱意と大志に比べれば物の数ではないと思ったほどだ。フィリッポスが高名な都市を攻め落としたとか、大会戦で勝利を収めたという報せが届くたびに、彼は少しも喜ばず、同年輩の若者たちにこう言った。「父上は何もかも先に取ってしまわれる。僕は君たちと一緒に大きく立派な仕事をやりたいのに、そんな仕事は何ひとつ残して下さらない」

最も有名な逸話は、名馬ブーケファラスとの出会いであろう。ある商人がブーケファラスという荒馬を売りに来た。これはテッサリア産の有名な馬の血統の名前で「雄牛の頭」を意味し、肩に雄牛の頭の烙印《らくいん》があったのでこう呼ばれていた。売値は一三タラントン。当時のギリシアでは一タラントンの財産があれば富裕者に数えられたし、平均的な馬の値段は五分の一タラントンだったから、これは破格の値段である。ところがこの馬は気性が荒く、誰も近づくことさえできない。アレクサンドロスは、馬が自分の影の動きを恐がって暴れるのを見て取り、頭を太陽に向けて落ち着かせ、それから騎乗して見事に調教してみせた。誰もが歓声をあげた。フィリッポスは涙を流して喜び、「お前にふさわしい王国を探すがいい。マケドニアにはお前の居場所がない」と言ったという。遠征中のアレクサンドロスは、すべての戦闘で常にブーケファラスに乗って戦った。前三二六年、インドで馬が老衰のために死ぬと、彼はその死を悼み、都市を築いてブーケファラと名づけた。

これらの逸話がすべて目撃証言に由来することは間違いない。古代マケドニア史研究の泰《たい》斗《と》である故ハモンドは、その出典は大王の同年輩の学友マルシュアスが書いた『アレクサンドロスの教育』であろうと推測している。少年アレクサンドロスの感情と行動の生き生きした描写は、共に学び育ったマルシュアスの記憶にもとづくものであろう。この作品はすでに失われたが、プルタルコスはこれを引用し、大王の少年時代について貴重な証言を残してくれたのである。

アリストテレスの着任と教育

アレクサンドロスが一三歳になった時、父フィリッポスは息子に本格的な帝王教育をほどこすため、哲学者のアリストテレスを教師に招いた。

アリストテレス　ローマ国立美術館蔵

アリストテレスは前三八四年に、エーゲ海北岸のスタゲイラという小都市に生まれた。父のニコマコスはマケドニア宮廷でアミュンタス三世（フィリッポスの父）の侍医を務めており、アリストテレスは幼少時代を首都ペラで過ごした。前三六七年アテネに遊学し、哲学者プラトンが開いた学園アカデメイアに入って学問に励んだ。二〇年後にプラトンが死ぬと、アテネを去って小アジアへ赴く。マケドニアに招かれた時は三九歳。プルタルコスは彼を「哲学者の中で最も高名にして最も博識」と述べているが、人生の盛りとはいえ、あらゆる学問に通じた大学者として大成するのはまだ先のことである。

学校は、首都から西へ四〇キロほど離れたミエザという風光明媚《ふうこうめいび》な土地に設けられ、ここにアレクサンドロスと同年代の貴族の子弟たちも集められた。プトレマイオス、ヘファイスティオン、リュシマコスなど、いずれも東方遠征で彼の側近として活躍する者たちである。アリストテレスは三年間、若者たちにギリシア文化の精華を教えた。政治学、倫理学から文学、医学に至るまで、その範囲は広大だ。もともと読書好きだったアレクサンドロスの天性は、師の指導をうけて十全に開花した。とりわけ好んだのがホメロスの叙事詩『イリアス』である。トロイ戦争における英雄たちの武勇を語るこの長大な作品を、アレクサンドロスは「戦術の資料」と見なした。そればかりか、アリストテレス自身が校訂した写本を遠征に携えていき、手箱に入れて、いつも短剣と一緒に枕元に置いたほどだ。もちろんアイスキュロスやエウリピデスの悲劇作品にも親しみ、それらを自在に暗唱できた。東方遠征中も、アジアで手に入らない本を側近に命じて送らせた。彼はアリストテレスを深く尊敬し、父からは生を受け、アリストテレスからは良き生を受けたから、父に劣らず彼を愛していると自分で言うほどだった。

アレクサンドロスが王位につくと、アリストテレスは『王たることについて』という論説を書いて彼に贈った。王としていかに統治すべきかを説いた一種の手引書である。これはアレクサンドロスの心に大きな影響を及ぼした。誰かに何らかの利益を与えなかった時、彼はいつもこう言ったという。「今日、自分は王ではなかった。なぜなら私は今日、誰に対しても善いことを為し得なかったからだ」と。

もっともミエザでの三年間を美化すべきではない。何しろ一〇代半ばの血気盛んな若者たちだ、アリストテレスも彼らの躾《しつけ》には結構苦労したらしい。青年についての次の文章は、ミエザにおける教師生活を反映するものとしてしばしば引用される。

若い者はじっとしていることができない。大きい子供にとっては教育が彼らのガラガラ玩具になる（『政治学』第八巻六章、牛田徳子訳）。

青年は、身体に関わる欲望の中でも特に性的な欲望を追い求めがちで、自分でこれを抑制する力がない。また、欲望に対しても気移りし易いし、飽き易く、激しく求めるかと思えば、さっと止んでしまう。世の醜悪なところをまだ見ていないため、気立ては悪くなく、むしろお人好しであるし、人に騙され易い。どんなことでも知っていると思い込み、それを言い張る（『弁論術』第二巻一二章、戸塚七郎訳）。

アリストテレスがアレクサンドロスのために書いたもう一篇の論説に、『植民地の建設について』がある。ここでアリストテレスは、ギリシア人達には友人や同族の人々として配慮し、彼らの指導者として振舞うこと、異民族に対しては彼らの専制君主として臨み、動物や植物のように取り扱うことを勧めている。異民族を動植物同然と見なすアリストテレスの言葉は、当時のギリシア人が外国人＝バルバロイに抱いていた感情を集約したものだ。彼の学問が一見広大なようでいて、所詮《しょせん》ギリシア世界の狭い枠組みを超えられなかったことを証明している。これに対してアレクサンドロスは遠征先の各地に都市を建設し、マケドニア人やギリシア人ばかりか地元の住民をも住まわせ、またペルシア人貴族を高官や側近に採用した。これらがいわゆる同化・融合政策とは無縁であったことは後に触れるが、ともかく彼の政策がアリストテレスの教えと対立することは明白だ。アリストテレスは大王の東方政策を聞いて危惧《きぐ》を抱き、異民族に対する「正しい」対応を勧告するためにこの論説を執筆したと考えられる。

こうして見ると、お互いの個人的な感情や一般的な教育を離れた次元では、二人はまったく別の道を歩んだという印象を受けざるを得ない。アリストテレスは学問の巨匠、アレクサンドロスは政治と軍事の天才。一方はギリシアの枠内に留まり、他方はその枠をはるかに超えて別世界を創造した。哲人と大王の歴史上稀な結合を果したかに見えて、実は完全なすれ違いに終わったのではなかろうか。

初めての都市建設

少年時代の逸話からわかるように、アレクサンドロスは父親に対して強烈な対抗意識をもっていた。それが具体的に現れるのは前三四〇年のことである。この年フィリッポスはボスポラス海峡に臨むギリシア都市ビザンティオンに遠征し、一六歳のアレクサンドロスが留守をあずかって摂政を務めた。おりしもトラキア地方、現在のギリシア北東部からブルガリアにわたる地域でマイドイ族が反乱を起こした。アレクサンドロスは初めて軍を率いて出動し、難なく反乱を鎮圧する。注目すべきは、この時彼がマイドイ族の町を占領してギリシア人を入植させ、自前の都市を建てたことである。彼はこれをアレクサンドロポリス、「アレクサンドロスの町」と名づけた。これこそ、東方遠征で彼が多数建設することになるアレクサンドリアの先駆けである。

わずか一六歳にして自分の名を冠した都市を建設するとは、その意図は何だったのか。彼の念頭にあったのは明らかに父の先例である。フィリッポス二世は前三五六年、トラキア人との戦いにさいしてギリシア都市クレニデスを接収した。それから付近の住民を移住させて都市を拡充した上、自分の名をとってフィリッポイと改名したのである。その近くには優秀な金の鉱脈をもつパンガイオン山があり、彼はこの都市を鉱山開発の拠点にするつもりだったのだ。支配者が自分の名前を都市に付けるのは、ギリシア世界においては前例のない行為であった。若き王子の名誉欲と父王への対抗心、いずれの意味でもこの都市建設は、後のアレクサンドロスの原型をなすと言ってよい。

カイロネイアの会戦

前三三八年八月二日、ボイオティア地方の都市カイロネイアの東に広がる平原で、ギリシ

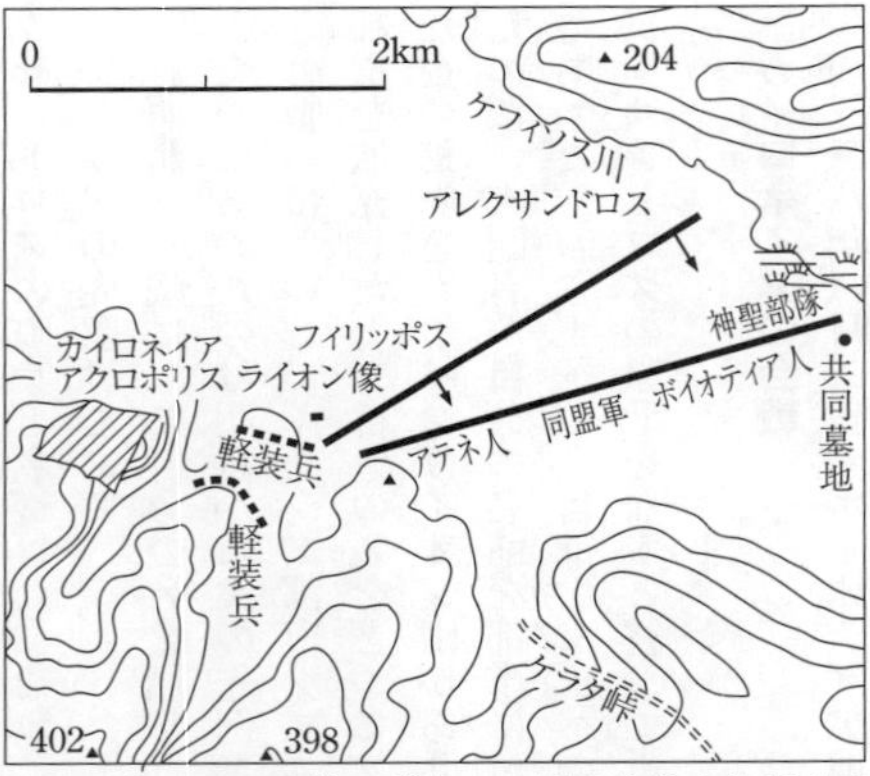

カイロネイアの会戦　ギリシア軍は全体を統括する指揮権を欠いて、マケドニアの圧倒的勝利に終わる

ア・マケドニア両軍の決戦が行われた。マケドニア軍の右翼はフィリッポスが指揮する近衛歩兵部隊、中央には密集歩兵部隊、左翼にはアレクサンドロスが率いる騎兵部隊、総兵力は軽装兵を含めて三万四〇〇〇。一八歳にして初めて参加する正規軍同士の本格的な戦闘で、アレクサンドロスはマケドニア軍の華である騎兵を任されたのだ。フィリッポスが息子に寄せる信頼の深さがうかがえる。対するギリシア軍は、フィリッポスに対抗する左翼にアテネ軍、中央に同盟諸国の部隊、アレクサンドロスに向き合う右翼にはテーベを中心とするボイオティア軍が布陣した。軽装兵を含めた総兵力は三万六四〇〇。とりわけ最右翼にはテーベ軍で最強の神聖部隊がいた。これは前三七八年の創設以来、四〇年にわたって不敗を誇ってきた三〇〇人の精鋭部隊である。

戦闘は、まずフィリッポスが歩兵部隊をゆっくり後退させることから始まった。正面のアテネ軍がこれを追撃しようと前進する。フィリッポスはアテネ軍の戦列が乱れたところで反転し、これを打ち破った。中央のギリシア人部隊はアテネ軍との間隔を空けないようにと左へ移動し、右翼のボイオティア軍もこれに倣《なら》った。このためテーベの戦列の至る所に隙間が生じ、そこへアレクサンドロス率いる騎兵部隊が突入、神聖部隊の側面を抜けて背後へ回ることに成功した。神聖部隊との交戦は激烈をきわめた。テーベ人の共同墓地からは二五四人分の遺骨が発掘され、これらはすべて神聖部隊の戦死者と見られている。三〇〇人中、生存者わずか四六人という壊滅的な打撃である。

こうしてカイロネイアの会戦は、マケドニア軍の圧倒的な勝利に終わった。後退戦術による敵の戦列の攪乱《かくらん》とその撃破、相手戦列に生じた隙間への騎兵の突入、これらはすべてフィリッポスの思い描いた通りであり、彼の卓越した指揮能力を証明している。こうした戦法は、東方遠征でアレクサンドロスがそっくり採用することになろう。一方のギリシア軍は、数では優位にあったが全体を統括する指揮権を欠いていた。アテネ人だけで戦死者は一〇〇〇以上、捕虜は二〇〇〇にのぼった。

アテネ人は敗戦の報を受けると、包囲戦を予想して非常措置をとった。しかしフィリッポスはこれ以上の直接対決は避け、捕虜を身代金なしで解放し、戦死者の遺体と遺品も返還するなど、寛大な条件でアテネと講和を結んだ。この講和締結のためにアテネに派遣されたのが、アレクサンドロスと重臣アンティパトロスである。ギリシア文化を深く身につけたアレクサンドロスが、憧れの地アテネを訪れたときの心中はいかなるものだったか。残念ながらどの大王伝も伝えていない。

対照的に、テーベに対する処置は厳しかった。フィリッポスは、捕虜の釈放と戦死者の返還に多額の身代金を要求した。また反マケドニア派の指導者たちを処刑あるいは国外追放にし、代わりに親マケドニア派の亡命者を帰国させて、三〇〇人の寡頭《かとう》派政権を打ち立てた。さらにアクロポリスにあたるカドメイアの丘にマケドニア駐留軍を置いた。

このあとフィリッポスは全ギリシア諸国の代表をコリントスに召集し、戦後処理の構想を示した。これを受けて前三三七年初頭、スパルタを除くギリシア諸ポリスはコリントス同盟を結成し、これがフィリッポスによるギリシア支配の体制となる（第四章参照）。彼自身はその総帥＝全権将軍に任命され、各国が提供すべき兵力を割り当て、同盟軍としてペルシア遠征に動員することとした。即位から二〇年余、フィリッポスは遂にギリシア世界の覇者として君臨し、バルカン最強の支配者の座に上りつめたのである。

フィリッポス二世の暗殺

前三三六年春、フィリッポスはいよいよ次なる大目標、ペルシア遠征の実行にとりかかる。まず重臣のパルメニオンら三人を指揮官として、一万の先発部隊を出発させた。先発部隊はヘレスポントス（現ダーダネルス海峡）を渡って小アジアへ上陸し、ギリシア諸都市を「解放」していった。ペルシア側の抵抗はほとんどなく、部隊はエーゲ海沿岸地方を順調に南下して行く。まもなくフィリッポスも本隊を率いて出発する予定であった。

夏の初め、フィリッポスの娘クレオパトラと隣国モロッソイの王子アレクサンドロスの結婚式が催された。花嫁はアレクサンドロスの妹、花婿は母オリュンピアスの弟だから、これは叔父と姪の結婚である。両国の同盟関係をより強固とするのにこれ以上の縁組みはあり得ない。フィリッポスは自分の権力と名声を誇示するため、この結婚式を最大限に活用し、ギリシア全土から多数の著名人を招待した。こうして緑美しい初夏の古都アイガイでの祝典に、あらゆる地方からおびただしい人々が集まった。饗宴の席では、有力なギリシア諸国の代表たちが次々とフィリッポスに黄金の冠を贈呈する。娘の結婚式といいながら、本当の主人公は、権力と威信の絶頂に上りつめたフィリッポス自身にほかならない。祝典は、ペルシア遠征出発を目前に控えての盛大な壮行会でもあった。

ヴェルギナの劇場跡　フィリッポス２世暗殺の現場。側近により観衆の目前で行われた。著者撮影

饗宴の翌日は、宮殿のすぐ下にある劇場で音楽の競技会が開かれる予定であった。観衆はまだ夜の明けないうちから続々と劇場につめかけた。ついにフィリッポスが白い衣をまとって劇場に姿を現す。左右には二人のアレクサンドロス、すなわち息子と花婿が付き添い、護衛兵には自分から離れてついて来るよう命じてあった。それから彼が玉座に向かって歩き始め、二人の若者から離れて

一人だけになった瞬間、側近護衛官のパウサニアスがさっと駆け寄り、隠し持っていた短剣でフィリッポスの胸を刺し貫いた。フィリッポスは大の字になって地面に倒れる。ほとんど即死であった。パウサニアスは劇場を飛び出し、逃走用に用意してあった馬に向かって走り出す。護衛兵たちが追いかけ、彼を取り押さえて槍で殺した。

満場の観衆の目前で白昼堂々と行われた暗殺劇。栄光の絶頂から一瞬にして奈落の底へ。フィリッポス四六歳、まさに人生の盛りにおける不意打ちの如き最期だった。

暗殺者パウサニアスには王を殺す個人的な理由があった。同性愛関係のもつれが原因でフィリッポスに恨みを抱いたのである。たったそれだけで、と言われそうだが、ギリシアと同じく男性間の同性愛が普通だったマケドニアでは、決して珍しい事ではない。事実、前五世紀末のアルケラオス王も、同性愛が原因で若い愛人（もちろん男性）に殺害されている。王族同士の血なまぐさい争いや粛清が日常茶飯だった世界では、王の暗殺すら突出した出来事ではなかったのである。

王権の確立

若獅子

誰が次の王に即位するか。もちろんアレクサンドロスが最有力だったが、ほかにも候補者はいた。従兄弟で一〇歳ほど年上のアミュンタス、国内には彼を支持する勢力もあった。新しい王は、形式上はマケドニア人の民会で選ばれるが、実質的にはごく少数の有力貴族によって決められる。決め手になったのは、重臣のアンティパトロスがアレクサンドロスを推したことだ。こうしてアレクサンドロス三世がマケドニアの王位についた。

王となってまず手がけたのは、もちろん父の葬儀である。遺体は火葬に付せられ、遺骨は黄金の骨箱に納められた。そして宮殿のある丘の麓に、マケドニア特有のかまぼこ型の屋根をもつ墓が作られ、黄金の冠や武具、調度品などの豪華な副葬品とともに埋葬された。

次の課題は国内の反対勢力を排除することである。暗殺の共犯者と目される人物が次々と捕らえられ、処刑された。もっとも手ごわい相手はアッタロスという貴族だった。彼の姪のクレオパトラは、ほんの一年前にフィリッポスの七番目の妻となっていた。王と外戚関係を結んだアッタロスはそれから急速に威信を高め、ペルシアへの先発部隊の指揮官の一人に選ばれたのである。その彼は今小アジアにいる。アレクサンドロスは援軍と称して一部隊を派遣し、側近の一人をその隊長に任命してアッタロス殺害の密命を与えた。アッタロスの同僚指揮官パルメニオンは計画を黙認、暗殺は予定通りに実行された。こうしてアレクサンドロスは最大の政敵を取り除いたのである。また王族内のライバルであるアミュンタスは、翌年、反逆の罪をきせて処刑した。

一方ギリシアの情勢も急を告げていた。マケドニアの軍門に降《くだ》ってまだ二年、ギリシア諸国にとって征服者フィリッポスの突然の死は願ってもない朗報だ。アテネ民会はさっそく暗殺者パウサニアスを称えて顕彰決議をあげ、反マケドニアの急先鋒デモステネスは、小アジ

デモステネス　アテネの弁論家で、反マケドニア急先鋒。Richter, *The Portraits of the Greeks*より

アのアッタロスとも秘かに連絡をとって、独立回復の運動に乗り出した。テーベをはじめ他の諸ポリスもマケドニア駐留軍を追放したり、フィリッポスに追われた亡命者を帰国させるなど、離反の動きが広まった。

アレクサンドロスの対応は迅速だった。まずテッサリアに赴き、巧みな弁舌で説得し、父が持っていたテッサリア連邦の最高官職を自分が引き継ぐことを承認させた。これによってギリシア最強と謳《うた》われたテッサリア騎兵部隊を我が物にできた。次いでテルモピュライに隣保《りんぽ》同盟評議会を召集した。隣保同盟はアポロン神の聖地デルフォイを共同管理するための組織である。ここではテッサリア人とその周辺の諸民族が多数を占めていたので、父王の議席を彼が受け継ぐのは容易なことだった。

それから強行軍でテーベに向かう。テーベ人は思いがけないアレクサンドロスの到着に恐慌をきたし、早々に鉾《ほこ》を収めた。これを知ったアテネ人も驚愕し、あたふたと使節団を派遣して王位の承認が遅れたことを詫び、見えすいた恭順《きょうじゅん》の意を表明した。使節団にはデモステネスも含まれていたが、彼は途中で引き返す始末。ギリシア人のだれもが、わずか二〇歳の若者の驚くべき精力と疾風《はやて》のごとき敏速さに目をみはり、あっさりと抵抗をあきらめたのである。締めくくりはコリントス同盟の代表会議だった。アレクサンドロスは全ギリシア諸国の代表を召集し、自分を全権将軍に任命すること、対ペルシア遠征を共にすることを決議させた。こうして彼は父王の築いたギリシア支配体制を自らの手に継承したのである。

ドナウのかなた

即位した翌年の前三三五年春、アレクサンドロスはトラキア地方へ出発した。フィリッポス二世がいったんは服属させたトラキア系の諸部族が、王暗殺の報を受けて独立へと動き始めていたのだ。彼らを完全に制圧し、王国の北の防衛を固めなければならない。彼は一万五〇〇〇の部隊を率いて、ブルガリアを東西に走るハイモス（現バルカン）山脈を越え、ドナウ川に到達する。ドナウ川は当時、ナイル川と並ぶ世界最大の川として知られていた。トリバッロイ族や周辺のトラキア人たちは女子供を連れて、とある川中島に避難した。川の北側にはケルト系のゲタイ族が住んでおり、対岸の土手に集結して、マケドニア軍が渡って来るなら水際で阻止しようと構えている。その数、騎兵四〇〇〇、歩兵一万。

アレクサンドロスは対岸のゲタイ族を直接攻撃するため、宿営用の皮製テントに干草を詰め、付近からありったけの丸木舟を集めさせた。これらを用いて一夜のうちにドナウ川を渡った。その兵力、騎兵一五〇〇、歩兵四〇〇〇。対岸に上陸したマケドニア軍は、夜明けと共に猛烈な攻撃をしかけ、ゲタイ族はひとたまりもなく逃走する。このあとトリバッロイ族

ドナウ川　当時はナイル川と並んで世界最大の川と見なされていた。
鈴木革撮影

や周辺の諸部族、さらにはアドリア海沿岸のケルト人までが彼に臣従を誓った。思い切った渡河作戦によって相手の意表をつき、正面のゲタイ族を打ち破ると同時に、川中島に陣取る敵の戦意を喪失させる。アレクサンドロスの鮮やかな戦法が見事に功を奏したのだった。

ところで彼のドナウ渡河には、もう一つ隠された動機があったに違いない。ここでも父王フィリッポスへの対抗心である。前三四二年から前三三九年にかけて、フィリッポスはトラキア方面への大規模な遠征を敢行し、ハイモス山脈の北にまで進出した。これは彼の征服活動の北限を画する。フィリッポスはドナウ川には到達しなかったものの、名目上はドナウ川流域までの領有権を主張し、この川を王国の北の国境と見なしていた。それゆえアレクサンドロスにとってドナウを渡ることは、父王が定めた境界線を乗り越え、父の業績を凌《しの》ぐことを意味したのである。

未知なる世界への「願望」

ドナウ川を前にしたアレクサンドロスについて、ローマ帝政期に大王伝を著したアリアノスは、「川向こうの地に到達したいという願望が彼を捉らえた」と述べている。この「願望」＝ポトスという言葉をアリアノスは大王伝の中で計一〇回も使っており、しかもアレクサンドロスが大きな事業を企てる動機として語っている。ドイツの学者エーレンベルクは一九三七年の論文で、ここにアレクサンドロスの内面の核心があると説いた。すなわちアレクサンドロスは、「願望」という言葉に彼独自の意味を与えた。それは手の届かないもの、はるか遠くにあって未だ達成されざるものへの憧憬《しょうけい》である。世界の果てを追い求める未知のもの、抑えがたい願望、これこそが彼を内面から突き動かし、世界制覇へと駆り立てた原動力なのである、と。しかし別の学者は、「歴史の父」ヘロドトスもこれと同じ表現を使っていることを指摘し、この言葉にそうした特別な意味はないと反論する。

たしかに言葉の用法を見るかぎり、この反論の方が正しいだろう。アリアノスはアレクサンドロスの行動に何とか合理的な説明を与えようとして、彼の「願望」に言及したにすぎないのかもしれない。とはいえここには、アレクサンドロスという巨人の心中を一瞬なりとも垣間《かいま》見せてくれる魅力があることも否定できない。たとえば遠征四年目の前三三一年、エジプトのナイル河口に立ったとき、そこに都市を建設したいという「願望が彼を捉えた」。これがエジプトのアレクサンドリア、のちにプトレマイオス王国の首都となり、ヘレニズム世界の中心として繁栄した大都市の起源である。遠征から帰還した時にも、ユーフラテス川とティグリス川を下ってペルシア湾へ至り、両大河が海に注ぐ河口部を見届けたいという「願望が彼を捉えた」。遠征中の彼の胸底にこだましていたのは、ドナウの彼方を見つめた時と同じ、未知なる世界への「願望」だったのかもしれない。

イリュリア人の征服

ドナウ川を離れたアレクサンドロスは、アクシオス川上流地帯へ向けて西へ進む。そこへ、バルカン半島西部でイリュリア人諸部族が蜂起《ほうき》したとの報せが届いた。彼は直ちに南西に進路を取り、イリュリア人が立てこもる町ペリオンに着き、これに向かって陣を敷く。ところが翌日、別のイリュリア人部隊が到着し、マケドニア軍の背後にある高台を占拠した。相手マケドニア軍がどちらか一方を攻撃すれば、もう一方が背後から攻撃してくるだろう。相手を包囲したはずのアレクサンドロスが逆に包囲される形勢となったのだ。ここで彼は巧みな策略を思いつく。アリアノスの記述を直接引用しよう。

アレクサンドロスは密集歩兵部隊を縦深一二〇列の隊列に組ませ、その両側には騎兵二〇〇騎を配置し、沈黙を守ったまま命令には迅速に従うようにと命じた。彼は密集歩兵部隊にまず槍をまっすぐに立たせ、次には合図によって槍を水平に構えて突撃態勢をとらせ、穂先のそろった槍ぶすまを一斉に右へ振り向け、次いで左へさっと振らせた。彼は密集部隊そのものを素早く前進させたり、右へ左へと交互に旋回運動させたりした。こうして短時間のあいだに数多くの複雑な隊形を組ませたり動かしたりした後、密集部隊の左翼に一種の楔《くさび》形隊形を作らせて敵に攻撃をかけた。先ほどから敵は、こうした行動の敏速さや一糸乱れぬ統制ぶりを目の当たりにして度肝《どぎも》を抜かれ、アレクサンドロス軍が攻めてくるのを待ち受けることもなく、最初の高地をあっさり放棄してしまった（第一巻六章）。

これは作戦として機知に富むだけでなく、マケドニア軍がどれほど高度に組織された練達の軍隊であったかを示す貴重な場面である。その三日後にマケドニア軍は奇襲攻撃をかけ、イリュリア人が本拠とする山岳地帯の奥深くにまで追撃戦を敢行した。

こうしてアレクサンドロスは、マケドニア王国を取り巻くバルカン半島全域を半年で完全に平定した。父王の征服した範囲を凌駕《りょうが》し、今やバルカン帝国ともいうべき磐石《ばんじゃく》の支配体制を作り上げたのである。二一歳の若き王は、自分一人の果敢な指揮と武勇でもってこの偉業をなし遂げたのだ。もう一つ彼が手に入れたもの、それはマケドニア人将兵の信頼である。彼らはアレクサンドロスの力量に感服し、卓越した指揮官、我らが王として、彼に心からの敬意と全幅の信頼を寄せるようになった。ここに生まれた両者の深い一体感こそが、東方遠征遂行の基盤となる。その意味でバルカン平定作戦は、アレクサンドロス王権の核心を作り上げたと言えるだろう。

テーベの蜂起とその破壊

イリュリア平定をなし遂げた直後、今度はギリシアでテーベが蜂起したとの報せが届いた。この年の九月、フィリッポスによって追放されていた民主派の市民達が秘かに市内に潜入し、まずマケドニア駐留軍の二人の兵士を殺害、それから民会の議場に姿を現して自由のために立ち上がれと訴えた。しかも彼らは、アレクサンドロスがイリュリアで戦死したとの報告さえもたらしていた。テーベ人は離反を決議すると、マケドニア軍が駐留するカドメイアの丘を包囲し、他のギリシア諸国にも使節を送って援助を求めた。

アレクサンドロスは今度も時間との勝負とばかり、強行軍に打って出る。完全武装の兵士を率い、ペリオンからテーベまで約四〇〇キロの道程をわずか二週間で走破したのである。マケドニア軍の平常の行軍速度は一日三〇キロだが、今回は行程の三分の一以上が険しいピンドス山中にある。神業のごとき急進撃に、テーベ人は目の前に現れたのがアレクサンドロス本人とは信じられず、別の部隊と取り違えたほどだ。布陣したアレクサンドロスは、まずテーベに翻意《ほんい》するための猶予を与えたが、テーベ人は妥協するどころかギリシア解放のスローガンを叫んだ。彼は一切の妥協を排し、徹底した攻撃を決意する。マケドニア軍が市内へ強行突入すると、マケドニア駐留軍もカドメイアの丘から出撃して合流、市内は修羅場と化した。

テーベが完全に制圧されると、アレクサンドロスはコリントス同盟の会議を開き、テーベの処置を委ねた。といっても集まったのは全加盟国ではなく、この攻撃に参加した国々だけである。彼らはかつてテーベと敵対したりテーベに国を破壊されたりした人々で、復讐の念に燃える代表たちは、当然のごとく最も苛酷な処分を決定した。カドメイアに駐留軍を置くこと、都市を徹底的に破壊し、神殿領を除く土地を同盟諸国に分配すること、生き残った市民は女子供を含め全員を奴隷とすること。救われたのは、マケドニア王家の個人的友人や詩人ピンダロスの子孫など、わずかな者に限られた。死者は六〇〇〇人、奴隷として売却されたのは三万人にのぼる。

こうしてギリシアの最有力国の一つ、伝説に彩られた由緒ある古都が完全に消滅したのである。ギリシア全土が凄まじい衝撃を受けた。反抗する者は徹底的に叩き潰す、このやり方も東方遠征で繰り返される。しかもコリントス同盟の決定という形を取ることで、アレクサンドロスはこの残酷な措置に対する責任をギリシア人に押しつけることができた。テーベに倣って離反を企てた諸国もたちまち膝《ひざ》を屈し、王国の内外における基盤固めはここに完了した。このあと彼はマケドニアに帰り、いよいよ東方遠征の準備に着手する。また王国の聖地ディオンで、ゼウスに捧げる競技会を盛大に催した。

以上が、アレクサンドロスが即位してから二年間の出来事である。東方遠征があまりにも有名なため、遠征出発前の出来事はすっかり陰に隠れている。しかしこの二年間にこそ、後のアレクサンドロスの原型を見ることができる。ドナウのかなたへの願望、迅速果敢な行動、策略を駆使した巧妙な作戦、抵抗する者への断固たる措置、そして王とマケドニア軍将兵との親密な一体感の醸成《じょうせい》。これから東方遠征で我々が目にするのは、こうした原型が磨きをかけられ全面的に彫琢《ちょうたく》されていく過程なのである。

東方遠征論の由来

ギリシア知識人の東方遠征論

ところで東方遠征という発想は、そもそもどこから出てきたのか。アレクサンドロスの遠征があまりに巨大なので彼の専売特許と思われるかもしれないが、そうではない。彼に先立って父王フィリッポス二世が遠征に着手していたことはすでに述べた。ではフィリッポスの独創かというとそうでもない。東方遠征論はもともとギリシア人のあいだで生み出された議論であり、その登場は前五世紀末にさかのぼる。

前四二七年、シチリア出身の有名なソフィストであるゴルギアスがアテネを訪れた。彼は戦死者のために行った『葬送演説』において、「夷狄《いてき》を制した勝利は賛歌を、ギリシアを制した勝利は鎮魂《ちんこん》の歌を求める」と述べ、ペルシア人に対する敵愾心《てきがいしん》を煽り立てた。前四世紀初めには、オリンピック競技会にあわせて『オリュンピア祝典演説』を発表し、抗争を続けるギリシア諸都市に協和を説き、異民族の領土に目を転じるよう勧告した。アテネで弁論活動に従事したリュシアスも、前三八四年に『オリュンピア祝典演説』を発表し、ギリシア人が互いの戦争をやめ、一致協力して自らの安全を守るべきだと説いた。

両者に共通するのは、ギリシア人同士が敵対して戦争が絶えることの無い現状を嘆き、ギリシア人が一致協力してペルシアの領土を征服せよと訴えていることである。実際ギリシアでは戦争は日常茶飯事で、その結果多くの人命が失われただけでなく、農地は荒廃し、農民が没落して無産市民に転落していた。その上多くのポリスで党派間の激しい争いが繰り返された。政権を手に入れた党派は反対派を処刑したり追放し、その財産を没収する。追放された一派は時には外国の支援を得て、武力でもって政権を奪い返し、今度は彼らが反対派を追放した。こうして多くの亡命者＝政治難民が家族とともにギリシア中を放浪することになった。このような現状を根本的に解決する方法が、ギリシア連合軍によるペルシア領の征服と、無産市民や亡命者の植民であると考えられたのである。こうして前四世紀初めには、ギリシア人の協和とペルシアに対する戦争の勧告が、政治弁論における定番の主題となっていた。

以上のような主題を最も体系的に展開したのが、デモステネスと並ぶギリシア最大の弁論家イソクラテスである。前三八〇年、彼は一〇年の歳月をかけて完成した『パネギュリコス（民族祭典演説）』を発表し、東方遠征の構想を明らかにした。彼はこう訴える。そもそもギリシアの土地は貧しいのに、大陸には豊かで広大な土地が耕されないまま放置されている。ペルシア人はギリシア人の不倶戴天《ふぐたいてん》の敵であるばかりか、柔弱《にゅうじゃく》で劣等な民族だ。すでにペルシア帝国の各地で反乱が起きており、戦争に打って出るには今こそ絶好の機会である。ギ

イソクラテス　ギリシア最大の弁論家。*The Portraits of the Greeks*より

リシア人が一致団結して自分たちの間の戦争を大陸に移し、アジアの繁栄をこの地にもたらすこと、これこそが焦眉《しょうび》の課題なのだ。

イソクラテスの構想実現の鍵は、征服戦争の指導をどの国が引き受けるかにあった。『パネギュリコス』では、彼はアテネとスパルタに期待を寄せている。しかしスパルタは前三七一年、テーベに大敗して一等国の地位から転落し、アテネも前三五五年、離反した同盟諸国との戦争に敗れて威信を失った。その間イソクラテスは各地の独裁君主たちに書簡を送り、東方遠征の指導を懇請《こんせい》する。その彼が最後に目をつけたのが、新興マケドニアの王フィリッポス二世だった。前三四六年、彼は『フィリッポスに与う』と題する論説を発表し、「私は貴殿に、ギリシアの協調和合とペルシア征服戦争の指導者となることを勧告したい」と呼びかけた。すでに偉大な軍事的成功を収めたフィリッポスにとって、これにまさる功業はない、実現すれば世に並びなき名声が手に入るであろう、と。前三三八年、フィリッポスがカイロネイアの会戦で勝利すると、イソクラテスは直ちに祝福の手紙を彼に送った。同年秋、イソクラテスは長年抱いてきた夢の実現を目前にして、九八年の長い生涯を終えた。

ギリシア人によるペルシア侵攻の経験

こうしたギリシア知識人の構想は、決して実現可能性のないものではなかった。実はギリシア軍はすでにペルシア帝国内に攻め込んだ経験を持っていたのである。

最も有名なのが、クセノフォンの『アナバシス』に描かれたギリシア人傭兵の脱出行である。前四〇一年、ペルシア王アルタクセルクセス二世の弟キュロスが王位を狙って反乱を起こし、一万三〇〇〇のギリシア人傭兵を含む大軍を擁して、小アジアから首都バビロンへ進撃した。兄弟はバビロンの北で対決し、キュロスが戦死して、ギリシア人傭兵は敵国の只中《ただなか》に取り残されてしまう。彼らは黒海めざして北上し、幾多の苦難に出遭いながらも小アジア東部アルメニアの山岳地帯を踏破して、翌年二月、黒海沿岸の町トラペズスにたどり着いた。行軍の途中から部隊の指揮をとったのがアテネ人クセノフォンで、それを詳細に記録したのが『アナバシス』である。ギリシア人にとって、この脱出行の成功は、ギリシア人兵士の優秀さと、ペルシア帝国の弱体ぶりを証明するものであった。

クセノフォン　『アナバシス』を著したアテネ人文筆家

もう一つはスパルタ軍の小アジア遠征である。前四〇〇年、小アジア沿岸地方のギリシア諸都市が、ペルシア総督の圧迫を受けてスパルタに救援を求めた。スパルタはその四年前に終結したペロポネソス戦争でアテネに勝利し、ギリシア全土の解放者をもって任じていたので、さっそく軍を派遣し、各地でギリシア諸都市を「解放」していった。前三九六年にはスパルタ王アゲシラオスが派遣され、ペルシア支配の拠点であるサルディスまで攻め込んだが、翌年ギリシア本土でコリントス戦争が勃発《ぼっぱつ》したため、本国へ呼び返された。

こうしてフィリッポスの遠征以前に、ギリシア人によるアジア侵攻と、ペルシア軍撃破の実績が重ねられていた。ただし、その一つは傭兵部隊であり、もう一つもスパルタ単独の遠征にすぎない。それゆえ全ギリシアが連合軍を組織して攻め込めば、アジアの広大な領土を獲得することは容易だと思われた。イソクラテスがフィリッポスに寄せた期待には、十分な根拠があったのである。

フィリッポス二世の動機と構想

フィリッポス自身は、イソクラテスの勧告に動かされて東方遠征を企てたわけではなく、彼なりの動機と構想を持っていた。多くの学者はアレクサンドロスと比較して、フィリッポスの構想は限定的で控えめだったと考える傾向がある。すなわち彼の遠征範囲は小アジアにとどまっていただろうとか、最大限に見積もってもユーフラテス川までで満足したろうというのだ。しかし史料をよく読むと、彼が最初からペルシア帝国の打倒と全アジアの征服を目指していたことが浮かび上がる。

前三三六年春、先発部隊の派遣後に彼はデルフォイの神託をうかがい、「ペルシア王を征服できるかどうか」を尋ねた。神託の言葉はきわめて曖昧《あいまい》だったが、彼はペルシアが打ち倒されアジアがマケドニアに捕らわれるのだと解釈して大いに満足した。暗殺される前夜の饗宴で、ある高名な詩人が、ペルシア王の隆盛が運命によって覆《くつがえ》されることを暗示する歌を吟じた。するとフィリッポスは有頂天《うちょうてん》になり、ペルシア王打倒という考えの虜《とりこ》になったという。前一世紀の哲学者フィロデーモスの断片によると、アリストテレスはフィリッポスに対し、ペルシア王権を継承しないようにと勧告した。おそらくアリストテレスは、フィリッポスがペルシア風の専制君主となればギリシア人は奴隷同然にされてしまうと考えて、彼の野心に警告を発したのであろう。裏返せば、フィリッポスはペルシア王権を倒して自分がアジアに君臨するつもりだったことになる。

さらに暗殺される当日の祝典行列では、オリュンポス一二神の像に続いて彼自身の像を牽《ひ》かせた。これは自身の神格化を暗示する。実はイソクラテスが彼に送った手紙は、こんな言葉で結ばれていた。

「夷狄をギリシア人の奴隷とし、今日大王と呼ばれている者（ペルシア王）を貴下の命令に従わせるなら、残るは神となること以外にないでしょう」

フィリッポスの野心は明らかである。彼の意図は、ペルシア帝国を打倒してアジアの支配者となることにあった。そして人間として最高の目的である不滅の名声を獲得し、生きながら神々の列に加わることさえ求めていた。これはアレクサンドロスが追求した目的そのものではないか。まぎれもなくフィリッポスはアレクサンドロスの先駆者であり、その模範だったのである。

第四章　大王とギリシア人

東方遠征略史（一）

東方遠征の時期区分

本章から第七章までは、遠征の経過に沿いながら、主題ごとにアレクサンドロス帝国の実態を詳しく論じていく。まず遠征全体を三つの時期に分け、その見取り図を提示しておこう。

第一期は、前三三四年の遠征開始から、前三三〇年夏にダレイオス三世が死に、アカイメネス朝ペルシア帝国が滅亡するまでである。この間大王は、ペルシアに対するギリシアの復讐という大義名分を掲げて侵攻し、グラニコス、イッソス、ガウガメラにおける三大会戦でいずれも勝利を収めた。そしてエジプト、バビロニアといった古い伝統ある国々を平和裏に占領し、ペルシア帝国領の西半分を獲得した。アカイメネス朝の滅亡により、遠征の表向きの目的は達成された。

第二期は、前三三〇年秋の中央アジア侵攻から、前三二六年にインダス川を越え、ヒュファシス（現ベアス）川で遠征中止、反転を決意するまでである。ギリシアの大義は不要となり、アレクサンドロスは彼自身の目的をどこまでも追求する。彼はアジアの王を名のり、ペルシア人貴族を高位に取り立て、東方風の宮廷儀礼を取り入れた。こうした東方協調路線に対し、将兵から強い反発が起きたが、彼は反対派の側近を次々と排除していく。旧ペルシア帝国領の東半分では、峻険《しゅんけん》な山脈、炎熱の砂漠、雨季のインダス川といった苛酷な自然条件に直面し、抵抗する住民に対しては、至る所で凄惨な殺戮を繰り返した。

第三期は、前三二六年末からインダス川を下って河口に至り、西へ進んでバビロンに帰還し、前三二三年に大王自身が世を去るまでである。この時期の彼は、帝国の支配体制をどう作り上げるかという課題に直面した。乱脈不正に走ったペルシア人総督を大粛清する一方、マケドニア人古参兵を除隊して大量のアジア人を軍隊に編入するなど、権力基盤の再編成が進む。ギリシア諸都市は大王の神格化に踏み出すが、他方で亡命者の帰国をめぐり騒然とした空気に包まれる。大王の次なる計画はアラビア半島周航だったが、出発直前に熱病に倒れ、後継者の指名もないまま世を去った。

以上の見取り図をもとにして、第四、五、七章の冒頭で遠征の経過をもう少し詳しく述べることにする。ただし叙述の都合上、各章における遠征略史の区分は、今述べた時期区分とは必ずしも一致しないことをお断りしておきたい。

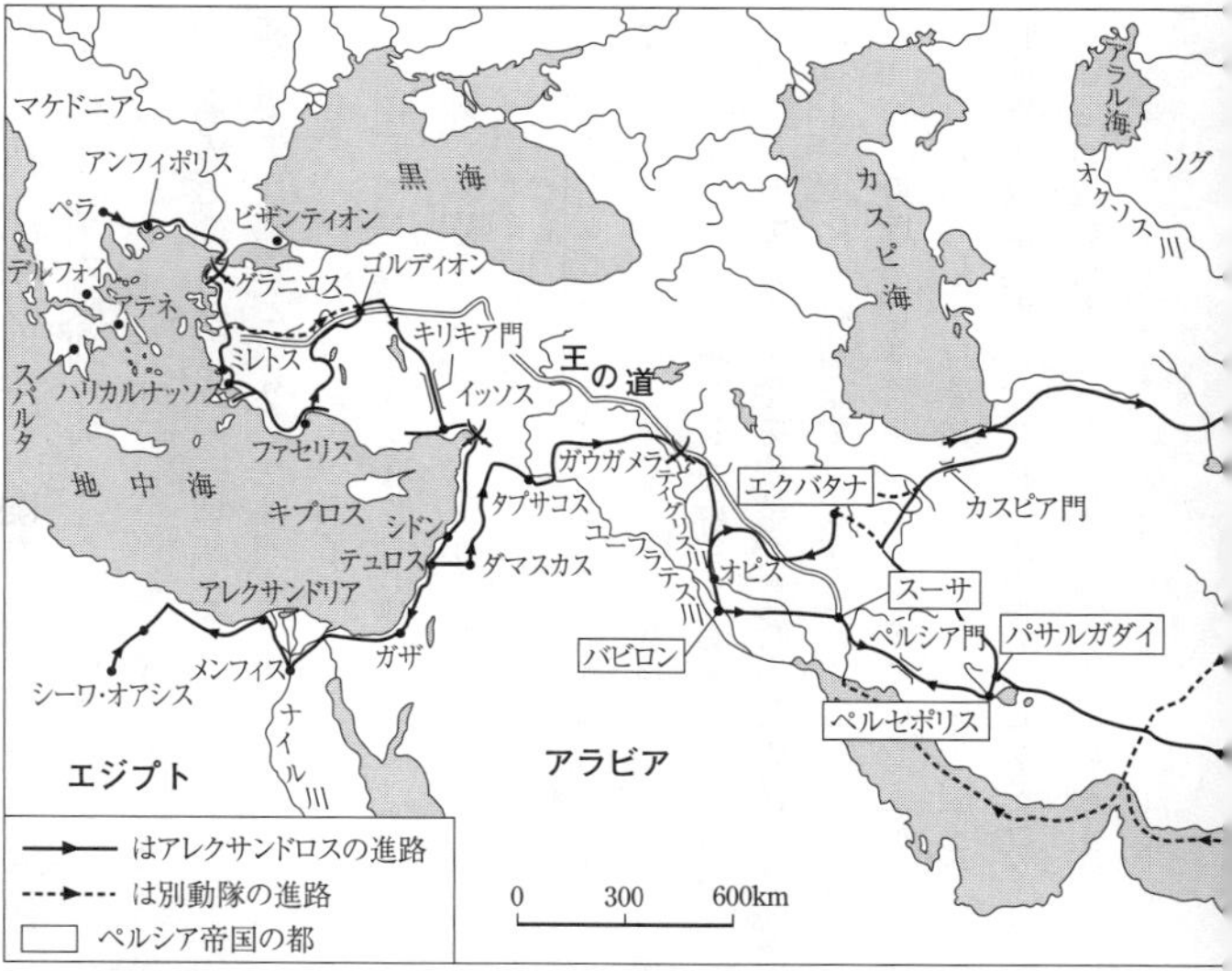

アレクサンドロスの遠征図

遠征軍の編制

東方遠征出発時の兵力は一一七頁の表の通りである。主な部隊について簡単に説明しておこう。

マケドニア軍の中核をなす騎兵部隊は八隊一八〇〇人からなり、仲間・朋友を意味するヘタイロイという美称を付けて騎兵ヘタイロイと呼ばれた。彼らは兜《かぶと》と胸当てを付け、腰に短剣を差し、長さ二・七メートルの槍を片手に握って戦った。戦列を組むときは八隊のうち一番右側の部隊が全体の先導役を務め、その配置は日替わりでなされる。戦闘隊形は通常は方形だが、時には楔《くさび》形隊形も用いられた。これは部隊の指揮官が楔の先端に位置し、全体が細長い二等辺三角形を作って、雁行《がんこう》のように鋭く敵の戦列に切り込むものである。

次にマケドニア歩兵には、ペゼタイロイと呼ばれる重装歩兵部隊と、ヒュパスピスタイという名の近衛歩兵部隊の二種類があった。どちらも密集戦列を組んで戦うのは同じだが、単に密集歩兵部隊というときは前者を指す。

ペゼタイロイとは歩兵ヘタイロイという意味で、一般歩兵にも「王の仲間」という名誉称号を与え、王に対する親近感や忠誠心を植えつけるために作られた名称である。一五〇〇人の部隊が六隊、計九〇〇〇人からなっていた。フィリッポス二世の独創になるこの歩兵の最大の特徴は、長さ五・五メートルにおよぶ長槍（サリッサ）にある。鉄の刃先は長さ五〇センチ、全体の重さは七キロあり、兵士はこれを両手で持つ。戦闘では前四列の兵士が長槍を水平にして前方に突き出し、五列目以降の兵士は長槍を斜め上方に立てて前進した。当時のギリシア人歩兵の槍の長さは二・五メートル程度だったから、マケドニア歩兵は長い射程距離を生かして先に相手を攻撃できた。この針ネズミのような恐るべき密集部隊は、前二世紀にローマ軍に敗れるまで、文字通り不敗の歩兵部隊だった。

一方、近衛歩兵＝ヒュパスピスタイはもともと盾持ちの従者だったが、フィリッポス二世がこれを拡大し、身体強健で優秀な者を選抜してエリート歩兵部隊に編制したものである。戦闘機能は密集歩兵と共通するが、ペゼタイロイが戦争のたびに召集されて出身地域ごとに編制されたのに対し、ヒュパスピスタイは職業軍人で常時兵営にあり、長期間にわたって従軍することができた。アレクサンドロスはこれを一〇〇〇人ずつの三隊、計三〇〇〇人に拡充し、そのうちの一隊は精鋭中の精鋭として王の親衛部隊に任じられた。その戦法は広く、遊撃戦、奇襲作戦、砂漠や山岳地帯での強行軍、騎兵部隊の側面防衛など、あらゆる状況下で活用された。

これ以外に特筆すべきは、フィリッポスの時代に攻城《こうじょう》兵器が飛躍的に発展したことであ

東方遠征出発時の兵力	
騎兵	
マケドニア人騎兵ヘタイロイ	1800
テッサリア人	1800
ギリシア同盟軍	600
バルカン諸民族	900
（トラキア人、アグリアネス人、パイオネス人）	
騎兵合計	5100
歩兵	
マケドニア人近衛歩兵部隊	3000
マケドニア人密集歩兵部隊	9000
ギリシア同盟軍	7000
ギリシア人傭兵	5000
バルカン諸民族	7000
（オドリュサイ人、トリバッロイ人、イリュリア人）	
アグリアネス人投槍兵	500
クレタ人弓兵	500
歩兵合計	32000
総兵力	**37100**
前336年の先発部隊	
歩兵	9000
騎兵	1000
小アジアで合流した後の総兵力	**47100**
非戦闘員	
従者	16000
土木関係・測量など各種の専門技術者	数百～1000
総計	**約64000**

本国残留部隊	
歩兵	12000
騎兵	1500

アレクサンドロスの兵力

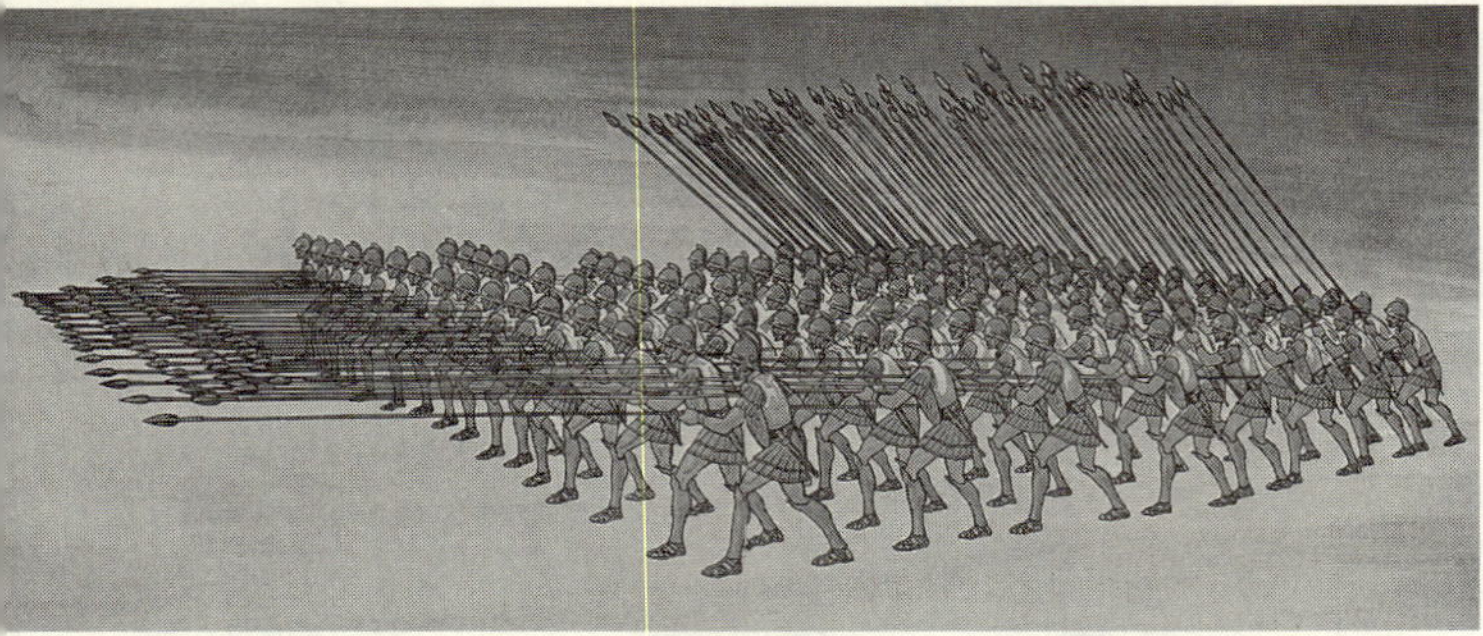

マケドニア密集歩兵部隊の想像復元図　サリッサと呼ばれる長さ5.5mにおよぶ長槍を、前４列の兵士が水平に持って突撃体勢を作る。５列目以降の兵士は長槍を上に向けて待機する。Andronicosほか、*Philip of Macedon*より

る。前三四〇年にギリシア都市ペリントスを攻撃した時、彼は高さ三七メートルに達する木造の攻城塔を組み立て、それを城壁の前に引き出して、塔の中から矢玉を浴びせた。また破城槌《はじようつい》をぶつけて城壁を崩し、坑道を掘って城壁を下から崩落させた。さらに大型の矢や石弾を長い射程で打ち出す射出機《しやしゆつき》も、フィリッポスによって改良された。射出機による矢玉の最大射程は、四五度の仰角《ぎようかく》で約四五メートルに及んだ。

　国家財政については事情が異なる。フィリッポス二世は鉱山の開発やおびただしい戦利品によって王国を潤したが、他方で絶え間ない戦争や賄賂、側近への大盤振る舞いに資金を浪費した。このためアレクサンドロスの遠征出発時、国家財政は火の車だった。彼自身が前三三四年の演説で述べたところでは、国庫にはわずか六〇タラントンしかなく、父の借金は五〇〇タラントンにも上った。そこで王は八〇〇タラント

ンもの借金をして遠征費用を捻出《ねんしゅつ》したという。プルタルコスによれば、手持ちの資金は七〇タラントン、借金が二〇〇タラントンで、携行した食糧は三〇日分だった。財政状態が改善されたのは、イッソスの会戦後にペルシアの豪華な財宝を手に入れてからである。

小アジア沿岸地方への侵攻

前三三四年春、マケドニア軍とギリシア同盟軍はアンフィポリスに集結し、東方遠征に出発した。二〇日後に渡河点のセストスに到着。副将格の長老パルメニオンが本隊を率いてヘレスポントス（現ダーダネルス海峡）を渡り、アジア側に上陸した。アレクサンドロス自身は六〇隻の船とともに、トロイ戦争の伝説で名高い古都トロイへ向かう。船の舳先《へさき》から浜辺に槍を投げて突き立て、真っ先に上陸し、「槍で勝ち取った領土として、アジアを神々から受け取った」と宣言した。トロイ戦争の英雄たちに自分をなぞらえたパフォーマンスである。このあと二年前に派遣されていた一万の先発部隊も合流し、兵力は合計四万七一〇〇に達した。

ペルシア側では、小アジア各地の総督や将軍たちがゼレイアに集まり、対応を協議した。ギリシア人傭兵隊長メムノンは、焦土作戦によってマケドニア軍を食糧難に陥れ、撤退に追い込むことを提案したが、地元の総督アルシテスの強硬な反対により却下される。こうして両軍はグラニコス川で対決した。マケドニア軍が騎兵を先頭に川を渡って攻め込み、アレクサンドロスの周囲では騎兵同士の乱戦となる。ホメロスの叙事詩を思わせる一騎打ちで、彼

サルディスの神殿跡　サルディスはかつてリュディアの首都で、ペルシアの小アジア支配の拠点。著者撮影

自身も敵の指揮官を二人倒す。次の瞬間、別の一人が刀を振りかざし王に斬りかかったが、間一髪で側近に救われた。その間に中央部の歩兵が相手を圧迫し、ペルシア軍は敗走した。

緒戦の勝利で小アジア西岸地方への道が開かれ、部隊は南下してサルディスへ向かった。ここはかつてのリュディア王国の首都で、ペルシア人による小アジア支配の拠点だったが、駐留軍指揮官は自ら都市を明け渡した。エーゲ海沿岸のギリシア諸都市も次々と門を開き、彼は「解放」した各都市に民主政を樹立していった。ただしミレトスとハリカルナッソスだけは頑強《がんきょう》に抵抗した。とりわけハリカルナッソスは堅固な要塞都市で、指揮官のメムノンが強力な部隊をもって籠城《ろうじょう》していた。しかしマケドニア軍は攻城兵器を繰り出し、激しい包囲戦の後にこれを降《くだ》した。ミレトス占領後、アレクサンドロスは一六〇隻からなるギリシア艦隊を解散した。資金の不足に加え、ペルシア海軍の主力をなすフェニキア・キプロスの艦隊にはかなわないと判断したのである。その代わり沿岸地方を制圧して港を奪い、ペルシア海軍を陸から解体に追い込むという作戦をとった。

劇場からボドルム湾を望む　かつてハリカルナッソスと呼ばれたボドルムにて。著者撮影

冬を迎え、アレクサンドロスは副将パルメニオンに騎兵部隊や同盟軍を委ねてサルディスへ向かわせ、内陸のゴルディオンで合流することを命じた。彼自身は歩兵部隊を率いて小アジア南岸を進み、リュキア地方からピシディア地方に至る諸都市を降す。途中ファセリスの北には、ふだんは波が打ちよせて通れない磯の道があったが、彼が通過した時はたまたま北風が波を押し返し、無事に難所を越えることができた。歴史家カリステネスはこれを天佑《てんゆう》と見なし、アジアの海が大王に跪拝《きはい》の礼をとって迎えたと記録した。大王神話の始まりである。それから部隊は北上し、フリュギア地方の首都ゴルディオンへ到着した。ここはヒッタイト帝国以来、小アジア内陸部における交通の要衝で、ペルシアの「王の道」もここを通っていた。こうして遠征一年目で小アジアの西半分を占領した。

イッソスの会戦

前三三三年春、パルメニオンの部隊がゴルディオンで合流し、遠征二年目が始まる。出発前に、アレクサンドロスはゴルディオンの城砦《じょうさい》を訪れた。そこ

ゴルディオンの王宮があった丘　中央が城門跡で、その左に遺構が並ぶ。著者撮影

には古《いにしえ》の王ミダスが奉納した荷車があり、轅《ながえ》の結び目を解《と》いた者が王になるとの伝説があった。大王はこれに挑戦し、一説では留め釘《くぎ》を抜いてから結び目をほどき、別の説では剣で一刀両断にしたという。これが有名なゴルディオンの結び目伝説である。

　エーゲ海ではメムノン率いるペルシア海軍が活発に行動し、ギリシアの島々や諸都市を奪回していった。彼は、戦争全体をマケドニア・ギリシア方面にそらせようと考えていたといわれる。この作戦が成功していれば、遠征軍は本国から遮断《しゃだん》され敵地で孤立していただろう。ところが初夏、メムノンはレスボス島のミュティレネ攻略中に病死してしまう。アレクサンドロスにとって幸いなことに、遠征初期における最大の敵が姿を消したのだ。それでもペルシア海軍は、新しい指揮官のもとでエーゲ海東部の制海権を保持しつづける。背後をかき乱されて、アレクサンドロスはやむなく海軍の再建を命じた。制海権の行方はいまだ不透明で、遠征軍の前途は楽観を許さなかった。

　初夏にゴルディオンを進発したマケドニア軍は、アンキュラ（現アンカラ）から南下、キ

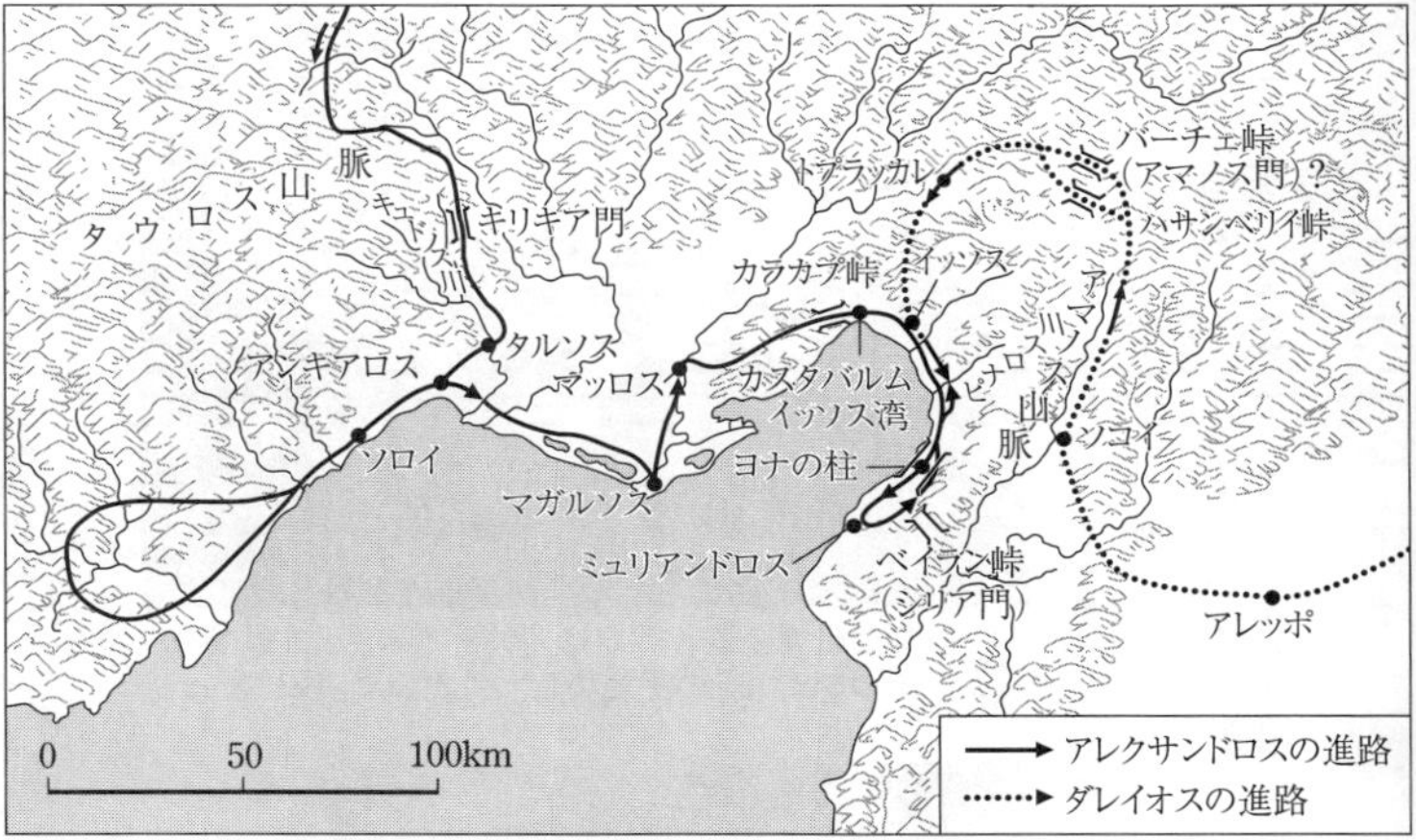

イッソスの会戦に至る両軍の進路

リキア門と呼ばれる隘路《あいろ》でペルシア守備隊を突破し、沿岸のタルソスに到着した。ここでアレクサンドロスは、キュドノス川での水浴が原因で高熱を発し、約二ヵ月間病床に伏してしまう。タウロス山脈に発する川の水は夏でも非常に冷たく、彼は急性肺炎にかかったと思われる。ようやく秋の初めに回復すると、キリキア地方を平定してからイッソス湾へ向かった。その途中、ペルシア軍がアマノス山脈の東に宿営しているとの情報を得、直ちにアマノス山脈南の峠に向けて急進した。

　ダレイオス三世率いるペルシア軍は、八月にバビロンを発ち、一〇月にはソコイに到着していた。ここは広大な平原地帯で、ペルシア軍が騎兵の大部隊を展開するには絶好の場所である。ところが、アレクサンドロスの病気とマケドニア軍の進軍の遅れ

イッソスの戦場全景　戦いは、アマノス山脈の山裾から海までの幅2.5kmの平地で行われた。著者撮影

イッソスの戦場　両軍が対峙したピナロス川。手前にペルシア軍、対岸にマケドニア軍が布陣。著者撮影

が、ダレイオスの判断を狂わせた。彼は待ちきれず、自ら軍を動かして、アマノス山脈の北側からイッソスへと進む。両軍合わせて一〇万近い軍勢が、空前のすれ違いを演じたのである。敵が背後に現れたとの報にアレクサンドロスは驚愕《きょうがく》し、直ちに北上した。こうして両軍はピナロス（現パヤス）川をはさんで出会い、海と山にはさまれた幅二・五キロの土手に布

陣した。

アレクサンドロスは近衛歩兵を率いてすばやく川を渡り、正面の軽装兵を突破、これに続いた騎兵とともに中央のダレイオス目がけて突進した。これを見てダレイオスはいち早く逃走、ペルシア軍の中央部は優位に立っていたにもかかわらず、これを機に総崩れとなって退却した。ペルシア軍の騎兵は狭い場所で戦列を展開できず、数の優位を生かすことができなかった。広い平原を捨てて狭い海岸部に移動したことが、ダレイオスの致命的な誤りである。アレクサンドロスはダレイオスを追撃したが、追いつくことはできなかった。

ダレイオスが残した豪華な天幕と見事な調度品はすべて鹵獲《ろかく》され、同行していた彼の母・妻・三人の子供たちも捕虜となった。ペルシア王の親征は宮廷ぐるみの移動を伴い、王や貴族の家族もこれにつき従う慣わしだったのだ。アレクサンドロスは彼女らを王族にふさわしく丁重に扱った。ダマスカスにあったペルシア軍の拠点はパルメニオンが占領し、ここでもおびただしい財貨と貴族の女性らが捕らわれた。これら戦利品のおかげで大王は豊富な資金を手に入れ、ようやく財政難を脱することができた。

フェニキアの占領

前三三三年晩秋、マケドニア軍はフェニキア地方へ進んだ。ダレイオスを追って内陸に入る前に、東地中海沿岸一帯を確保する必要があったのだ。フェニキア諸都市は王政をとっていたが、いずれの王も艦隊を率いてエーゲ海方面にあり、大半の諸都市が王の不在のまま城

テュロス　現スール。テュロスはフェニキアで最も繁栄した都市国家。当時は島だったが現在は陸続きである。鈴木革撮影

門を開いた。しかし、カルタゴの母市として知られるテュロスだけは帰順を拒否した。アレクサンドロスは、強力な海軍を有するテュロスを放置することは危険だと判断する。こうして前三三二年一月から、丸七ヵ月に及ぶ一大包囲戦が始まった。

テュロスは、陸から八〇〇メートル沖合の島に堅固な城壁をめぐらせた要塞都市で、これを攻め落とすのは誰が見ても無謀であった。アレクサンドロスは大量の木材と土砂を投入し、陸から島へ向けて突堤《とってい》を築き、その先端に攻城兵器を据えて攻撃した。もちろんテュロス人も船を繰り出して火を放つなど、必死の反撃に打って出る。そこへフェニキア人とキプロス人の王たちがペルシアから離反し、合計二〇〇隻の艦隊を率いてアレクサンドロスに帰順した。陸から海を制する作戦が見事に功を奏したわけだ。それから彼は全艦隊で島を封鎖し、南側の城壁を打ち崩して歩兵を突入させた。長引いた攻囲戦の鬱憤《うっぷん》晴らしをするかのように、マケドニア兵は容赦ない殺戮《さつりく》に走る。戦死したテュロス人は八〇〇〇人、奴隷に売られたのは三万人に及んだ。

遠征軍がさらに南下すると、パレスティナ地方南端のガザだけが頑強に抵抗した。町は海から四キロ離れ、潟と砂地に囲まれた丘の上にある。アレクサンドロスは周囲に土壇を築き、その上から攻城兵器で攻撃。二ヵ月に及ぶ包囲戦の末、男性住民は全滅し、女子供は奴隷に売られた。こうしてシリアからパレスティナの沿岸地方をすべて獲得した。

一方小アジアでは、イッソスの戦場から逃れたペルシア人将軍たちが兵を集め、反撃の機をうかがっていた。前三三二年春、彼らはリュディア地方に攻め込んだが、フリュギア総督アンティゴノスがこれを撃破する。こうして小アジア内陸部も完全に平定された。

コリントス同盟とギリシアの大義

コリントス同盟の組織

第三章で述べたように、フィリッポス二世は征服したギリシア諸国をコリントス同盟に組織し、これをギリシア支配の道具とした。アレクサンドロスもこれを継承し、コリントス同盟の全権将軍という資格でギリシア同盟軍を遠征に動員した。ここでは同盟の内容を見ておこう。

条約の本文は残っていないが、同時代の政治弁論によると、それは諸ポリスの自由と自治を保障し、政体変革や負債の帳消し、土地の再分配を禁じ、海上交通の安全を保障し、違反者を敵と見なすことを定めていた。幸いなことにその条約の末尾、各国代表の誓約を記した碑文がアテネのアクロポリスから出土している。

誓約。私はゼウス、ガイア、ヘリオス、ポセイドン、アテナ、アレス、すべての神と女神に誓う。私は平和を守り、マケドニアのフィリッポスに対する条約を破らず、誓いを守る者たちの誰に対しても、陸上であれ海上であれ、敵意をもって武器を取らない。私は和平に参加している者たちのどのポリスも要塞も港も、いかなる手段方法によってであれ、戦争のために奪うことをしない。私はフィリッポスとその子孫たちの王権を破壊せず、諸ポリスが平和に関する誓いをたてた時に各々にあった国制を破壊しない。私自身がこの条約に反することを行わず、他の者がそうすることも可能なかぎり許さない。もし何人《なんぴと》かがこの条約を侵害するなら、私は不正を受けた者たちの求めに従ってこれを援助し、評議会の決議と総帥の命令に従って普遍平和の侵害者と戦うであろう。

以上の誓約に続いて、参加国の名前とそれぞれの議決権の数が列挙されている。石の破損が大きいため、読み取れるのはごく一部の国々にすぎない。議決権は各国が提供できる兵力の大きさに応じて割り当てられた。

誓いの末尾に言及された普遍平和とは、第二章で述べたように、前三八六年以来ギリシア人がペルシア王の主導のもとに繰り返し締結してきた平和条約である。明らかに、コリントス同盟は普遍平和条約の枠組みを継承している。フィリッポスはこの条約の形式を利用し、各国代表からなる評議会を設置して、これを通じてギリシアを統制できるようにした。政体変革の禁止は各国に親マケドニア政権が続くよう狙ったものであり、負債の帳消しと土地の再分配の禁止は、フィリッポスに服従する上層市民の利益を擁護するものである。つまりこれらの条項は、加盟国の政治と社会の秩序を現状のまま固定したことを意味する。さらにマケドニア王とその子孫への臣従を誓わせて忠誠を確保した。こうして半世紀にわたってギリシア人が依拠してきた国際関係の体系を、そっくりギリシア支配の道具に作り変えたのである。彼の巧みな外交戦略、練達の手腕が発揮された好例といえよう。

条約がギリシア人に保障する「自由と自治」とは、通常はギリシア諸国の独立を謳う定型句だが、これもマケドニア支配下の制限つき「独立」に変質させられた。さらにフィリッポスはギリシア支配を確実にするため、コリントス、テーベ、アンブラキア、カルキスの四都市に駐留軍を置き、これらは後に「ギリシアの頸木《くびき》」と呼ばれた。なお小アジアのギリシア諸都市は、ペルシア支配から「解放」された後も、コリントス同盟には加盟しないままだった。

ギリシアの大義

東方遠征の大義名分は二つあった。一つは、約一五〇年前のペルシア戦争で、ペルシア人がギリシア人の国土を蹂躙《じゅうりん》し神々を汚したことに対して報復すること、もう一つは小アジアのギリシア人をペルシアの支配から解放することである。アレクサンドロスは自分の遠征があくまでもギリシア人のためであることを、言葉と行動でもって繰り返しアピールした。

まずグラニコスの会戦で勝利すると、ペルシア軍から奪った戦利品のうち三〇〇領の武具をアテネに送り、アクロポリスのアテナ女神に捧げた。それには次のような銘文を刻ませた。

「フィリッポスの子アレクサンドロス、およびスパルタ人を除くギリシア人たちが、アジアなる夷狄《いてき》から獲得せしもの」

アテネに武具を送ったのは、アテネがペルシア戦争の勝利における最大の功労者だったからであり、アクロポリスに奉納したのは、かつてアテネを占領したペルシア軍がアクロポリスの神殿を焼き払いアテナ女神を冒瀆《ぼうとく》したからである。わざわざ「スパルタ人を除く」と刻んだのは、唯一コリントス同盟への参加を拒否するこの国を「忠実な」アテネと対比して、アテネ人の歓心を買うためであろう。かのペルシア戦争において、前四八〇年のテルモピュライの会戦で全滅したスパルタ兵は三〇〇人、アテネに送られた武具の数と一致する。ペルシア戦争に功績のあるスパルタを、あからさまにギリシアの大義から排除しているのだ。

ガウガメラの会戦後には、特にプラタイアとクロトンの両国に配慮を示した。まずプラタイアは、前三七三年テーベによって破壊されていたが、それを復興するよう命じた。その理由は、ペルシア戦争でプラタイア人がその国土を戦場として提供したことにある。またクロトンはイタリア南部のギリシア人都市で、大王はこの国に戦利品の一部を送った。なぜなら、イタリアとシチリアの他のギリシア人はペルシア戦争に参加しなかったのに、クロトン人だけは船を一隻派遣してサラミスの海戦に参加したからだ。もっともその実態は国としての正式な参戦ではなく、競技会での優勝経験がある一人のクロトン人が船を私的に艤装《ぎそう》し、個人の資格で戦ったにすぎないのだが。ともかくアレクサンドロスはペルシア戦争での彼らの勇気と貢献を特に称え、敬意を表したわけである。

ペルシア帝国の都の一つスーサの宮殿には、クセルクセス王がギリシアから持ち帰った戦利品が納められていた。その中にはアテネの僭主《せんしゅ》殺し、すなわち前六世紀末にペイシストラトス一族の僭主政を倒すきっかけを作った、ハルモディオスとアリストゲイトンの青銅像もあった。王はさっそくこれをアテネに送り返すよう命じた。僭主政打倒の功労者の像を、専制君主であるペルシア王の戦利品から奪い返す。これほど遠征の大義にふさわしいことはない。

裏切り者への懲罰

その反面、ペルシアに与《くみ》した者に対しては、ギリシアの大義の裏切り者として容赦しなかった。グラニコスの会戦では五〇〇〇のギリシア人傭兵がペルシア軍の背後の丘にひかえ、ペルシア騎兵の敗走後、なすすべもなくマケドニア軍に包囲された。彼らはアレクサンドロスに降伏を申し入れたが、彼は許さず、歩兵と騎兵でもって彼らに猛攻を加えた。ギリシア人傭兵の戦死者は三〇〇〇人におよび、二〇〇〇人が捕虜となった。王は捕虜に足枷《あしかせ》をつけてマケドニアへ送り、ギリシアの大義に背いたとの理由で重労働に服させた。文字通りの懲罰である。

政治的には正しい判断に思えるが、プルタルコスは大王伝の中で、彼が「理性よりも怒りにかられ」てギリシア人に突進したと述べている。理性的に判断すれば、優秀な兵士である傭兵たちを許し、彼らを自軍に編入するのが賢明な策だった。であるのに、彼は裏切り者への「怒り」を優先させたというのである。事実この処置は、すでにペルシア軍に雇われていた他のギリシア人傭兵たちに逆の教訓を与える結果となった。彼らは、もはや自分たちがアレクサンドロスに許される見込みはないと考え、各地でペルシア軍と共に捨て身の抵抗に打って出る。とりわけイッソスの会戦では戦列中央に配置され、マケドニア密集歩兵部隊を圧迫して苦戦を強いたのである。

もっともすべての傭兵が厳しく断罪されたわけではない。前三三四年のミレトス攻囲戦では、名もない小島に逃げ込んだギリシア人傭兵たち三〇〇人が徹底抗戦の構えを見せると、アレクサンドロスは同情の念をいだき、遠征に従軍するという条件で彼らと和解した。

グラニコスで捕虜になった傭兵にはアテネ人も含まれていた。前三三三年、アテネはゴルディオン滞在中の王に使節を送り、同胞の釈放を求める。彼はこれを拒否したが、状況が好転すればもう一度使節を送るようにと回答した。アテネ人捕虜が釈放されたのはエジプト平定後、アレクサンドロスが再びフェニキアに滞在していた前三三一年夏である。この時点ではすでに東地中海一帯を征服し、制海権も完全に握っていた。

ペルシア側に雇われた時期によって扱いが異なる場合もある。ダレイオス三世が死んだ後、彼に従っていたギリシア人傭兵一五〇〇人が、カスピ海南岸のヒュルカニア地方で投降した。大王は彼らのうち、コリントス同盟成立以前から雇われていた者は釈放し、その他の者は、これまでペルシア側から受けていたのと同じ給料で雇って自軍に編入した。

このようにアレクサンドロスの態度は必ずしも一貫していない。これは、彼の政策がその時々の状況に対応するものだったからである。こうして見ると、グラニコスの傭兵たちへの厳しい処断には、それが最初の戦闘だったことが大きく作用している。遠征が始まったばかりだからこそ、彼は大義名分をひときわ強く前面に押し出す必要があったのだ。

ところが遠征がずっと先に進んでからも、残虐な報復を与えた例がある。前三二九年、アレクサンドロスは中央アジアのソグディアナ地方において、ブランキダイが住む町に到着した。ブランキダイとは小アジアのミレトス出身で、ディデュマのアポロン神殿を司っていた神官一族の末裔《まつえい》である。前四七九年、クセルクセス王がギリシアから撤退した後、ブランキダイはこのペルシア王に神殿の財宝を譲り渡し、王は神殿を焼き払った。その後彼らはペルシア軍に従って故国を去り、この僻遠《へきえん》の地に定住したと言われる。アレクサンドロスは彼らをギリシアの裏切り者と見なし、歩兵部隊で包囲して一人残らず虐殺した上、町と城壁を土台から破壊し、聖なる森も根こそぎにして荒野とした。多くの学者がこの事件には信憑性《しんぴょう》がないと見ているが、幾つもの古代史料がこれを伝えており、事実であることは疑いない。もっともギリシアの大義だけでは、これほど徹底した殺戮と破壊は説明できない。中央アジアで住民ぐるみの蜂起に手を焼いていたマケドニア軍が、彼らを不満のはけ口とした可能性が強い。ブランキダイの裏切りと神聖冒瀆は、そうした残虐行為を正当化する口実に利用されたと考えられる。

小アジアのギリシア人は「解放」されたか

寛大な処遇――プリエネの場合

遠征《かい》一年目、小アジア沿岸地方を南下するアレクサンドロスは、至る所でギリシア諸都市の寡頭政《とうせい》を解体して民主政を樹立させ、それぞれに固有の法を復活させて自治を許した。民主政を立てたのは、ペルシア支配下の諸都市で寡頭派が政権をとっていたからであり、彼自身が民主派に共鳴していたからではない。諸都市に自分を支持する政体を植え付ける必要があっただけである。

問題はその実態である。小アジア沿岸地方の諸都市については、アレクサンドロス自身が送った書簡ないし布告が何通か石碑に刻まれて残っている。まず、最も寛大に扱われた例として、マイアンドロス川のほとりに位置するプリエネの場合を見てみよう。次に掲げるのは、前三三二年頃に大王が発した布告の残存部分である（［　］内は欠損部分の復元）。

アレクサンドロス王の（布告）

ナウロコスの住民のうちプリエネ人は自治および自由を有し、プリエネ人自身と同じく、市域および田園地帯における土地と家屋を所有すべきこと。ミュルセロイとペディエイスの土地およびその周辺は余に属するものと決し、これらの村落の住民は貢租を支払うべきこと。余はプリエネ市に対しては拠出金を免除し、また汝らが駐留軍を［アクロポリス］に導入することを認める。……訴訟を……［判決する］……法廷……（以下欠損）

およその経過とその内容を復元すると次のようになる。前三三四年にマケドニア軍がプリエネをペルシア人の手から「解放」した時、アレクサンドロスはこの都市に拠出金の支払いを命じた。その翌年にはペルシア海軍が反攻に出て、沿岸諸都市や島嶼《とうしょ》部を奪回したが、プリエネは大王への忠誠を守った。これに対してプリエネの西七キロほどにある小さな港町ナウロコスでは、非ギリシア人住民がペルシア側になびいた。ペルシア軍が完全に駆逐された前三三二年、大王は右の布告を発し、プリエネにはその忠誠のゆえに拠出金を免除したが、ナウロコスの町はペルシア側についた罰としてプリエネに併合し、非ギリシア人の土地はすべて大王の属領とした上、彼らに貢租の支払いを命じた。貢租とは定期的に納める税金であり、拠出金は特別な機会に支払いを求められる資金である。こうしてギリシア人都市プリエネは「自由と自治」を認められ特別税も免除されたが、非ギリシア人居住地は王領として貢租の支払いに服することになった。

プリエネが拠出金を免除されたことは、逆に言うと、沿岸地方の他のギリシア諸都市にはその支払いが課せられたことを示唆する。また駐留軍に言及していること、それに続く部分に訴訟、法廷、判決といった単語が見えることから、アレクサンドロスが内政に干渉できる余地があったことが推測される。さらに右の命令は条約でなく大王の布告という形式をとっており、彼はいつでもこれを取り消したり変更することができた。プリエネのように最も寛大に扱われた都市の場合でさえ、その「自由と自治」は実質的に制限され、彼の意向に従う限りで認められたにすぎなかったのである。

大王の介入――キオスの場合

大陸に隣接するエーゲ海島嶼部の諸都市は、それまでペルシア帝国から独立していたが、東方遠征開始後は、逆にペルシア海軍の反攻作戦の波をかぶることになった。その一つキオスに対して、前三三四年にアレクサンドロスが発した布告がある。

キオスからの亡命者はすべて帰国すべきこと。キオスにおける国制は民主政たるべきこと。民主政にも亡命者の帰国にも相矛盾することのないように、法を起草しかつ改定する立法委員を選ぶべきこと。改定され、または起草された法は、アレクサンドロスのもとに送付さるべきこと。キオス人は彼らの費用で乗員を乗り組ませた二〇隻の三段櫂船《さんだんかいせん》を提供すべきこと。これらの船は、ギリシア人の他の艦隊が我々とともに巡航している間は海上にあるべきこと。ポリスを夷狄（ペルシア人）に明け渡した者たちのうち、すでに逃走した者たちについては、ギリシア人の決議にしたがって、平和を共にするすべてのポリスから追放され、逮捕さるべきこと。（市内に）とり残され（すでに拘束され）た者たちについては、送還してギリシア人の評議会で裁かれるべきこと。帰国した者たちと市内に留まっていた者たちとの間に何らかの紛争が生じたなら、この件について彼らは我々のもとで裁定を受けるべきこと。キオス人が互いに和解するまで、アレクサンドロス王から（派遣された）十分な規模の駐留部隊が彼らのもとにあるべきこと。キオス人がその経費をまかなうべきこと。

キオスは前五世紀のデロス同盟以来、エーゲ海におけるアテネの有力な同盟国であった。前三五七年にアテネから離反して寡頭政を樹立したが、前三三六年、フィリッポス二世が対ペルシア遠征の先発部隊を小アジア沿岸に派遣すると、寡頭政を倒してマケドニア側につき、コリントス同盟にも参加した。しかし翌年にはペルシア軍が沿岸地方を奪い返し、キオスにも寡頭政が復活。前三三四年、アレクサンドロスの到来を機に親ペルシア派の寡頭派市民が追放された。この時キオス人にあてて彼が発した布告が右の書簡である。逃亡者の逮捕と裁判をコリントス同盟の決議に従って行うよう命じているのは、ギリシア人の解放という遠征の大義名分に合致する。その反面、新しい法の制定にはアレクサンドロスの承認が必要であり、帰国者の財産回復をめぐって予想される紛争についても、「我々のもとで」つまり王自身が裁可すると述べている。キオスがエーゲ海の制海権にかかわる重要な島であるだけに、内政に対するアレクサンドロスの干渉の度合いは、プリエネの場合より強い。

当時エーゲ海方面のペルシア海軍はなおも健在で、各地で島々や諸都市を奪回するなど、しばらくは動揺が続いた。右の書簡でキオスが二〇隻の船の派遣を命じられているのは、こうした状況への対応である。しかるにキオスは翌年、親ペルシア派の内通によって再びペルシア軍の手に落ちた。キオスが最終的に「解放」されるのは、ペルシア艦隊が完全に駆逐され、エーゲ海が「マケドニアの海」となる前三三二年末のことである。

キオスに対してはもう一通、アレクサンドロスが一人称で語る書簡が残っており、亡命者の帰国をめぐって生じた紛争を大王自身が解決する様子がよくうかがえる。

彼（名前不詳）は自分の意志で夷狄（ペルシア人）の側に走ったのではないことを証明した。彼は余の友人であり、諸君の大多数に対して好意的であった。なぜなら彼は亡命者の帰国や、かつて夷狄が諸君のもとに樹立した寡頭政から諸君の都市を解放することに尽力したからである。それゆえ余は諸君に以下の事を求める。彼が市民団のために行った貢献と、諸君にかかわる戦いに参加したことに報いて、彼の父親に対する（追放）決議を無効とすること、都市が奪ったものを帰国者の中で最初に彼に返還すること、彼と彼の友人たちを顕彰し、愛国者として彼を信頼すべきこと。

父親に対する決議が言及されていることから、この人物は追放された父親に従って国を出、やむなくペルシア側につき、その後キオスの「解放」に貢献したことがわかる。幸いにしてアレクサンドロスの知遇を得た彼は、大王の後押しで無事に帰国し、財産を回復することもできた。問題解決の鍵は大王との個人的つながりであり、大王の決断なのである。

さて前三三一年、エジプト滞在中の大王のもとへ、逮捕された寡頭派のキオス人が連行されてきた。王は彼らをナイル川のはるか上流、アスワン近くのエレファンティネ島に追放した。それから王はキオス人の求めでようやく駐留部隊を撤退させた。

国制変転の波紋――エフェソスの場合

このように、各都市における政治体制の変転には目まぐるしいものがある。追放と帰国、財産没収とその回復の繰り返しは、市民相互の間に激しい軋轢《あつれき》と敵意を生み、時にポリスを分裂させかねないほどだった。その事例をエフェソスについて整理してみよう。

前三三六年まで、エフェソスはペルシアの支配下にあり、寡頭派が政権を握っていた。前三三六年、フィリッポス二世が派遣した先発部隊が南下すると、民主派がクーデターを起こし寡頭派を追放した。フィリッポスを称えて神殿に彼の像が建立された。民主派の指導者はヘロピュトスで、まもなく彼が死去すると市民は彼を都市解放者として顕彰し、市場《アゴラ》に墓を建てた。

前三三五年頃、ペルシア側の傭兵隊長メムノンの部隊が反攻を開始し、マケドニア軍を駆逐して小アジアの北西端へ追い詰める。亡命中だったエフェソスの寡頭派はメムノンに呼応して政権を奪い返し、民主派を追放した。寡頭派の中心はシュルパクス一族で、彼らはアルテミス神殿を略奪し、フィリッポスの像を引き倒し、さらに民主派の中心人物であったヘロピュトスの墓をあばいた。

前三三四年、アレクサンドロスの軍が到来し、寡頭派を追放して民主派を復帰させる。民主派市民たちは寡頭派への報復に立ち上がり、シュルパクス一族を殺害した。王はそれ以上の報復を禁じ、秩序を回復して市民に歓迎された。

何という目まぐるしさ。この激変に巻き込まれた市民とその家族がどのような辛酸《しんさん》を味わったのか、史料はいちいち語ってくれない。というのも、この程度の国制変転は、ギリシア都市にはありふれた日常の光景にすぎなかったのだから。ペルシア人の支配からは解放されても、激しい政争の惨禍から解放されるのは困難なことだった。

自由の大義の裏面

ガウガメラの会戦後、アレクサンドロスはギリシアに書簡を送り、すべての僭主政治は消滅したからギリシア人は各々の法律に従って政治を運営できる、と書いた。これは、ペルシア王に支持されて各国を支配していた僭主たちも、ペルシア王権と共に打倒されたという意味であり、ギリシア人とはこの文脈ではアジアに住むギリシア人を指す。とはいえ「各々の法律に従って」統治できるのも、すでに詳しく見た通り、あくまでもアレクサンドロスの支配に服することが前提だった。

ところがこの頃、ギリシア本土の幾つかの都市には親マケドニア派の僭主政が存在していた。前三三一年に書かれ、デモステネスの名で伝わる政治弁論によると、ペロポネソス半島のシキュオン、ペレネ、メッセニアの三都市に僭主がおり、いずれもアンティパトロスが植え付けたという。彼はアレクサンドロスの代理統治者だから、これらの僭主が大王の承認のもとで政権の座にあったことは疑いない。結局ギリシアの「自由」という大義にもかかわらず、アレクサンドロスは自身の利害に合致すれば僭主政でも支持したのだ。大義名分と現実政策との乖離《かいり》といえばそれまでだが、自由の名のもとに独裁政権を支持するのは現代のアメリカも同じこと。およそ権力者の持つ実利的、ご都合主義的な性格をよく物語る事例であろう。

ギリシア人に対する不信感

同盟軍の扱われ方

遠征の大義名分にもかかわらず、遠征中のアレクサンドロスとギリシア人の関係を具体的に見ると、そこにはギリシア人に対する彼の不信感というべきものが浮かんでくる。ギリシア文化にどれほど愛着を抱いても、戦争や現実政治の次元では、彼は必ずしもギリシア人を信用できなかった。

ペルシア軍との主要な会戦において、アレクサンドロスは同盟軍であるはずのギリシア人部隊を実はあまり活用していない。グラニコスで使われたのは六〇〇の騎兵だけで、七〇〇〇に及ぶ歩兵は参戦しなかった。テッサリア騎兵一八〇〇は最左翼で活躍したが、彼らはギリシア人でありながら逸早くマケドニアに臣従したがゆえに、他のギリシア同盟軍とは別格の扱いを受けていた。イッソスでも同盟軍歩兵は登場せず、代わりにギリシア人傭兵が使われたが、一部が右翼に配置された以外は、大半がマケドニア密集歩兵部隊の背後に第二列として配置された。ガウガメラでは同盟軍歩兵が第二列に置かれたが、これはペルシアの大軍が背後から包囲してくる場合に備えたものである。

結局三大会戦にはテッサリア騎兵以外のギリシア軍はほとんど登場せず、参戦した場合も目立った働きはしていない。おまけにイッソスとガウガメラではペルシア側に強力なギリシア人傭兵部隊が布陣し、ダレイオス三世の頼みの綱となっていた。イッソスの会戦を前にしてアレクサンドロスは各級指揮官や部隊長を集め、激励の演説をした。その中で彼はギリシア人同士が相戦うことに言及し、あちらは金目当て、こちらはギリシアのためだと述べて区別している。しかし「ギリシアのため」と言ってもスローガン以上のものではない。結局彼は、平然と敵側に走るギリシア人そのものを信頼できず、裏切りを恐れて同盟軍を第一線に配置することを避けたのである。

同じことは海軍にも言える。遠征一年目のマケドニア艦隊は一六〇隻。もちろん大半はギリシアの船であるが、最大の海軍国アテネの艦船はそのうちわずか二〇隻にすぎない。当時のアテネは船渠《せんきょ》に三五〇隻もの船を保有していたというのに。たしかにペルシア海軍の主力をなすフェニキア・キプロスの艦隊は強力だった。アレクサンドロスもこれには対抗できないと考えたからこそ、ミレトス占領後に自分の海軍を解散したのである。しかしアテネ海軍を活用していればペルシア海軍に十分対抗でき、エーゲ海の制海権もずっと容易に確保できたろう。にもかかわらずアテネ海軍を利用しなかったのは、政策上の次元では説明できない。ギリシア文化に傾倒しつつも、ギリシア随一の国家アテネですら政治的には信用できないという、彼の心理のなせる業だったのである。

アギスの蜂起

アレクサンドロスの不安は、ギリシア本土において現実となった。前三三一年夏、スパルタ王アギスがペルシアの支援を得て蜂起したのである。スパルタは唯一コリントス同盟への参加を拒否し、「光栄ある孤立」の道を選んでいた。その大きな理由は、かつてスパルタの支配下にあったメッセニア人の独立を同盟が承認し、しかもスパルタが抱えていた複数の国境紛争をフィリッポス二世がスパルタに不利な形で裁定したことにあった。アギスはペルシア海軍の提督と連携し、マケドニアから東方への増援部隊が出発した直後の時期を捉らえて蜂起した。兵力は歩兵二万、騎兵二〇〇〇に達し、その中にはイッソスの戦場から逃げ延びたギリシア人傭兵八〇〇〇も含まれていた。対する代理統治者アンティパトロスの軍勢は歩兵一万二〇〇〇、騎兵一五〇〇にすぎない。アレクサンドロスは直ちにマケドニア艦隊を送り出し、すでに帰順していたフェニキアとキプロスの艦隊一〇〇隻も派遣した。翌年初めには、シリア総督を通じて戦費を送った。最大の懸念はアテネが反乱に参加するか否かだったが、アテネは遂にアギスの誘いに応じなかった。前三三〇年春、マケドニア・ギリシア連合軍は四万の大軍を擁し、ペロポネソス半島中部のメガロポリスで反乱軍と対決した。スパルタ側は五三〇〇人以上が戦死、アギス自身も最期を遂げて、この反乱は終息した。

意外なのは、アレクサンドロスがこの決戦を「鼠の喧嘩」と呼んで、一見軽視していることだ。この蜂起は大したことではなかったと言いたいのか、それともアンティパトロスの功績を認めたくないのか。しかし彼も事態を重く見たからこそ、艦隊や戦費を立て続けに送ったはずである。にもかかわらず敢えて鼻で嗤《わら》う態度をとったのは何故か。今回の蜂起がギリシア人へのかねてからの不信感を裏付ける結果になったため、逆にギリシア人軽視の根拠を手に入れたと思い、自分の中でのギリシア人の政治的位置づけをこれまで以上に小さく見せたかったのではなかろうか。不信感の裏返しとしての虚勢と蔑視、そんな意識の表れと思われる。

事実上の隔離政策

前三三〇年夏、ダレイオス三世が死んでアカイメネス朝が滅亡すると、ギリシア同盟軍はペルシア帝国の旧都エクバタナにおいて解散した。名目上でもギリシアのための戦争は終結したのである。これ以後従軍するギリシア人兵士は、テッサリア騎兵を除いてすべて傭兵である。彼らはどのように扱われたか。結論から言うと、事実上その多くが置き去りまたは隔離された。その場所は駐屯地のほか、各地に建てられた都市、すなわちアレクサンドリアである。

都市アレクサンドリアの建設は、しばしば大王の東西融合政策の一環として語られるが、実態を見ればそれはまったくの的外れである。そこに入植したのはギリシア人傭兵、退役したマケドニア人、地元住民の三種類で、住民にはその土地の戦争捕虜も含まれていた。このうち最も大きな割合を占めたのがギリシア人傭兵である。ドイツの古代史家ベルフェによると、前三三四年から前三二八年までに遠征軍に編入されたギリシア人は、最大限に見積もって四万四〇〇〇人に及び、そのうち少なくとも二万五〇〇〇人が東方に入植させられた。この中にはペルシア軍に雇われた後に投降した兵士も少なくない。とりわけアギスの反乱に参加した後にアジアへ送られた八〇〇〇人は、当初ペルシア軍の傭兵隊長メムノンに雇われ、次いでイッソスの会戦で戦った筋金入りの戦士である。元をただせば彼らはギリシアの祖国を失った者たちであり、フィリッポスやアレクサンドロス自身によって追放された者も含まれていた。彼らはマケドニア人と大王に強い憎しみを抱いており、帝国にとって政治的にも社会的にも危険な存在だった。それゆえ彼らの入植には、不穏分子を僻遠《へきえん》の地に隔離するという狙いがあったのである。ついでに隔離という点では、マケドニア人兵士も例外ではない。前三三〇年、アレクサンドロスは自分に批判的な発言をしたり、王の利害に反することを手紙に書いた者を集め、「無規律部隊」と名づけて見せしめにした。バクトリア・ソグデイアナ地方では、反抗的と見なしたマケドニア人の不平分子を一二もの軍事植民地に配分している。

ギリシア本土から五〇〇〇キロも離れた僻遠の地で、ギリシア人入植者はその後どうなったか。厳しい自然条件、流刑同然に扱われたという屈辱と疎外感、ギリシア風の生活に戻りたいとの思い、マケドニア人との軋轢《あつれき》、地元住民の敵意。これらが重なり、もともと定住する気のない彼らが不満を鬱積させたことは想像に難くない。前三二五年、インダス河畔の戦闘で大王が死んだという噂が広まると、バクトリア・ソグディアナ地方のギリシア人入植者三〇〇〇人が決起した。彼らは首都バクトラ（現バルフ）を占領したが、帰国の方法をめぐって対立し、指導者も殺されて集団は分裂した。翌年にはインド地方のマケドニア人総督フィリッポスが、ギリシア人傭兵に暗殺されるという事件が起きた。これもインドに無理矢理残留させられたことが背景となり、何かのきっかけで両者の対立が爆発したのだろう。さらに前三二三年に大王が世を去ると、東方諸属州のギリシア人が一斉に反乱に立ち上がった。その総数は歩兵が二万、騎兵は三〇〇〇に及ぶ。摂政となったペルディッカスは軍を派遣して鎮圧に当たらせ、三〇〇〇人を殺害した。生き残ったギリシア人はそのまま残留し、その後の後継者戦争に参加することになる。

ギリシアの大義とは、征服戦争をカムフラージュするための旗印にすぎなかった。と同時に、その大義自体がギリシア人兵士に大きな苦しみをもたらす元凶にもなったのだ。

民族の厚い壁

ギリシア人はマケドニア人に征服された民族でありながら、アレクサンドロス帝国では支配者側の一員であった。では両民族の間の壁は越えられたであろうか。答えは否である。ディオドロスとクルティウスの大王伝は次のような逸話を記録している。

前三二五年、インダス川流域で、アレクサンドロスは帰順した部族の領主たちを招いて盛大な饗宴を開いた。宴席でマケドニア人コラゴスが酒に酔い、アテネ人で有名な拳闘士のディオクシッポスに一騎打ちを申し込んだ。翌日二人の試合が行われ、当然ながらギリシア人はディオクシッポスを、マケドニア人と大王はコラゴスを応援した。試合はディオクシッポスが勝ち、ギリシア人は喝采したが、王は異民族の目の前でマケドニア人が敗れたため明らかに不機嫌だった。それから王は彼に対して冷淡な態度をとるようになる。数日後、王の側近たちは召使に命じて黄金の杯をディオクシッポスの寝台の下に置かせ、次の宴会で彼を盗みの科《とが》で非難した。ディオクシッポスは周囲の眼差しに耐えられずに退席し、王に宛てた遺書を書き、剣で自らの命を絶った。

今日の常識では、スポーツは民族や国境の壁を越えて平和と友好を作り出すものだ。しかし明らかに当時はそうではなかった。アレクサンドロスとマケドニア人には、いかなる形であれ自民族の名誉が汚され、武勇を軽蔑されることが許せなかったのである。帝国における真の支配者が誰であるかを、あらためてギリシア人に知らしめた事件といえようか。結局ギリシア人はアジアにおける征服者の一員でありながら、真の支配者たるマケドニア人に対して従属的地位に置かれた、目下の同盟者にすぎなかった。

第五章　オリエント世界の伝統の中で

東方遠征略史（二）

エジプトの平定

前三三二年初冬、遠征軍はエジプトの入口ペルシオンに到着した。ペルシア人総督マザケスは抵抗を放棄し、エジプト人はアレクサンドロスを解放者として歓迎した。ナイル川に沿って、太陽神ラーを祀る宗教都市ヘリオポリスに至り、次いで古王国時代の首都メンフィスに入る。ここで彼は、聖なる牡牛のアピス神に犠牲を捧げ、事実上のエジプト王＝ファラオとなった。そこから川を下り、ナイル・デルタ西端のカノボスに着く。そこは地中海とマレオティス湖にはさまれ、涼風の吹く健康的な土地だった。彼はここが都市の建設に最適の地であることを見てとり、自ら図面を引いた。アレクサンドリア、後にヘレニズム世界最大と謳《うた》われた都市の誕生である。そこへマケドニア艦隊司令官のヘゲロコスが到着し、エーゲ海の島々をすべてペルシア側から奪回したと報告した。こうしてエーゲ海・東地中海の制海権は今や完全にマケドニア人の手に帰した。

リビア砂漠のシーワ・オアシスに、エジプトの最高神アモンを祀る神殿がある。その神託

ルクソールのアモン神殿に描かれたアレクサンドロス　モニトゥ神が大王（右端）をアモン神のもとへと導き、次の場面でアモン神（左端）の前に大王が立つ。Stewart, *Faces of Power*より

はギリシア人にも広く知られ、彼らはこれを最高神ゼウスと同一視していた。前三三一年二月、大王は砂漠を越えてここを訪れた。神託所では王だけが奥の部屋に導かれ、彼はすべてに望み通りの答えを得たとして帰途につく。神託の内容はさまざまに取りざたされたが、彼は、自分が神の子であることが証明されたという公式発表を流した。これは、大王の神格化に向けて第一歩を踏み出すものである。メンフィスに帰る途中、四月七日に新都市アレクサンドリアの起工式を行った。

四月末にエジプトを発ち、再びフェニキアに入ってテュロスに滞在中、ギリシアで反乱が起きたとの報せを受けた。指導者はスパルタ王アギス。彼は前年からペルシア海軍の提督と接触し、資金と船の援助を受けていたのだ。アレクサンドロスは直ちに艦隊をギリシア方面に派遣する。本国のアンティパトロスが反乱軍を破り、アギスも戦死したのは翌年春のことである。一方ダレイオス三世からは親書が届く。それは、ユーフラテス川以西の割譲と王女との結婚を申し出ていたが、もちろんアレクサンドロスはこれを拒絶した。アジアにただ一人の王として君臨しようとする彼を食い止めることは、誰にも出来なかった。

アカイメネス朝の滅亡

フェニキア地方を発ったマケドニア軍は、いよいよ内陸へ向かい、七月末頃にユーフラテス川、次いでティグリス川を渡った。ダレイオス三世は、帝国東部からも強力な騎兵部隊を召集し、大軍を編制していた。また歩兵の槍を長いものに改良し、戦車の走行のため地面を整地するなど、万全の準備を整えてガウガメラの広大な平原に布陣した。アレクサンドロスは、兵力で劣るマケドニア軍が包囲されないよう戦列を二重に並べ、左右の端には騎兵部隊を鉤《かぎ》の手状に配置した。こうして一〇月一日、両軍の決戦が行われた。

戦闘が始まると、アレクサンドロスは右翼の騎兵を動かして相手の戦列に切れ目を作り、そこへ騎兵と歩兵の巨大な楔《くさび》形隊形をもって突入、ダレイオス目がけて一気に突進した。ダレイオスはまたしても逃走する。マケドニア軍の左翼は、優勢なペルシア騎兵に圧迫されて危機に陥ったが、王の逃走を知ったペルシア側は総崩れとなり、勝敗は決した。ダレイオスは首都エクバタナへ落ち延び、アカイメネス朝の支配は事実上崩壊した。

アレクサンドロスは南下して、ペルシア帝国の首都を次々と獲得していく。一〇月二一

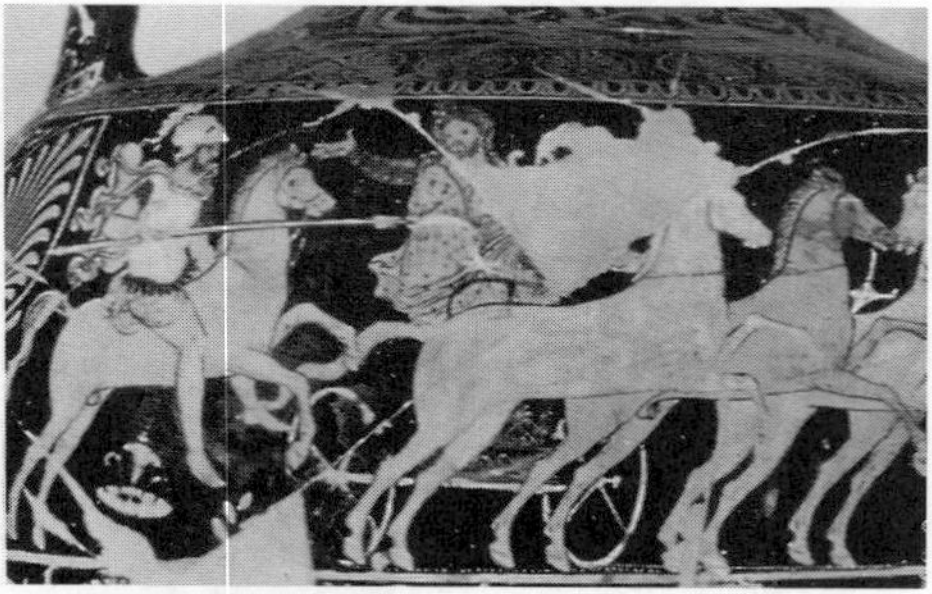
壺絵に描かれたダレイオスを追撃するアレクサンドロス　左が騎乗の大王、中央が馬車で逃走するダレイオス。ナポリ国立考古学博物館蔵　*Faces of Power*より

日、メソポタミア最大の都市バビロンへ入城、総督マザイオスは都市と財貨を差し出し、バビロン人は総出で新しい王を歓迎した。彼は帝国統治のためにペルシア人支配層の協力が必要と判断し、マザイオスを引き続き総督に任命した。これはペルシア人を高官に登用した最初の例である。ここから東方協調路線が本格的に展開し始める。

　一一月二五日にバビロンを発ち、一二月一五日、帝国の行政の中心スーサに到着。ここでも都市と財貨は平和裏に接収された。スーサの宮殿で、アレクサンドロスは初めてペルシア王の玉座についた。一二月末にスーサを発ち、ペルセポリスへ向かう。途中のザグロス山中では、ウクシオイ人の抵抗を撃破し、隘路《あいろ》で待ち構えるペルシア軍も突破する。こうして前三三〇年一月末、アカイメネス王権の象徴たるペルセポリスの都を占領した。さっそく大王はマケドニア人兵士の欲望を解き放ち、都市部の略奪を許す。これは勝利者の権利であり、征服の報賞だ。これ以上に遠征の大義名分にふさわしい行為はないだろう。遠征軍は四ヵ月滞在し、宮殿に収められた莫大な財貨もすべて接収した。ところが地元ペルシス地方の住民は、略奪に対する恨みと反感から、アレクサンドロスへの帰順を頑強に拒否し続ける。五月末、業を煮やした彼は、ペルシア人への懲罰として宮殿に火を放ち、壮麗な謁見殿《えっけん》も百柱の間も廃墟となった。翌日、いよいよダレイオスが滞在するエクバタナへ向けて出発した。

ダレイオスはアレクサンドロスの進発を知ると、九〇〇〇の部隊を率い、帝国東部へ向けて出発した。軍を立て直し、もう一度決戦に打って出ようとしたのだ。アレクサンドロスは直ちに全速強行の追撃を開始した。しかし、あまりに過酷な強行軍のため脱落者が相次ぎ、多くの馬も疲弊して倒れた。ダレイオス陣営では側近たちが王を見放して次々と離脱し、アレクサンドロスに帰順した。そこへ、バクトリア総督ベッソスらがクーデターを起こし、王を拘束して実権を握ったとの報せが入る。事態は急を告げていた。七月末、七〇キロの砂漠の道を徹夜で走破、遂に目前に迫る。しかし、ベッソスらはダレイオスを刺殺して逃走した。享年五〇歳。アレクサンドロスは彼の遺体をペルセポリスに送り、丁重に葬るよう指示した。

東方路線の展開

エルブルズ山脈南麓の町ヘカトンピュロスで軍を再結集すると、アレクサンドロスはギリシア同盟軍を解散した。ギリシアの大義を掲げての遠征は名実ともに終結し、ここからはアレクサンドロス自身の遠征が始まるのだ。エクバタナには副将パルメニオンを残留させ、財貨の接収や後方との連絡に当たるよう命じた。それからダレイオスの殺害者ベッソスの討伐に向かおうとした矢先、ベッソスがバクトリアで王を名乗っているとの報せが入った。これに対抗して、アレクサンドロス自身もペルシア風の衣装を採用し、旧王族を側近に取り立てる。今やアカイメネス朝の後継者としての正統性を争うことになったのだ。

しかし、大王の東方化路線は、ほかならぬ遠征軍内部に亀裂を生んだ。前三三〇年秋、ドランギアナ地方（現アフガニスタン西部）の首都フラダで、無名の若者による王暗殺の陰謀が発覚した。騎兵隊指揮官フィロータスがこれに関与したとの疑いで処刑され、さらに彼の父親パルメニオンもエクバタナで謀殺された。パルメニオンとフィロータスの父子は旧世代の中心で、遠征軍内で最大の勢力を保っていた。大王は陰謀事件の機をとらえて、東方協調路線に対する障害を強引に排除したのである。パルメニオンは兵士に人気があり、彼の謀殺を知った兵士たちは暴動を起こす寸前に至った。反対派の側近に対する粛清《しゆくせい》は、その後も繰り返されることになる。

中央アジアでの苦戦

遠征軍は冬のヒンドゥークシュ山脈に入った。初めて経験する酷寒、足は凍傷にかかり、雪の反射が目を潰す。カブールに到達して冬を越し、この間にコーカサスのアレクサンドリアを建設した。前三二九年春の初め、カワク峠を越えて、ペルシア帝国東方の拠点バクトリア地方へ入った。今度はオクソス（現アムダリア）川まで、灼熱《しやくねつ》の砂漠が七〇キロ続く。ようやく川に着くと、急いで水を飲んだ兵士たちはかえって気管を詰まらせて死んだ。ベッソスは山中で焦土作戦を取ったが、大王の進撃を止めることはできず、離反した仲間の手でアレクサンドロスに引き渡された。大王はベッソスを王に対する反逆罪に問い、ペルシアの伝統にならって彼の鼻と耳を削ぎ落とし、エクバタナへ送って処刑した。

この後、遠征軍はヤクサルテス（現シルダリア）川に到達した。これはアジアの果てと見なされていた川である。大王は将来のスキタイ遠征を見越し、その河畔に最果てのアレクサンドリアを建てた。ところがペルシア人貴族スピタメネスの指導下で、ソグディアナ地方の住民が一斉に反乱に立ち上がる。彼はベッソスを捕縛《ほばく》した当人だ。こうして丸二年間にわたる困難な平定戦が始まった。大王はまず、シルダリア川付近の七つの町を攻め落とし、男はすべて殺し、女子供は奴隷にした。最大の町キュロポリスでは、住民の犠牲は八〇〇〇に及び、捕虜にした住民は最果てのアレクサンドリアに入植させた。

ソグディアナ人は、騎馬遊牧民のスキタイ人とも連携していた。彼らは自在に馬を操る騎兵であり、住民の支持も得ながら神出鬼没《しんしゅつきぼつ》の動きを見せる。それは、マケドニア軍が初めて経験するゲリラ戦であった。ポリュティメトス（現ザラフシャン）河畔では、マケドニアの一部隊が壊滅的な敗北を喫した。これを知った大王は流域一帯を劫掠《ごうりゃく》し、砦に逃げ込んだ住民を皆殺しにする。こうして、ソグディアナで最も豊かで人口も多い地域が荒廃させられた。

前三二八年、ソグディアナ人は町を捨て、各地で難攻不落の砦に立てこもり、抵抗の構えを崩さない。アレクサンドロスは部隊を五つに分けて派遣し、彼自身も困難な包囲戦を敢行して、これらを一つ一つ陥落させていった。そのうちコリエネスの砦は標高二七〇〇メートル、周囲は一一キロ、深い谷に囲まれ、頂上への道は一本しかない。大王は昼夜兼行で谷底から木材を組み立て、平坦な足場を築いて攻撃態勢を整える。首長は彼の大胆さに狼狽《ろうばい》し、自ら砦を明け渡した。他方、分遣隊の一つがスピタメネス配下の部隊を破ると、追い詰められたスピタメネスは同盟者のスキタイ人に殺された。こうしてバクトリア・ソグディアナ方面の軍事的脅威はほぼ消滅した。

前三二七年春、アレクサンドロスは、ソグディアナの豪族オクシュアルテスの娘ロクサネと結婚した。彼女は前年の夏、家族と一緒に立てこもっていた砦が陥落し、捕虜となっていたのだ。王はロクサネに恋をしたと伝えられるが、それ以上にこの結婚は、長い平定戦の後の和解という政治的な意味を帯びていた。

その一方で、大王の東方路線に対する反発がまたもや表面化した。前三二八年晩秋、宴会で側近のクレイトスと激しい口論になり、逆上した王はクレイトスを刺し殺してしまう。翌年春には、王に仕える貴族の若者である近習たちが王暗殺の陰謀を企て、発覚して処刑された。クレイトスも近習も、アレクサンドロスの「東方かぶれ」に我慢ならなかったのだ。とりわけ将兵の反発を買ったのが、ペルシア風宮廷儀礼である跪拝礼《きはいれい》を導入しようとしたことである。生きた人間に向かって平伏するとは、奴隷に等しい侮辱的な振舞いと思われた。これに正面から反対した歴史家カリステネスは王に疎《うと》まれ、近習の陰謀に連座して処刑された。こうして反対派が排除され、大王に忠実な側近たちが遠征軍の中枢を占めるようになった。

ファラオとしての大王

古都メンフィスにて

アレクサンドロスが征服したペルシア帝国の領域には、エジプトやメソポタミアといった、二〇〇〇～三〇〇〇年に及ぶ古い伝統を有する世界が含まれていた。ペルシア王に代わってこれらの地域を支配するには、各地域における政治と宗教の伝統を踏まえ、それに適応しなければならない。その具体的な様子を、エジプトとバビロンの二つについて見ていこう。

エジプトは前五二五年、カンビュセス王によって征服されたが、前四〇四年に独立を回復し、ペルシア軍の攻撃を退けながら、第二八王朝から第三〇王朝まで約六〇年間にわたって独立を守った。しかし前三四三年に、アルタクセルクセス三世が再度エジプトを服属させることに成功した。エジプト人はペルシア人の支配を憎んでおり、それゆえアレクサンドロスを解放者として歓迎した。

アレクサンドロスにとって、自分が新たな抑圧者でなく正統な支配者であることを示すためには、政治と宗教が密接に結びついたエジプト独特の王権理念に適応する必要があった。

エジプト王すなわちファラオは太陽神ラーの息子であり、冥界の支配者オシリスの息子ホルスの地上における化身でもある。ホルスは神々の法廷でエジプト王位を正式に認められたがゆえに、ホルスを体現することで初めてファラオは正統な王として認められる。ファラオの最大の役割は、創造神が定めた宇宙の秩序を維持・更新することによって、人間社会の安寧《あんねい》を守ることだった。神殿における祭儀の執行も、外敵を倒して国土を防衛することも、この秩序を守るための活動である。さらにファラオだけが神々と交渉を持つことができ、神々の世界と人間の世界を媒介する力を持っていた。外国人がエジプトで正統な支配者の地位を得るためには、このような宗教的文脈でファラオの役割を果たさねばならないのである。

アレクサンドロスは、まず古都メンフィスにおいて神々に犠牲を捧げた。メンフィスの選択にも意味がある。ここは古王国時代の首都でエジプトの国土統一の記憶に連なり、また天地創造の神プタハの信仰と深いつながりを持っていた。大王がここで捧げた犠牲のなかでも重要なのは、聖牛アピスへの犠牲である。アピスは天地創造神プタハの化身と見なされた聖なる牛で、それが死ぬとエジプト人は盛大な葬儀を催した。

歴史家ヘロドトスによると、カンビュセス王はアピスを短剣で傷つけ死に至らせたため、彼はその後アピスの祟《たた》りで狂気になったという。またアルタクセルクセス三世もアピスを乱暴に扱ったとの伝承がある。それゆえ大王がアピスに犠牲を捧げたことは、自分がペルシアの専制的な支配者とは異なることをアピールするという意味を帯びていた。もっともカンビュセスがアピスを殺したとの伝承は疑わしい。ヒエログリフ（神聖文字）の記録によると、アピスはカンビュセスの治世六年目、すなわちエジプト征服の翌年に丁重に埋葬されている。カンビュセスは征服の費用をまかなうため、神殿の収入を差し出させたり、神殿財産を没収するなどの手段に訴えた。このため神官たちは彼に敵意を抱き、悪意ある伝承を創作したのである。

カンビュセスの次のダレイオス一世は、伝統儀礼を執り行い、神殿を建設して神官たちと和解し、またナイル川と紅海を結ぶ運河を建設した。その結果彼は慈悲深いすぐれたファラオとして受け入れられた。アレクサンドロスの念頭には、カンビュセスと対照的なダレイオス一世の事績があったことだろう。

ファラオの称号

メンフィスで大王はファラオとして戴冠《たいかん》したとしばしば言われる。ただし現存する大王伝はいずれも彼の戴冠を伝えておらず、唯一カリステネスの名で伝わる『アレクサンドロス大王物語』が言及するのみである。しかし、これはアレクサンダー・ロマンといわれる空想的な文学作品で、歴史研究の史料としてはほとんど価値がない。

しかるにヒエログリフの記録には、ファラオとしての大王の称号が残っている。エジプト王の公式の称号は次の五項目からなる。すなわち、ホルス名、二女神名、黄金のホルス名、上下エジプト王名、ラーの子名（王の固有名）で、最後の二項は長楕円形のカルトゥーシュ（王名枠）で囲まれた。このうち王の固有名を除く四項は神官によって考案され、王の戴冠時に与えられて、それからエジプト全土に布告された。この部分が新しい王と王権との関係、および王権に結びつく神々と彼との関係を定義するのである。

アレクサンドロスについては、第二項と第三項を除く三つの称号が残されている。典型的な事例を示す（アモンについては次項で述べる）。

（Ⅰ）ホルス、エジプトを守る者（Ⅳ）上下エジプトの王、ラーによって選ばれし者、アモンに愛される者（Ⅴ）ラーの子、アレクサンドロス

公式の称号が残されている以上、彼はファラオとして即位し戴冠したと考えるのが普通であろう。しかし大王の死後にマケドニア王となったアレクサンドロス四世とフィリッポス三世は、エジプトで戴冠した事実がないにもかかわらず、彼らにも神聖文字の公式称号が残っている。それゆえ公式称号の存在だけではファラオとしての戴冠を証明できない。ではどのように考えればよいか。

アレクサンドロスのエジプト滞在は約半年で、そのうちメンフィス滞在は二ヵ月にも満たない。それゆえ入念な準備と時間のかかる戴冠式を、彼は物理的な理由から避けたと考えられる。そのかわり犠牲を捧げたり神殿の建造を命じるなど、ファラオとして期待される務めを一応は果たした。たとえばルクソールの神殿内にアモンのための新しい聖域を建造した。もちろんその完成は部下の手に委ねられたが。他方神官たちにとっては、ファラオが存在しなくては王権と神々とのつながりが断ち切られ、宇宙の秩序を維持することができない。それゆえ正式の即位と戴冠がなくとも、アレクサンドロスを事実上の新しい王として受け入

れ、形式だけの称号を与えて王権を継続する道を選んだのである。

ところで最近の研究により、大王が持つファラオの称号が当初は不規則で一定しないことが明らかとなった。たとえばホルス名に「捧げる者」「外国の国々を攻撃する支配者」といった別の形が現れる。正しい称号である「ラーによって選ばれし者、アモンに愛される者」は、エジプトにおける大王の治世四年目に初めて登場した。このことは、アレクサンドロスに正式の戴冠はなく、ファラオとしての称号も当初は暫定的だったことを示している。彼がエジプトを去り、彼が残した高官たちによる統治が順調に進んで初めて、その称号は安定した形式をとるようになったのである。

アモンの神託

エジプト滞在中の大王について見逃すことができないのは、彼がリビア砂漠のただ中、シーワ・オアシスにあるアモン神殿を訪問し、そこで神託を得たという出来事である。アモンはもともと大気と豊饒《ほうじょう》の神で、中王国（第一二王朝）時代に首都テーベの守護神となった。そして新王国（第一八王朝）時代に国家の守護神に昇格してその威信は絶頂をきわめ、太陽神ラーと習合しアモン＝ラーと呼ばれて、創造神、神々の王とされた。

シーワ・オアシスのアモン神殿はその神託によって名高く、その名声はギリシア本土にも広がった。ギリシア人はこの神を彼らの最高神ゼウスと同一視し、詩人ピンダロスはアモンへの賛歌を書いた。アテネは国家として使節をシーワへ送り、国内にもアモン神殿を建てた。それゆえ、かくも名高い神託をアレクサンドロスが求めるのはごく自然なことであった。

ただし彼の目的については論争が絶えない。はっきりしているのはただ一点、神官が大王にギリシア語で「神の子よ」と呼びかけたことである。これは二重の意味を持つ。第一に、ファラオは太陽神ラーの子と見なされたから、神官の言葉はファラオに対する通例の挨拶にすぎない。と同時に、それはアモン神がファラオとしての彼の地位を公式に承認したことを示唆する。第二に、この挨拶は大王がアモン＝ゼウスの子であることの証明と受け取られた。ギリシアにおいてアモンとゼウスは同一と理解されたから、アレクサンドロスの父は最高神ゼウスであり、よって直接神の血を受け継いでいることになる。こうして彼は、自身の出生について確かな証明を手に入れたと考えた。

神託の具体的内容は大王自身がすべて秘密にしたので、同行した側近たちも知ることができなかった。神託の内容に関するあれこれの伝承はすべて後世に創作されたものである。というのも、託宣の実際は次のようだったからだ。

大王の一行が神殿に着くと、まず中庭に迎え入れられた。それから王が一人だけ奥の託宣室に招かれ、他の随員はその手前の広間で待たされた。託宣室で最長老の神官が大王に「神の子よ」と挨拶し、それは随員にも聞こえて皆を驚かせた。王が質問を神官に伝えると、次に隣の控室へ導かれた。そこへ神官が入ってきて神託を伝えたが、これは言葉ではなく頷《うなず》きの仕草によってアレクサンドロス一人だけに伝えられたので、随員はその内容を一切知ることができなかった。王が広間へ戻ると皆が口々に結果を尋ねたが、彼はただ、すべてに望みどおりの答えを得た、と言うにとどまった。

それから随員たちにもそれぞれ神託を求めることが許された。これは中庭において行列の形をとって行われた。まず臍《へそ》の形をしたアモンの御神体を舟の形をした台に載せ、それを二〇人の神官たちが担ぎ上げる。質問を受けると、彼らは最長老の指示に応じて舟を前後に揺する。舟が前方に傾くと肯定の、後方に傾くと否定の答えを表した。以上がアモン神殿で起きた事柄のすべてである。

ともかくアレクサンドロスはアモン神から自分の生まれを確認し、かつファラオとしての承認を得ることもでき、十分に満足して帰ったのである。

シーワ・オアシスからの帰路について

細かな話で恐縮だが、ここでアモン神殿からの帰路について一言しておきたい。多くの書物や高校世界史教科書に掲載されている遠征経路では、アレクサンドロスがシーワ・オアシスからまっすぐ東に進んでメンフィスに帰ったように書いてある。これはアリアノスの記述に依拠するものだが、実はそれはアリアノス自身がプトレマイオスの大王伝を誤解した結果なのである。アリアノスの該当箇所は次のようである。

（アモン神殿からの）帰路について、アリストブロスは来たときと同じ道をとったと伝え

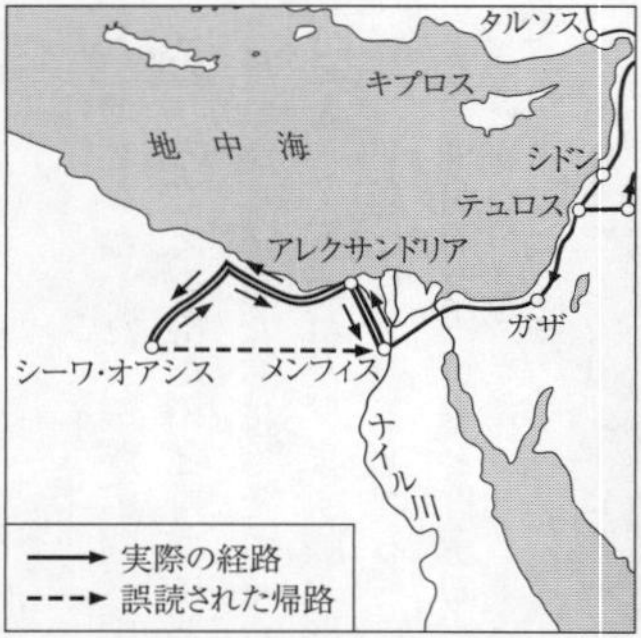

シーワ・オアシスからメンフィスへの帰路　大王は同じ経路で帰った

シーワ・オアシス　大王が神託を得たアモン神殿がある。Wood, *Alexander the Great*より

るが、プトレマイオスによれば、メンフィスまで直行する別の道をとったという（第三巻四章）。

アリストブロスはおそらく大王に同行し、後に執筆した大王伝の中で帰り道のルートを明記した。これに対してプトレマイオスはシーワ・オアシスには同行しなかったと考えられている。しかも彼の大王伝は戦争と軍事が中心で、かりに大王のアモン神殿訪問に言及したとしても、一行が帰りにどの道をたどったかという事には関心を持たなかったに違いない。それゆえ彼の記述は「アモン神殿から帰ったアレクサンドロスは云々」といったごく簡単なものだったろう。

ところがこれを読んだアリアノスは、シーワ・オアシスからメンフィスまでの途中経路が書かれていないことから、アリストブロスが記録したのとは別のルートがあったと誤読し、大王がシーワ・オアシスから真っ直ぐ東に進んだという伝承を創作してしまったのである。

現在多く見られる遠征図は、アリアノスの誤読に基づく記述を誤って採用するという、二重の誤解によるものだ。これは早急に訂正しなくてはならない。アレクサンドロスはもと来た道をたどり、新都市アレクサンドリアの起工式を行ってからメンフィスに帰ったのである。

華麗なるバビロン

大王のバビロン入城

ガウガメラの会戦でダレイオス三世を破った後、アレクサンドロスはティグリス川に沿って南下し、会戦から二〇日後の一〇月二一日、バビロンに入城した。バビロンは現在のバグダッドの南約九〇キロにあり、ユーフラテス川が都市の中心を貫いて流れる。前一八世紀、ハンムラビ王の治世に繁栄を極めて以来、幾多の戦乱をくぐり抜け、時には破壊を蒙りながらも復興を果たし、メソポタミア文明の中心として比類ない権威と名声を誇ってきた。総督マザイオスはアレクサンドロスの到着に先だって彼のもとを訪れ、都市と自分の身柄を委ねた。大王はこの申し出を受け入れたが、軍勢には戦闘隊形を組ませ、あたかも戦場に向かうように都市へ向かった。クルティウスの伝記は入城の模様を次のように記している。

バビロニア人の多数は新しい王をひと目見ようと望んで城壁の上に陣取ったが、それよりさらに多くの者たちが町の外へ出て彼を待ち受けた。その中には城砦と王室金庫を管轄するバゴファネスもいた。彼は王を歓迎する熱意においてマザイオスに負けないよう、街路に花と花環を撒《ま》き散らし、街路の両側のあちこちに銀の祭壇を配置して、乳香だけでなくあらゆる種類の芳香をそこに積み上げた。彼のあとには贈り物として馬と家畜の群れが続き、獅子と豹《ひょう》が檻に入れられてその前を運ばれた。次にマゴス僧たちが慣例に従って讃歌を歌い、彼らのあとにはカルデア人（最高神マルドゥクの神官）とバビロニア人が進んだ。最後にバビロニア人騎兵たちが行進した。騎兵と馬の装束は、荘重華麗というよりもむしろ豪華絢爛《けんらん》たるもので、ひたすら贅《ぜい》を尽くしたものだった。

アレクサンドロスは麾下《きか》の軍勢にびっしり取り囲まれ、都市住民たちからなる群衆には（マケドニア人）歩兵のしんがりの後について進むよう命じた。彼自身は戦車に乗って都市に入り、それから宮殿に入った（第五巻一章）。

この華麗な入城式は、バビロニア人の自発的意志だけでなされたのではない。バビロンの公式記録である天文日誌によると、アレクサンドロスは一〇月一八日、バビロンの北五〇キロに位置する都市シッパルから、バビロニア人に向けて布告を出した。現存する粘土板文書は断片的だが、大王の部下がバビロンへ赴いてマルドゥク神を祀るエサギラ神殿の財産に言及し、アレクサンドロスはバビロニア人の家々には立ち入らないと述べている。すなわち王は、バビロンの神殿と聖域を尊重すること、軍隊には町を略奪《りゃくだつ》させないことを事前に布告したのである。

バビロンに続いてスーサに入城した際にも同様な経過が見られる。それゆえバビロンでの入城式が双方の周到な配慮のもとに計画され、開城後の都市の処遇も事前に決められていたことは疑いない。それは両者の合作であった。マケドニア軍が戦闘隊形で行進したのも、バビロン側の抵抗を予想したからではなく、行進自体が儀式の一部をなしていたからである。

バビロンの伝統と外国人支配者

古都バビロンはそれまでもアッシリア帝国やアカイメネス朝ペルシアといった外国勢力に支配されてきたが、その都度バビロニア人はそれを彼ら自身の王権観に適合させることによって外来の王を受容してきた。それによれば、バビロニアの王が神々を蔑《ないがし》ろにして悪しき統治を行い民衆を苦しめると、最高神マルドゥクはこれに怒ってバビロンを去り、新しい王の候補者を捜す。マルドゥクは自ら見出した候補者とともに帰還し、前任の王を追放する。民衆は新しい王を解放者として歓迎し、王はマルドゥク神に犠牲を捧げ、こうして平和と秩序が回復するのである。

アッシリアの記録によれば、サルゴン二世は前七一〇年にバビロニア人の歓迎を受けて入城し、彼らの前で犠牲を捧げ、祭典行列のために新しい運河を開鑿《かいさく》した。前五三九年にバビロンに入城したペルシア王キュロス二世は、「キュロスの円筒印章」と呼ばれる文書の中で自らの事績を一人称で語っている。すなわち、「余は平和を保障し、聖域を守り、マルドゥク神を称え、前任者ナボニドスによって捨てられた神々をもとの場所に帰した。マルドゥクは余と余の軍隊を祝福し、その命令で諸国からの貢納が余にもたらされた」（要約）と。アレクサンドロスも先の天文日誌において「世界の王」と呼ばれている。バビロニア人は彼をマルドゥク神に選ばれた新しい王と見なして、その支配を受け入れたのである。

実際アレクサンドロスはバビロンの伝統的な儀礼を尊重し、新来の外国人君主に期待される役割を申し分なく果たした。アリアノスの大王伝によれば、彼は主神マルドゥクをはじめとする諸神殿の再建を命じる一方、マルドゥクの神官の指示に従って祭祀を行い、犠牲を捧げたという。神殿の再建とは実際には修復・拡充のことで、それ自体が祭祀行為の重要な部分をなしている。というのも、神殿の建築には神々への供物や特権の再確認なども含まれるほか、王が神官を通じて神々に建築の許可を求め、神々が吉兆を与えることでそれを認可するという一連の手続きが必要だったからである。それゆえ王が神殿建築の命令を出すこと、いや出すことを許されること自体が、神々による王位の保証を意味した。こうしてアレクサンドロスは神殿再建令を通じて、新しいバビロニア王としての正統性を公式に表明したのである。

メソポタミアの伝統に学ぶアレクサンドロス

バビロンにおけるアレクサンドロスは、ペルシア帝国の建設者キュロス二世の先例を念頭においていたと考えられる。彼がキュロスを偉大な君主として崇拝していたことについては幾つもの証拠がある。インドから帰還した折り、その墓が荒らされているのを見て深く心を痛め、直ちに墓の修理を命じた。ヒンドゥークシュ南麓に住むアリアスパイ人に対しては、彼らがキュロスのスキタイ遠征を助けたことを称えて「自由の民」と認めてやった。キュロスに対する彼の傾倒は、前四世紀のギリシア人作家クセノフォンの『キュロスの教育』に由来するものであろう。これはキュロスを理想的な君主として描いた小説で、彼もこれを読んで自身の帝王学の一部にしていたと思われる。そのキュロスがバビロニア人に対して寛大に振舞ったという事実は、アレクサンドロスにとって貴重な先例となったはずだ。

もう一つ、彼がアッシリアの先例にも学んでいた可能性がある。ガウガメラの戦場は、アッシリア帝国の首都ニネヴェの東わずか二三キロの地点にある。会戦後、彼はペルシア軍が拠点としていたアルベラを占領したが、そこからバビロンに至る途中には、ニムルドやアッシュールといった、これまたアッシリアのかつての首都が並ぶ。もちろん当時これ

キュロス２世の墓　パサルガダイに建てられた全高11mの墓。Cartledge, *Alexander the Great*より

らの都市はすでに廃墟となっていた。前四〇一年、アテネ人クセノフォンはペルシアの王弟キュロスの反乱に参加した後、ティグリス川に沿って北へ退却する途中、ニムルドの無人の城砦《じょうさい》を目にしている。それでも道中、おそらくシッパルにおいて、大王がアッシリア以来のメソポタミア文明を学んだことは確実だと思われる。

こうしてアレクサンドロスはバビロンの伝統を尊重し、アッシリアやアカイメネス朝の君主の先例を踏襲《とうしゅう》しながら名実ともにバビロニアの王として振舞い、そうすることで平和裏に新しい支配者として受け入れられた。バビロニア人も彼ら自身の王権観と儀礼の文脈でアレクサンドロスを受け入れ、王位の正統性を保証した。片やペルシア支配の打倒を目指すアレクサンドロスの政治的熟慮、片や幾世紀もの動乱をくぐり抜けてきた古都バビロンの老練な知恵と生命力、この両者が見事に結合した瞬間といえよう。

もっとも両者の出会いをあまりに理想化するのは禁物だ。バビロンの記録には、アレクサンドロスを「ギリシア人の国から来た王」とする記述があり、彼の王権はあくまでも外国人の支配と見なされた。しかも彼はバビロンを進発してから前三二四年に帰還するまで、六年間もバビロンの地に不在であった。その間彼は当然新年祭を行うことができない。これはバビロニア王に期待される最も重要な役割の一つを蔑《ないがし》ろにしたことになる。バビロンの伝統儀礼に対する彼の無理解と無関心については、第七章で触れる。

アジアの王と権力の視覚化

アジアの王

アカイメネス朝の王たちの正式な称号は、たとえばペルセポリスに刻まれたダレイオス一世の碑文では、「偉大なる王、諸王の王、諸邦の王」である。これに対してアレクサンドロスが用いた肩書は「アジアの王」であった。

イッソスの会戦で敗れたダレイオス三世は、前三三三年末、フェニキア滞在中のアレクサンドロスに親書を送り、友好と同盟の締結を求めた上でユーフラテス川以西の領土を割譲すると申し出た。アレクサンドロスはこれを拒否する書状を送ったが、アリアノスが伝えるその書状には次のような一節がある。

アジア全土に主人たる者は今やこの私である以上、貴下こそ我が許《もと》へ来られよ。もし我が許へ来るにあたり、私より何か不快な処遇を受けはせぬかと危惧されるなら、我が方からの誓約を受け取るべく、側近の者を派遣せよ。（中略）今後貴下が私の許へ申し出をなすにあたっては、アジアの王に対するものとしてなすべきであり、対等の立場で交渉することはまかりならぬ（第二巻一四章）。

前三三一年のガウガメラの会戦に勝利した後、アレクサンドロスはロドス島リンドスのアテナ神殿に武器を奉納し、そこに次の銘文を刻んだ。

王アレクサンドロスはダレイオスを戦で破り、アジアの主人となったが故に、神託に従いリンドスのアテナ女神に犠牲を捧げた。

このように彼は、今後アジアには二つの王国が並び立つのでなく、唯一つ自分の王権だけが君臨することを宣言したのである。とはいえこれは、あくまでも言葉による一方的な宣言にすぎない。被支配者たるアジアの貴族や住民に自分の王権を認めさせ、受け入れさせるには、誰の目にも明らかな形で自己の王権を表現する必要がある。ダレイオス三世が死んだ前三三〇年の夏ごろから、彼はその具体化に着手した。

東方風の宮廷儀礼

まずはペルシア風衣装を身につけることである。もともと騎馬民族であるペルシア人はズボンと長袖の上着を着ていたが、これはマケドニア人の目にはあまりに奇妙だったので採用しなかった。他方でペルシア王はティアラと呼ばれるフェルト製の帽子ないし被り物を頭にかぶり、それに白と青の混じった王専用のリボンを巻きつけた。そこでアレクサンドロスは、ペルシア王の装身具からこのリボン（ディアデーマ）を採用し、カウシアというマケド

ペルシア王に跪拝礼をとる高官　王は謁見する者に対して、敬意を表す儀礼を求めた。ペルセポリス出土のレリーフ。テヘラン考古学博物館蔵　Wilber, *Persepolis*より

ニア風帽子にこれを巻いて、ペルシア風のベルトを着けた。初めは室内で、東方人や側近と会うときにだけ着用したが、そのうちこの格好で外出し、騎乗や演説も行った。マケドニア人兵士はこのような王の姿を見るのは苦痛だったが、譲歩した。

次に、帰順したペルシア人たちから跪拝礼《きはいれい》を受けるようになった。跪拝礼とはペルシア人の日常の挨拶で、目下の者が目上の者に対して上体を軽く傾け、右手を口にあてて投げキスを送るという敬意の表現である。その形式は時代や場面に応じてさまざまだったと思われるが、宮廷儀礼として発展した形では、ペルシア王に謁見《えっけん》する時、謁見者は膝《ひざ》をついて平伏した。ただし、王を神として崇拝するという宗教的な意味はまったくない。

前三二八年、大王はこの跪拝礼をマケドニア人・ギリシア人にも導入しようと試みたが、これは深刻な問題をはらんでいた。というのもギリシア人においては、自由人が跪拝の礼をとるのは神々に嘆願す

る時、それもきわめて例外的な場合に限られ、平伏ではなく立ったまま両手を天に差し伸べる姿勢をとる。それゆえ人間に対して、しかも平伏の姿勢で跪拝の礼をとることは、ギリシア人にとって奴隷に等しい侮辱的行為だったのである。こうした感情を承知の上でアレクサンドロスが跪拝礼導入を図った目的は、アジア人の間でアジアの王として君臨するために、統一的な宮廷儀礼を確立することにあった。つまりマケドニア人・ギリシア人から跪拝を受けないままでいると、アジアの王にふさわしくないとの印象をペルシア人らに与える怖れがある。そこで宮廷儀礼をすべての民族に共通のものとし、自己の王権の普遍性を樹立すべきだと判断したのである。導入のためには周到な準備がなされたが、やはりマケドニア人将兵らの反発は強く、アレクサンドロスも断念せざるを得なかった。これ以後跪拝礼は、ペルシア人ら東方人のみが実行することになる。

贅沢と華美

アカイメネス朝を滅ぼした後のアレクサンドロスについて、現存する大王伝は一致して、彼が東方様式にのめり込み堕落していったと描いている。その堕落の例として、服装や飲酒と並んで挙げられるのが、彼の途方もない贅沢《ぜいたく》である。

前三世紀の作家フュラルコスは、アレクサンドロスの謁見の場はペルシア王を凌ぐほど豪華であったという。それによると、彼の天幕は寝椅子一〇〇台分もの広さがあって、それを五〇本の黄金の柱が支えていた。天蓋《てんがい》の頂には、技をこらした刺繍入りの、金糸の布がかぶせてあった。天幕の内側には、まず林檎団と呼ばれるペルシア人親衛隊五〇〇人と、銀盾隊という名のマケドニア人精鋭部隊五〇〇人がいた。天幕の中央には金の椅子が据えられ、アレクサンドロスはこれに座り、親衛兵に囲まれて謁見した。天幕の外側には、まず完全武装をした象隊が輪をなして並び、次に一〇〇〇人のマケドニア兵が囲み、次に一万のペルシア兵が立った（林檎団とはペルシア王の親衛隊の美称で、正式には金林檎の槍持ちという。槍の石突きに黄金の林檎を付けていたことからこう呼ばれた）。

前三二四年、スーサの都で側近たちと集団結婚式を催した時、アレクサンドロスが用意した天幕はひときわ壮大なものだった。大王の侍従長カレスの記録によれば、婚礼の間は九二室を数え、それを収める幕舎は寝椅子一〇〇台を収容できた。その一台一台に婚礼用の掛け物をかけて飾り、一台につき銀二〇ムナ（三分の一タラントン）の費用をかけた。王の寝椅子は金でできていた。招待客をもてなすための天幕も贅をつくし、かつ壮大に造られた。用いられた布、亜麻布《あま》はいずれも高価なもので、下には紫と深紅に金糸を織りまぜた布を敷きつめた。天幕を固定する柱の高さは約九メートル、それを金銀で巻いて宝石をちりばめた。中庭の周りにも高価な掛け布を張りめぐらし、それに金糸で動物の文様を織りこみ、支柱には金と銀がかぶせてあった。中庭の周囲は約七五〇メートルあった。

五〇本の柱で支えられ、一〇〇台もの寝椅子が入る広大な天幕。それはアレクサンドロスがペルシア王のそれを模倣して造り上げた、移動する宮殿にほかならない。ペルシア王たちは出陣中であっても家族を従え、天幕の中で首都に滞在する時とかわらない華やかな生活をくりひろげた。たとえば前三三三年のイッソスの会戦で、ダレイオス三世は自分の天幕を戦場に残して敗走したが、アレクサンドロスが中に入ったところ、黄金製で豪華な装飾をほどこした大きな鉢、水差し、浴槽、香油瓶などがあり、その部屋には香料や香油の馥郁《ふくいく》たる香りが満ちていた。ちなみにこれを見たアレクサンドロスは、「これが王の生活なのか」と言った。これは感嘆の台詞《せりふ》ではない。こんな贅沢品に囲まれていれば戦争で臆病になるのも当然だと、ダレイオスの柔弱《にゅうじゃく》な生活ぶりを軽蔑したのである。

ところがペルシア王を軽蔑したはずのアレクサンドロス自身が、今やペルシア王を模倣し、それを凌ぐほど豪華な天幕を造らせた。一体なぜなのか。それは、東方諸民族の王として君臨するためである。彼の王権はすでにマケドニア人やギリシア人の枠をはるかに超えていた。目の前にいるのは、これまでアカイメネス朝を支えてきたペルシア人貴族であり、ペルシア人に支配されてきた諸民族である。自分を新しい王として受け入れさせるには、彼自身がペルシア流の豪華絢爛たる儀礼を採用しなければならなかったのだ。

このような解釈を裏付けるのが、ローマ帝政時代のギリシア人ポリュアイノスの記述である。それによると大王は、マケドニア人やギリシア人の間で判決を言い渡すときは、簡素で市民にふさわしい法廷を使用したが、東方人が相手の場合は、法廷の外見で彼らを仰天させようと思い、大将軍にふさわしい豪華な法廷を使用したという。これに続く天幕の描写は、興味深いことに、右に紹介したフュラルコスの記述とほとんど同一である。あの豪壮な天幕は謁見のためだけでなく、東方人に対する法廷としても使われたわけだ。アレクサンドロスは人を驚かせるような外見を法廷に与えることで、ペルシア人ら東方人に自己の権力の巨大さを見せつけ、そうした心理的威嚇《いかく》でもって彼らをなびかせようとしたのである。

王権の視覚化

このように目に見える形で王権の偉大さを表現することを、王権の視覚化と呼ぶ。これは王の権力や権威を宮廷儀礼や祭典などによって視覚的に表し、それを通じて人々の服従心を引き出すという統治の方法である。なぜこのようなものが必要なのか。

いかなる王権も、軍隊や刑罰というむきだしの力だけで支配を維持することはできない。王は常に自己の権力の正統性を貴族や民衆のまえに明らかにし、さまざまな制度や機会をとおして彼らとの絆を強化して、貴族や民衆が自発的に服従する仕組みを作り出さねばならない。そうした王権の安定装置の一つが王の儀礼で、その内容によって宮廷儀礼、国家儀礼、王の図像の三つに分けることができる。宮廷儀礼は宮殿という限られた場所で行われ、王族や貴族といった特権身分を、王を頂点とする厳格な序列のなかに組み込んだ。国家儀礼とは王の行列や王を称える祭など、いわば大規模な公開行事である。これによって一般民衆に王の存在そのものと王権の偉大さを直接見せつけ、民衆を王権のもとに統合しようとした。さらに王の図像は、絵画・彫刻・貨幣などの伝達メディアによって流布された王の肖像である。マスメディアが存在しなかった時代、これらはその時々の王の政治的メッセージを伝える手段でもあった。王権の視覚化とはこうした統治手段の総称である。

実際アカイメネス朝の王たちは、広大な領土と多様な民族を支配するために、王権の視覚化をあらゆる機会に駆使した。彼らは帝国領内を頻繁に移動し、民衆にさまざまな贈り物を与え、また彼らからも贈り物を受け取りながら各地域・各都市の服属を再確認していった。また王の移動は宮殿ぐるみの移動であり、きらびやかな行列を繰り広げて一般民衆に王権の偉大さを知らしめ、王への心服を引き出したのである。

たとえば前三三三年、ダレイオス三世がイッソスの会戦に向けてバビロンを出発したとき、その軍勢は豪華絢爛たる長大な行列を組んで行進した。先頭にはマゴス僧たち、続いて紫のマントを羽織った三六五人の若者たち、それからゾロアスター教の主神アフラ・マズダに捧げられた白い戦車を馬たちが牽《ひ》き、そのあとには「太陽」と呼ばれる並はずれて大きな一頭の馬が続いた。黄金の笏《しゃく》と白い衣服が騎手たちを飾っていた。ほど遠からぬ所に、大量の金と銀で浮彫りをほどこした一〇台の車があった。それからさまざまな武器と習慣をもつ一二の民族の騎兵。次が「不死なる者たち」と呼ばれる一万のペルシア人精鋭たちで、黄金の首飾りをつけ、金で飾った上衣と宝石で飾った長袖下着をつけていた。それから王の戦車が進み、王はそれに乗ってひときわ高く聳《そび》えていた。軍隊の後ろには、王族や貴族の女性たちが乗った、これまた豪華な馬車が続いた。

ペルシア王はしばしば、金のプラタナス、金の葡萄の木の下に座って謁見した。その葡萄の房は緑の貴石やインドのルビー、そのほかあらゆる宝石で作ってあり、たいへん高価なものだった。宮廷付きの召使も膨大な数に上った。イッソスの会戦後にダマスカスを占領したパルメニオンは、大王への手紙にこう書いた。「私が見出したのは、楽器を奏する王の妾が三二九人、花冠を編む男が四六人、料理人二七七人、湯沸し係二九人、乳製品作り一三人、飲物係一七人、ワイン漉《こ》し係七〇人、香水作り一四人」

このように、王と宮廷の大規模な移動や軍隊の行進それ自体が、いずれも王権の視覚化にほかならず、それはアカイメネス朝ペルシア帝国における実効的な支配の中心にあった。前節で述べたアレクサンドロスのバビロン入城もまた、新しい支配者として自己の権力を目に見える形で表現したものであることが理解できよう。それらは単なる贅沢とか堕落というものではない。アカイメネス王権を受け継いだアレクサンドロスは、その広大な支配領域をも受け次いだ結果として、今度は彼自身の王権を視覚化する必要に迫られたのである。

ついでに言うと、権力の視覚化は洋の東西を問わない。秦の始皇帝からムガール帝国のアクバル、西洋中近世の王たちに至るまで皆、国内巡行を権力の維持拡大に利用してきた。日本では近世の大名行列が思い当たるし、明治天皇は六回にわたる全国行幸を行い、それまで天皇の存在すら知らなかった一般の人々に、自己の威信を広めていった。大正天皇、昭和天皇は白馬にまたがって軍の分列行進を閲兵し、大元帥としての姿を人々の脳裏に焼き付けた。敗戦後の昭和天皇の行幸は、「人間天皇」による新しい象徴天皇制の開始を告げるものだった。それ以来、天皇が公務として全国各地に赴き、国体の開会式や植樹祭などに出席して「お言葉」を述べることが、象徴天皇制の定着に大きく貢献してきたことは疑いない。今日では、テレビという映像媒体が権力の視覚化にかつてない進化をもたらし、絶大な影響力を発揮していることは、我々が日々経験している通りである。

ペルセポリス王宮炎上事件

壮麗なる宮殿群

ガウガメラの会戦後、アレクサンドロスはペルシア帝国の首都を次々と占領したが、バビロンとスーサでは略奪は行わず、平和裏に入城し、進発していった。ところがペルセポリスでは王宮周辺の町々で略奪が行われ、宮殿群は放火されて廃墟と化した。なぜこのような事態が生じたのか。確かに占領地の略奪とそれによる蓄財は、勝利した外国軍隊の当然の権利である。マケドニア人将兵が、それまで抑えられてきた欲求のはけ口を求めて略奪に走ったのは理解できるし、アレクサンドロスもそれを容認した。しかし宮殿の放火はこれだけでは説明がつかない。東方遠征中の諸事件の中でもとりわけ謎に満ちた王宮炎上事件を解明してみよう。

ペルセポリスが位置するのはザグロス山脈の南東部、パールサ地方(現ファールス州、古代ギリシア語ではペルシス)で、ここは古代ペルシア王国発祥《はっしょう》の地である。前五二二年に即位したダレイオス一世は、全土で起きた反乱を丸一年かけて鎮圧した後、勝利を記念してこのパールサに新しい都を建設したのだった。彼はまず南北約四〇〇メートル、東西約三〇〇メートル、高さ一二～一四メートルに及ぶ巨大な基壇を造成し、その上に会議の間と彼自身の宮殿を完成させ、さらにアパダーナと宝蔵の建設に着手した。アパダーナとは方形の多柱式宮殿のことで、ペルセポリスで最も高く広い建物である。大広間は一辺が六〇メートル、計三六本の柱の高さは一九メートルに及び、収容人員は一万人と推定される。ここで大王列席のもとに帝国の公式行事が行われたので、謁見殿とも呼ばれる。

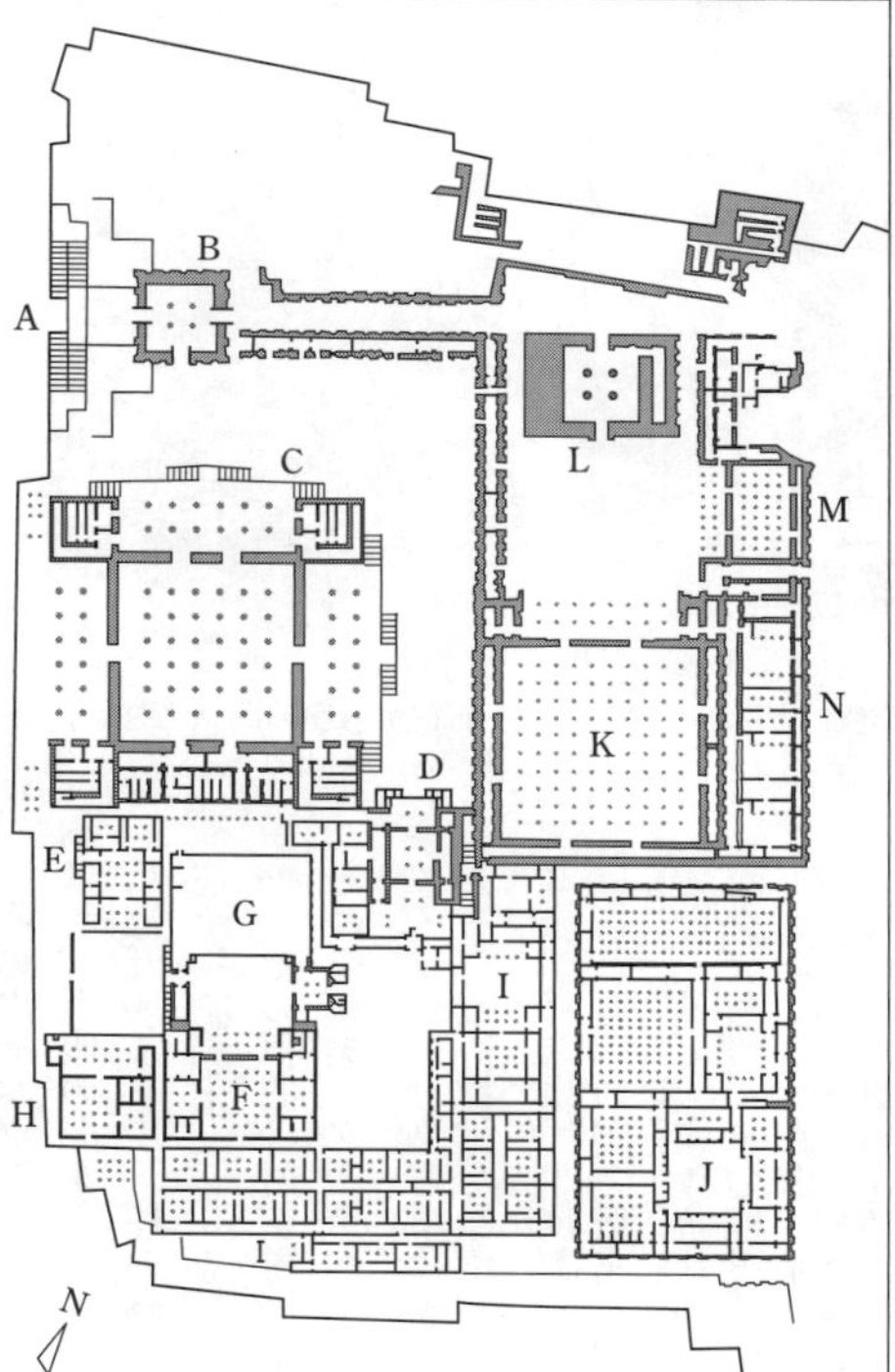

A＝正面階段　B＝万国の門　C＝謁見殿（アパダーナ）　D＝会議の間　E＝ダレイオスの宮殿　F＝クセルクセスの宮殿　G＝宮殿　H＝アルタクセルクセス3世の宮殿　I＝クセルクセスの後宮　J＝宝蔵　K＝百柱殿（玉座の間）　L＝未完の大門　M＝三十二柱の間　N＝兵舎

ペルセポリス王宮平面図

ペルセポリス遺跡　手前左が宝蔵、手前右が玉座の間（百柱殿）、後ろが謁見殿（アパダーナ）。Koch, *Persepolis*より

次のクセルクセスはアパダーナを完成させたほか、玉座の間を着工した。大広間の一辺は六八・五メートル、柱の高さは一三メートルで、柱が一〇〇本あることから百柱殿とも呼ばれる。その目的は財宝を展示して公開することにあった。アパダーナが王の政治権力を象徴したのに対し、玉座の間は帝国の輝かしい富を誇示する宮殿博物館だった。その完成は次のアルタクセルクセス一世の時代である。クセルクセスはまた万国の門と後宮も建設した。こうして三代、一〇〇年近い歳月を費やして、主な宮殿群が完成した。その建設活動には帝国全土から多数の職人・労働者が動員され、各地からさまざまな資材や貴石が運ばれた。文字通り帝国の総力が結集されたのである。

それではペルセポリスは何のために使われたのか。かつての通説は、ここで新年祭が催されたと主張した。現在のイランの元日は三月二一日、つまり春分の日で、正月はノウルーズと呼ばれる。それゆえペルセポリスはノウルーズの祝典のために建設されたというのである。しかしイランで元日が春分点に固定されたのは一一世紀だし、アカイメネス朝の王たちが必ずここで新年を迎えた証拠はなく、秋に滞在したという史料すら存在する。宮殿の浮彫りにも宗教的な意味合いは見られない。それゆえノウルーズ説は支持できない。

ペルセポリスの城砦から出土した粘土板文書は、ここが行政と経済活動の中心であったことを示している。ペルセポリスの機能をめぐっては今日なお論争が続いており、何か一つだけの機能に集約することはできないだろう。そうは言っても、王国発祥の地に建てられたこの壮大な宮殿群が帝国の権力と威信の象徴であり、ペルシア人の精神的支柱であったことは疑いない。

対立する二つの伝承

王宮炎上事件については、現存する大王伝五篇のうち四篇が伝えている。このうちプルタルコス、ディオドロス、クルティウスの三人は、放火は酒宴の席で起きた衝動的・偶発的な出来事であったと述べる。それによると、ダレイオス追撃に出発する直前の酒宴において、アテネ生まれの遊女タイスがペルシア人への復讐のためと言って放火を扇動した。酩酊していたアレクサンドロスは朋友たちと共に行列を組んで松明《たいまつ》を持ち、宮殿に火を放ったという。タイスは実在の人物で、後にエジプト王となったプトレマイオスの愛人であり、彼らの間に生まれた息子二人と娘一人についても実在が確認できる。映画の一場面のように劇的なこの物語は、ヘレニズム時代からローマ時代にかけて広く流布した。

しかし疑わしい点がある。そもそもマケドニア人の宴会には、召使は別として一般の女性は同席しない習慣だった。女性が同席する宴会は明らかにギリシア流である。またこの物語の主題は、マケドニア軍よりもアテネ出身の女の方が見事ペルシアに復讐してみせたというものだ。それゆえこれは、前三世紀にアレクサンドリアで活動したゴシップ好きの作家クレイタルコスが、ギリシア人向けに創作した物語であると考えられる。

一方アリアノスの大王伝だけは、放火は意図的・計画的になされたという。それによると、この時パルメニオンは宮殿を救おうとして忠告し、すでに自分のものである財産を破壊するのは賢明でないし、アジアの住民も王を単なる征服者と見なして彼に心を寄せないだろう、と言った。これに対してアレクサンドロスは、自分の意図は、かつてペルシア人がギリシアに侵攻した時に働いた数々の悪事に報復することなのだ、と答えた。ここからは、宮殿放火の是非をめぐって王と側近たちの会議が開かれ、王がパルメニオンの諫止《かんし》を振り切って放火を決行したという経過がうかがえる。

どちらの伝承が真実だろうか。

発掘報告書が語るもの

ペルセポリスの組織的な発掘は、一九三〇年代に米国のシカゴ大学オリエント研究所によって行われた。責任者はドイツ出身の考古学者シュミット。彼は第二次大戦後に大冊二巻の報告書を刊行し、彼の死後、一九七〇年に第三巻が完成した。これを参照すると、放火はまぎれもなく計画的であったことが明らかになる。

第一に、火災の痕跡が見られる建物は、アパダーナの大広間と多数の小部屋、玉座の間の大広間と列柱廊、宝蔵では主要な部屋と柱廊で宝蔵全体の面積の半分近く、それにクセルクセスの後宮の四つの部屋である。これら四つの建物は互いに離れており、偶然燃え移ったという可能性は考えにくい。

第二に、アパダーナの大広間の床は一様に燃えており、燃え方にムラがない。これは、織物や木製品のような可燃物が床一面に敷き詰められていたことを示唆する。玉座の間の大広間には、灰と木炭の層が三〇〜九〇センチの厚さで積もっていた。木炭は、屋根の梁《はり》に使われていた杉の木が炭化したものである。ここでも大広間全体が可燃物で満たされていたことがうかがえる。

第三に、後宮を除いて、炎上した広間の柱の大半が破壊されている。玉座の間の一〇〇本の柱はすべて壊され、台座だけが残った。宝蔵の広間の一つでも九九本の柱が全部倒され、台座の大半も壊されるか炎の熱によって割れていた。

以上から、放火が衝動的・突発的になされたとは到底考えられず、意図的・計画的になされたと見るべきである。

次に略奪の痕跡も明らかとなった。堆積した灰の下から出土したのは、武器を除くと大半が金属製品の断片で、形をなした品物は稀である。たとえばアパダーナの南側の小部屋からは、青銅の断片、金箔や金の留め金の断片、黄金のベルトやバンドなど。玉座の間の前庭に通じる列柱廊からは、小さな彫刻の断片、縞瑪瑙《しまめのう》やラピスラズリの装飾品、紅玉髄《べにぎょくずい》や紫水晶のビーズ、青銅製の腕輪や留め金などである。

ここから次のような略奪場面が再現できる。兵士たちはアパダーナの収納室に押し入り、高価な家具調度品から貴金属製の装飾を引きちぎって持ち去る。その際破片が床にこぼれ落ちるが、だれもかえりみない。木製の家具や織物が燃やされて木炭と灰が積み重なり、床にこぼれた貴金属の破片はその下に埋まる。玉座の間では、大量の財宝が大広間から列柱廊に運び出され、そこで貴重品が選別される。そのあとは同じ場面の繰り返し。宝蔵の部屋でも同様だ。小物類の散乱は、略奪がごく短い時間でなされたことを示唆する。しかも灰や木炭には足でかき乱した形跡がなく、兵士たちは二度と宮殿に戻らなかったと考えられる。

よって当時の状況はこうなる。アレクサンドロスはあらかじめ宮殿から金銀の塊や重要な貴金属製品を接収し、エクバタナへ運ぶ準備をした。そして五月下旬、兵士たちに一日だけの宮殿略奪を許し、翌日には計画通り四つの建物に火を放った。廃墟と化した王宮をあとにマケドニア軍はペルセポリスを発ち、ダレイオス追撃を開始したのである。

放火の動機とその結果

残る問題は放火の動機である。これまでに四つの説が提出されている。

第一は、遠征の大義名分に従ってペルシア戦争の報復を果たしたという説。しかしそれなら何故ペルセポリス占領直後の一月でなく、出発目前の五月なのか。滞在用に宮殿を温存したという事情はあるにせよ、これでは随分気の抜けた報復劇ではなかろうか。

第二は、ペルシア人の支配が終わったことを東方諸民族に示す政治宣言であったという説。しかしアレクサンドロスはペルシア人貴族のマザイオスをバビロニア総督に任命するなど、すでにペルシア人支配層との協調路線に踏み出していた。アカイメネス朝の旧体制を継承しながら、その象徴であるペルセポリスを焼き払うことは矛盾している。

第三が、前三三一年にギリシアで起きた反マケドニア蜂起の拡大を防ぐため、遠征の目的があくまでもギリシアのための報復戦争であることを、とりわけアテネに示そうとしたという説。確かにギリシアの反乱拡大は阻止せねばならない。しかしペルシア人との協調という新しい路線を犠牲にしてまで、遠く離れたギリシア人に遠征の大義を改めて訴える必要があっただろうか。この時点でアレクサンドロスがギリシア人への配慮を最優先させたという解釈は疑問である。

第四が、ペルシス地方の住民が大王の支配を受け入れず、アレクサンドロスも彼らを帰順させることに失敗したため、彼らへの懲罰として放火したとする説。私はこの説が最も整合性があると考えている。幾つかの大王伝によると、宮殿周辺での略奪の結果、地元のペルシア人はマケドニア人の支配を決して受け入れようとせず、王自身も住民に深い憎しみを抱いたという。四ヵ月という長期にわたるペルセポリス滞在の理由もここから説明できる。アレクサンドロスはペルシア帝国の中心であるペルシス地方を何とか帰順させようとするが、住民たちは断固として服属を拒否した。王は解決策を求めるが、時間ばかりが過ぎる。遂に彼は頑強なペルシス住民への懲罰として宮殿に放火し、彼らの民族的誇りを打ち砕いて力ずくで屈服させようとした。ただし公式発表はペルシアへの報復とされた。

ではこの懲罰は成功したのか。答えは否である。インドから帰還して再びペルセポリスを通過したとき、王は深い後悔にとらわれたという。それは宮殿を廃墟としたこと自体への悔恨ではない。帰還した彼はペルシア人総督たちの乱脈不正な統治に直面し、多数のペルシア人高官を粛清せざるを得なかった。東方協調路線は期待に反する結果に終わったのである。アレクサンドロスは協調路線の挫折という結果に照らして、宮殿放火という強行突破が何ら実を結ばなかったことを思い知らされたのだった。

第六章　遠征軍の人と組織

王権を支えた人びと

側近と朋友

いかなる専制君主にも、彼を支える王族や貴族の集団が不可欠であり、彼らの支持を得てはじめて王権は安定したものとなる。マケドニア王国で王を支えたのはヘタイロイ達だった。ヘタイロイとは仲間を意味するギリシア語で、マケドニアでは王の側近集団を表す。王は周囲の貴族から側近にふさわしい者を選抜してヘタイロイとし、王に対する忠誠と引き換えに土地や馬などの財産を与えた。元来は低地マケドニアの貴族に限られたが、フィリッポス二世はこの集団を一気に拡大し、上部（山岳地方の）マケドニアやトラキア地方、ギリシア人からも登用した。たとえばギリシア人で大王の書記官となったエウメネスは、フィリッポスが遠征中に滞在したギリシア都市カルデアで見出した人物である。彼らの富は莫大で、フィリッポス治世のヘタイロイ八〇〇人が所有する財産は、ギリシアの富裕者一万人の財産に匹敵するとまで言われた。彼らの登用も解任ももちろん王の一存である。それゆえ王の側近集団の構成を観察すれば、その権力基盤の推移をたどることができる。

なお本書ではヘタイロイの訳語として、側近と朋友の二つを用いる。朋友は部隊長クラスや比較的下位の者まで含み、ヘタイロイと呼ばれた者たちすべてを指す。これに対して、王の身近に仕える少数の特権的グループを側近と呼び、広義のヘタイロイ＝朋友と区別する。ただし両者の境界はそれほど明確ではないことをお断りしておきたい。

第三章で述べたように、アレクサンドロスは即位すると直ちに父王暗殺の関係者や政敵を粛清したが、もちろんそれはごく少数の重要人物にとどまり、彼は基本的に父王時代の権力構造を引き継いだ。しかも彼の即位にあたっては、王国の重臣であるアンティパトロスとパルメニオンの支持が決定的な役割を果たした。それゆえ彼は二人に対する論功行賞《ろんこうこうしょう》として、それぞれの家門に属する貴族たちに重要な地位を与えた。他方でアレクサンドロスと同年代の学友たちはまだ若く、彼らが頭角を現して遠征軍内部で昇進するのはもう少し先のことである。こうして東方遠征出発時のアレクサンドロス王権は、ヘタイロイの中でも、アンティパトロス派とパルメニオン派の二つの勢力を支持基盤としていた。遠征が進むにつれ、彼はこれら旧世代の貴族を次々と排除し、自分と同年代または自分に忠実な新しい朋友を昇進させて、遠征軍の指導部を意中の側近だけで固めていく。それはアレクサンドロスが父の遺産を乗り越えて、文字通り彼自身の王権を作り上げていく過程でもあった。

アンティパトロス派

アンティパトロスは前三九九年頃の生まれで、フィリッポス二世が即位した時すでに四〇歳。彼の治世以前から軍事と外交に活躍していた。東方遠征中は代理統治者として本国に残され、マケドニアとギリシアの統治を担当したほか、遠征軍に多数の増援部隊を派遣し続けた。彼には六人の息子と四人の娘がいたが、息子たちの地位は明らかでない。

アンティパトロスの娘と結婚した人物が二人判明している。一人はフィラと結婚したバラクロスで、フィリッポス二世から側近護衛官（この役職については後述）に任命され、アレクサンドロスの即位後もこの地位にあった。もう一人は、上部マケドニアの旧王家に属するアエロポスの子アレクサンドロス。彼の二人の兄弟はフィリッポス暗殺に関与したとして処刑されたが、このアレクサンドロスだけはアンティパトロスの勧めで、即位したばかりのアレクサンドロスに逸早く忠誠を誓ったおかげで許された。彼は遠征一年目に小フリュギアの総督となったカラスの後任として、テッサリア騎兵部隊の隊長に任命された。また彼の甥のアミュンタスは前哨騎兵部隊の指揮官を務め、グラニコスの会戦前に偵察部隊を率いた。さらに隻眼《せきがん》のアンティゴノスがいる。前三八二年頃の生まれで、フィリッポス二世とほぼ同年、遠征一年目にギリシア同盟軍歩兵七〇〇〇の指揮官であった。

パルメニオン派

パルメニオンは前四〇〇年頃の生まれで、フィリッポス二世の王位確立にも貢献した王国の大黒柱である。フィリッポスは彼を評して、「アテネ人は毎年一〇人の将軍を選ぶが、私は長年にわたってただ一人の将軍、すなわちパルメニオンを見出した」と述べた。フィリッポス暗殺時には先発部隊を率いて小アジアにあったが、アレクサンドロスの即位を支持した。そして同僚指揮官アッタロスが彼の娘を妻にしていたにもかかわらず、アレクサンドロスの部下がアッタロスを殺害するのを容認した（第三章参照）。その背景には、彼が上部マケドニアと強いつながりを持っていたという事情がある。実際彼がペルシアとの三大会戦で指揮した歩兵部隊の少なくとも半分は、上部マケドニア出身者からなる部隊である。

大王はパルメニオンを遠征軍の副将としたほか、彼の一門を重要な地位につけた。長男のフィロータスはマケドニア騎兵部隊の指揮官、次男ニカノールは近衛歩兵部隊指揮官という、いずれも名誉ある最高の地位を占めた。三男ヘクトルの地位は不明である。ほかには上部マケドニア出身者が目立つ。密集歩兵部隊の部隊長コイノスは、殺害されたアッタロスの未亡人と遠征出発の前年に結婚し、それゆえパルメニオンの義理の息子となった。ポリュペルコンも密集歩兵部隊の部隊長、その親戚にあたるアンドロメネスの子のアミュンタスとシンミアスは、長男フィロータスの親友だった。さらにアッタロスの縁戚へゲロコスは、フィリッポス二世の七番目の妻クレオパトラの甥にあたり、グラニコスの会戦では敵情偵察隊を率い、その後海軍の再建を委ねられた。

属州制度と遠征軍

アカイメネス朝の行政組織の継承

征服地の統治については、アレクサンドロスは原則としてアカイメネス朝時代の行政組織を受け継ぎ、属州の区分を維持してそれぞれに総督を任命した。遠征当初の三年間についてみると、彼は軍事的な配慮を優先し、東地中海と小アジア方面の情勢に対応した臨機応変な編制と人事を行っている。総督には常にマケドニア人が任命され、そうでない若干の場合にもマケドニア人が実質的な権限を握っていた。

全体として総督の権限は縮小され、財政権が分離される傾向が強い。たとえばリュディアでは総督アサンドロスに対し、徴税監督官にニキアス、首都サルディスの城砦《じょうさい》守備隊長にパウサニアスが任命された。カリアの総督には女性のアダ（第八章参照）が任ぜられたが、その権限は行政に限られ、軍事は三二〇〇人の部隊を擁するプトレマイオス（後のエジプト王とは別人）が担当した。ただしキリキアのように小さくまとまった地域では、側近護衛官のバラクロスが行政から軍事までの全権を握った。

しばしば属州の統合が行われ、複数の属州に対して包括的な権限をもつ役人が任命される場合もあった。小アジア南西部のリュキアでは、始めネアルコスが総督となったが、制海権がマケドニアの手に入って彼が東方へ召集されると、リュキアはフリュギア総督アンティゴノスの手に委ねられた。都市王国が群立するフェニキアには総督が置かれず、その代わりフェニキア全体の徴税官としてコイラノスが任命され、軍事面ではテュロスの守備隊長フィロータス（パルメニオンの息子とは別人）がフェニキア全体を管轄した。またタウロス山脈から西の小アジア全域に対する徴税官として、フィロクセノスがあてられた。さらにギリシアにおけるアギスの蜂起に対応して、メネスにキリキア・シリア・フェニキアの全域を監督させた。前三三〇年以降、東地中海方面が完全に安定し、遠征軍が中央アジア方面に進むにつれて、沿海地方の駐留軍は次々と東方に召集されていった。

エジプトの扱いは特殊である。広大で豊かな国土をただ一人の人物が掌握することのないよう入念な配慮がなされた。まず行政権を上下エジプトの二つに分け、エジプト人二人をそれぞれの行政長官に任命しようとしたが、一人が辞退したため、ドロアスピスが一人で全土の行政を統括することになった。守備隊は、エジプトの入口であるペルシオンと首都メンフィスに配置し、それぞれに隊長を任命した。さらに傭兵部隊には指揮官と別に二人の監督官を置き、残留部隊の指揮官と艦隊指揮官もそれぞれ別の人物にするという念の入れようである。西隣のリビアの統治はアポロニオス、東隣のシナイ半島の統治はクレオメネスに委ねたが、このクレオメネスにはエジプト全土の貢租《こうそ》徴収権を与えた。このため彼が公共の支出や軍隊への給与支払いを管理し、さらに新都市アレクサンドリアの建設まで監督することになる。総督は任命されなかったが、クレオメネスが実質的な総督となった。

アンティパトロス派の排除

遠征当初の人事を見ると、フィリッポス治世以来の将校たちを後方の属州に配置するという傾向が見てとれる。遠征一年目には、カラスが小フリュギアの総督に、アサンドロスがリュディアの、アンティゴノスがフリュギアの総督にそれぞれ任命された。二年目にはヘゲロコスが艦隊再建とペルシア海軍への対抗を命じられ、バラクロスが側近護衛官からキリキア総督となった。五年目にはパルメニオンが旧都エクバタナに残され、七年目にはクレイトスがバクトリア総督に任命された。このうちアンティゴノスとバラクロスは共にアンティパトロス派に属する。またアエロポスの子アレクサンドロスは遠征二年目に陰謀の科《とが》で逮捕された。こうして早くも遠征二年目に、アンティパトロス派の主要人物が東征軍の中枢から排除された。

これに続いて中央アジアに侵攻した時期は、パルメニオン派の最高位の側近が次々と粛清され、さらに若い世代からも反逆の動きが現れた。これらの事件は、アレクサンドロスの東方路線が遠征軍内にどれほど深刻な矛盾・軋轢《あつれき》を引き起こしたかを如実に示している。次節でその経過を詳しく述べ、王の周囲に渦巻く緊迫した状況を明らかにしよう。

中枢部の権力争い

フィロータスの処刑

前三三〇年秋、ドランギアナ地方（現アフガニスタン西部）の首都フラダにおいて、それ以後の路線対立の行く末を暗示するような事件が起きた。王暗殺の陰謀事件にからんで側近フィロータスが処刑され、その父パルメニオンが謀殺されたのである。

問題は、パルメニオン一族がマケドニア国家中心主義をとり、アレクサンドロスが進めつつあった東方協調路線と対立する立場にあったことだ。自己の路線を貫徹するためには、いずれパルメニオン一派の壁を乗り越えねばならない。たとえ路線対立がなかったとしても、アレクサンドロスが遠征軍を隅々まで我が物とし、自分の意志だけで動く軍隊に作り変えるために、それは避けられない荒療治だった。

事件は、とある陰謀事件に始まった。ディムノスという若者が王暗殺の計画をたて、数人の仲間を引き込んだ。そのうちの一人が兄弟のケバリノスに打ち明けたところ、ケバリノスは驚き、直ちに王に知らせようと王のテントを訪れて、フィロータスに取次ぎを依頼した。フィロータスは毎日二度、王の許に伺《し》候《こう》して報告を行っていたのだ。ところがフィロータスは彼の求めを二度にわたって無視したため、ケバリノスは武器庫管理官のメトロンを通じてようやく王に陰謀を知らせることができた。アレクサンドロスは直ちにディムノス逮捕を命じたが、彼はその前に自殺した。

当然フィロータスも共犯者ではないかとの疑惑が持たれ、裁判が行われた。なぜケバリノスの訴えを無視したのかと追及されて、フィロータスは、取るに足らない事に思えたからだと弁明した。しかしこれは容《い》れられず、それどころか彼に対する非難の声が多数寄せられた。結局彼は陰謀を隠して王に報告しなかったとの理由で有罪とされ、九人の若者とともに処刑された。

ディムノスとその共犯者はいずれも下級の人物で、彼らの出自も陰謀の原因や背景もまったく不明である。またフィロータスが陰謀に関与したとの証拠はなく、むしろ彼が陥れられたと考えられる。では本当の首謀者は誰か。それはフィロータスを訴追した者達で、大王の側近護衛官と朋友たちがずらりと顔を揃えていた。結論から言えば、アレクサンドロスの側近たちが反フィロータスの立場で結束し、この事件を利用して彼を追い落とした、さらにアレクサンドロスがこの機会を捉えてパルメニオン一派を排除した、これが事件の核心である。

反フィロータス派の形成

なぜフィロータスの反対派が形成されたのか。その理由は二つある。

第一は、アレクサンドロスの東方政策をめぐって、側近たちが賛成・反対の二派に分かれていたことである。賛成派の筆頭ヘファイスティオンは、王に倣《なら》って服装や習慣を東方風に変え、反対派の筆頭クラテロスはマケドニア風を頑固に守った。政策面では、フィロータスも側近のコイノスやクラテロスと同じ立場にあったが、あとの二人は抑制的で、それゆえ東方政策への反対が原因で大王に疎《うと》まれることはなかった。これに対してフィロータスは自分の気持ちを隠せず、あからさまに王の政策を批判した。

第二は、フィロータスがその傲慢《ごうまん》な性格のため、多くの側近を敵に回したことである。彼は騎兵部隊指揮官という誰もが憧れる最高の地位にあり、勇敢で忍耐強く、友人にも気前が良かった。しかし贅沢《ぜいたく》がひどく、態度も尊大かつ傲慢で度を越していたため、彼に対する非難の声がアレクサンドロスに寄せられていた。パルメニオンも息子に向かって「もう少し小さくなれ」と言うほどだった。あるときフィロータスは捕虜で愛人にした女性に向かって、アレクサンドロスを小僧と呼び、彼の支配は自分たちのおかげだと言って自慢した。この話が人を介してクラテロスの耳に届き、クラテロスは彼女をアレクサンドロスに紹介した。二人は彼女をスパイに仕立て、フィロータスの言動を逐一報告させた。ディムノスの陰謀事件はこのような時に起きたのである。

それはフィロータスにとって最悪のタイミングだった。弟ニカノールは事件の少し前に病死、もう一人の弟ヘクトルは、遠征軍のエジプト滞在中にナイル川で事故死していた。父パルメニオンは後方のエクバタナにおり、フィロータスは完全に孤立していたのだ。さらにフィロータス派の側近たちも彼を見捨てた。コイノスはフィロータスの妹と結婚しており彼の親友だったが、保身に走った。裁判でコイノスが、彼を王と祖国の裏切り者と呼んで激しく攻撃したのは、自分自身がパルメニオン・フィロータス派の一人であるがゆえの危機感の裏返しであろう。さらにコイノスは、クラテロスやヘファイスティオンと共に、フィロータスを拷問にかけて真相を究明すべきだと主張した。

こうして事件は次のように再構成できる。フィロータスとクラテロスはいずれもマケドニア国家中心主義者で、王の東方政策には反対していた。しかしクラテロスはかねてからフィロータスの傲慢ぶりを苦々しく思い、彼の排除を狙って彼の言動に監視の目を光らせていた。クラテロスの思いは他の側近たちも共有するところであり、遠征軍の中枢に事実上の反フィロータス派が形成されていた。そこへ若者による王暗殺の陰謀が発覚し、フィロータスが共犯者と疑われる事態となる。好機とばかりにクラテロスが主導権を握り、東方政策への賛否を超えて側近たちが結束、アレクサンドロスもこれをパルメニオン一派排除の突破口とすべく彼らに与《くみ》する。フィロータスの裁判では、多数の非難と共に、それまで集められた証拠も疑惑を補強するために用いられた。こうしてフィロータスは、王と側近たちの連携によって排除されたのである。

パルメニオンの謀殺

息子が処刑されたとき、パルメニオンはアカイメネス朝の旧都エクバタナに滞在していた。遠征軍の前線から離れ、後方との補給・連絡を任されていたのだ。息子が陰謀の科で処刑された以上、父親もそれに関与していたと見なされることは避けられない。たとえ関与していなくとも、もはや生かしておくわけにはいかない。息子を殺されたと知れば、彼が反乱を起こす危険性は大きい。あまつさえ彼は軍の中でひときわ人望が厚く、外国人兵士にも人気がある。要は先手を打つことだ。

こうして周到な準備がなされた。アレクサンドロスはパルメニオン宛の手紙を書いた上、フィロータスから父に宛てた手紙を偽造し、エクバタナ方面駐在の軍指揮官たちへの命令書まで作成した。これらをパルメニオン派の朋友であるポリュダマスに託し、綿密な指示を与える。彼もまた反パルメニオンの立場に豹変《ひょうへん》したのだ。ポリュダマスはフラダから通常一ヵ月以上かかる道程を、砂漠を通って一一日で走破し、エクバタナへ到着、パルメニオンを謀殺した。事態を知った兵士たちが騒ぎを起こし、ほとんど暴動になるところだったが、ポリュダマスが王の命令書を示してようやく収まった。アレクサンドロスはこれらの不平分子を集めて一部隊にまとめ、「懲罰部隊」と名づけた。

フィロータスが排除されると指揮権の再編成が行われた。騎兵部隊の指揮権は二つに分割され、ヘファイスティオンとクレイトスの二人に与えられた。アリアノスは、大王はこれほど重要な権限をただ一人に委ねるのは望ましくないと判断したと述べる。しかし二人の任命は個人的かつ政治的な考慮のもとになされた。まずヘファイスティオンには軍事上の実績がほとんどなかったから、彼の任命は大王と最も親しい関係にあることだけに依拠した露骨な縁故主義である。これをマケドニア人将兵に納得させるために選ばれたのがクレイトスだった。彼が勇敢な戦士にして一級の指揮官であることは衆目の一致するところだ。しかも彼はマケドニア中心主義者であるから、東方政策に不満を持つ将兵たち、とりわけ古参兵をなだめるのに都合が良い。こうして軍の中核である騎兵部隊の最高指揮権を二分割するという、前例のない人事が行われたのである。

クレイトス刺殺事件

前三二八年秋、大王の本隊はソグディアナ地方の首都マラカンダ（現サマルカンド）に宿営していた。バクトリア総督でペルシア人のアルタバゾスが高齢のため辞任し、その後任にクレイトスが選ばれた。彼の出発を翌日に控えた夜、壮行会を兼ねた宴会が開かれた。

宴席では、いつものように宮廷付きの詩人たちが王を称えたが、この日はいささか様子が違った。詩人たちは調子に乗り、半神の英雄たちもアレクサンドロスの偉業に比べれば問題ではないと公言した。さらに別の者が大王に迎合し、父王フィリッポスの業績など大したことではないと言い出した。すでに酔いが回っていたクレイトスは我慢できずに立ち上がる。半神はもとより、フィリッポスを貶《おとし》めるとは何事か、アレクサンドロスの偉業というが、それも彼一人でなし遂げたわけではない、大半はマケドニア人の働きのおかげではないか。

アレクサンドロスはひどく傷ついた。周囲の者たちはクレイトスを非難し、古参兵は何とか騒ぎを収めようとする。しかしクレイトスは収まらない。グラニコスの会戦での一騎打ちで、王が自分のおかげで命拾いしたことを持ち出して叫んだ。「アレクサンドロスよ、この腕があの時あなたのお命を救ったのだ」。遂に大王の堪忍袋の緒が切れた。席から跳び上がり、クレイトスにつかみかかろうとした。だが、傍《かたわら》にいた者が彼を留めた。そこへクレイトスが止《とど》めの一撃をさす。「おおギリシアには、何と忌まわしい習慣があるのだろう」。これはエウリピデスの悲劇『アンドロマケ』で、一将功成りて万骨枯《ばんこつ》るという台詞《せりふ》の冒頭の一行である。アレクサンドロスは我を失った。護衛兵の一人から槍を奪い、クレイトスの体を刺し貫いたのだ。

酒宴における口論の果ての悲劇。表向きはこうだが、暴発の引き金となった口論の内容は、問題の核心が二つの政治路線の衝突にあったことを示している。アリアノスの大王伝によれば、クレイトスはかねてから、王が夷狄《いてき》風に傾いていくことや、王にへつらう連中に対して苦々しい思いを抱いており、それは公然の事実だった。プルタルコスの伝記は、酒宴におけるクレイトスの言い分を詳しく伝えている。彼が怒ったのは、詩人たちが外国人の面前でマケドニア人を侮辱したこと、王と会うのにいちいちペルシア人に取次ぎを依頼しなければならないこと、フィリッポスが自分の父親であることを王自ら否認して、アモン神の子だと公言していることだった。さらにアレクサンドロスに面と向かって、「皆の前で言いたい事を言うがいい。さもなければ食卓に、自由な物言いをする人ではなく、夷狄や奴隷を招くがいい」と罵《ののし》った。

要するにクレイトスの不満の核心は、アレクサンドロスがペルシア人らを登用して周囲に侍《はべ》らせ、お追従《ついしょう》に乗せられて唯我独尊《ゆいがどくそん》におちいり、その結果マケドニア人とフィリッポスを貶めているということなのである。王より年長のクレイトスにとって、この大征服事業の本当の功労者はマケドニア人将兵であり、その基礎を築いたのはフィリッポス二世だった。その彼らを無視して手柄を独り占めすることは、王といえども許されない。さらに自分がバクトリア総督に任命されたのも、邪魔者を遠ざける事実上の左遷人事と思われた。こうしてクレイトスの言葉は、マケドニア王国の枠を超えて東方協調路線をひた走るアレクサンドロスへの、真正面からの批判となったのである。

権力の孤独

しかしクレイトスの批判の刃がいかに鋭いとはいえ、なぜアレクサンドロスは彼を刺殺するまでに暴走したのか。大王伝によって王の心理を見てみよう。

第一にプルタルコスによれば、王が逆上したきっかけは、クレイトスがグラニコスの会戦での一件に言及した上、アモン神とのつながりを揶揄《やゆ》したことである。自分を人間以上の存在と信じていた彼にとって、自分の命が無事なのは他人のおかげであることを思い出させられ、自己の神性まで貶められることは、人格全体に対する侮辱と思われたであろう。第二にアリアノスによると、彼は護衛の盾持ちを呼んだが誰も命令に従わなかった。このため彼はダレイオス三世が側近のベッソスらに捕らわれて拘束されたことを思い出し、「あの時のダレイオスと同じ状態に陥った自分は、もはや名前だけの王でしかないのだ」と叫んだ。護衛兵にも見放されたという孤立感。第三にプルタルコスによると、彼はラッパ手に合図をしろと命じたが、ラッパ手はこれを拒否した。ラッパは天幕の外に配置されており、それを鳴らせば大騒動の合図となる。王はクレイトスの言動を反逆とみなし、陣営全体に非常呼集をかけようとしたのだ。

このようにアレクサンドロスは、自分の政治路線を公然と非難され、人格を侮辱し神性を否認する言葉を浴びせられ、護衛兵やラッパ手からも見捨てられて孤立したと感じた。その果てに、刺殺という究極の手段に走ったのだ。

クレイトスの体が崩れて息絶えると、アレクサンドロスは我に返り、槍を自分に突き立てようとした。乳兄弟にして親友であるクレイトスを、我とわが手で殺してしまった。王は自分を友殺しと呼び、テントにこもって嘆き続け、三日間は飲食もすべて拒否した。

それにしても衆人環視の中での殺人だ。事実は隠しようもないが、何とか王の罪を軽くせねばならない。マケドニア人は形ばかりの裁判を開き、クレイトスを反逆罪で有罪と宣告し、辻褄《つじつま》を合わせた。側近護衛官だったプトレマイオスは、後にエジプト王となって大王伝を書いた際に虚構を創作した。すなわち王がクレイトスに飛びかかろうとした時、プトレマイオス自身がクレイトスを天幕の外へ連れ出した。ところが彼は再び宴席へ戻り、彼を探し回っている王と出会って、「王よ、クレイトスはここにいる」と叫び、それから槍で貫かれたという。ここでは殺害の直接の原因が、わざわざ宴席に戻って来たクレイトスの側にあるように読める。こうしてプトレマイオスは、アレクサンドロスの責任を少しでも軽減しようと腐心したのだった。

近習たちの陰謀

前三二七年初め、今度は王に仕える若者である近習たちが王暗殺の陰謀を企てた。近習とはフィリッポス二世の時代に整備された制度で、マケドニア人貴族の子弟で一〇代後半の者たちが選抜され、三年間にわたって王に奉仕するというものである。彼らは王の日常的な世話をするだけでなく、王の就寝中の警備も担当した。また王が外出するときには厩番《うまや》から王の馬を受け取り、これを王の御前に引き出して騎乗の際の介添え役をつとめ、狩猟の際にも供をした。成人すると彼らは軍隊や行政組織にそれぞれの部署を与えられ、本格的な人生をスタートさせた。すなわち近習とは、マケドニア王国の将来を担うエリートを選抜・育成する制度なのである。

こうした近習の中にヘルモラオスという者がいた。とある狩猟の最中、一頭の野猪《やちょ》がアレクサンドロスめがけて襲いかかると、ヘルモラオスは王に先んじて槍を投げ、見事に射止めた。アレクサンドロスは自分の獲物を奪われたことに腹を立て、怒りに駆られて他の近習たちの目の前でヘルモラオスを鞭で打たせ、彼の馬まで取り上げてしまった。

ヘルモラオスはこの侮辱的な仕打ちを深く恨んだ。というのも、鞭打ちは奴隷に対する刑罰であったし、馬の召し上げは貴族身分の剝奪《はくだつ》に等しかったからである。彼は親友の一人に、王に復讐しなければとても生きていけないと打ち明け、他の四人をも仲間に引き入れた。そして仲間の一人に夜間警備の番が回ってくる夜、就寝中のアレクサンドロスを襲って殺害する計画を立てた。ところがその夜、アレクサンドロスはたまたま宴会に出席して夜明けまで酒を飲み続けた。この偶然のおかげで彼は難を免れ、近習たちの陰謀は失敗に終わったのである。翌日、仲間の一人が親友にこの計画を打ち明け、これがきっかけで王の知るところとなった。直ちに関係者全員が逮捕され、拷問にかけられた彼らは自白して事件の全容が明らかになった。裁判の結果、全員有罪とされ、投石によって処刑された。

ここで問題なのは、ヘルモラオスの動機が、狩猟のさいに受けた侮辱の一件だけではなかったことである。裁判において彼は、アレクサンドロスの思い上がりは今や自由な人間には耐え難いと述べて、その事実を列挙してみせた。フィロータスの不当な処刑、その父パルメニオンや当時殺された人々の一層正義に反する処刑、乱酔におけるクレイトスの殺害、ペルシア風の衣装や跪拝礼《きはいれい》採用の試み、アレクサンドロスの深酒と酔いつぶれ、等々。こうして彼は、自分自身と他のマケドニア人の自由を取り返そうとしたというのだ。

ヘルモラオスによる弁明は、王暗殺の動機がここでもアレクサンドロスの東方風への傾斜にあったことを明らかにしている。近習たちは普段から王の身近にいるだけに、衣服や宮廷儀礼の変化、あるいは飲酒にまつわる王の性癖を直接知りうる立場にある。しかも彼らは前三三〇年に本国から到着したばかりだった。アレクサンドロスの東方様式、とりわけペルシア人たちの跪拝礼をいきなり目の当たりにした衝撃はどれほどだったことか。それはマケドニア古来の風習からの逸脱・堕落と思われ、多感な若者であるだけになおさら耐え難いと感じられたのだろう。

アレクサンドロスにとって、自分の路線が近習たちの強い反発を招いたことは深刻な事態である。それまでに彼が排除してきた側近たちは、パルメニオンはもちろん、フィロータスもクレイトスも彼より年長の世代であった。マケドニア流に固執《こしつ》する年長者なら、新しい政治路線や、なじみのない東方風の慣習・儀礼に反発するのも無理はない。処刑という荒療治に訴えはしたが、これらの世代はいずれ第一線を退くはずだ。代わってアレクサンドロスが将来依拠するのは若い近習たちの世代である。彼らは新しい路線も東方風の習慣も素直に受け入れ、我が帝国の信頼すべき担い手になってくれるだろう。これが彼の計算だったに違いない。ところが他ならぬ若い世代から、自分に対する正面きっての反対者が現れたのだ。彼に与えた衝撃は、一面においてクレイトス殺害よりはるかに大きかったと想像し得る。とはいえ後戻りはできない。王はあくまでも東方路線を支持する者、少なくとも公然とは反対しない者だけを登用し、彼らでもって遠征軍の中枢を固めていく。それがはっきり見て取れるのは側近護衛官の構成である。

側近護衛官

側近護衛官とはギリシア語で「王の体を守る者」の意で、もともとは護衛兵だったが、そのうち特に優秀なものが取り立てられて王の最も重要な側近となった。その数は七人に限られる。遠征が進むにつれ、彼らは単なる護衛兵の域を越え、部隊を率いて作戦行動に携わったり、重要な政策決定にも関与するなど、側近中の側近、軍の最高首脳部へと変貌した。現代で言えば、米国の大統領補佐官を思い浮かべればいいだろう。

アレクサンドロスは、フィリッポス二世が任命した側近護衛官をそっくり引き継いだ。このうちリュシマコスとアリストヌースは首都ペラの出身、ペイトンは上部マケドニア、アリュッバスは母オリュンピアスと同じエペイロスの出身である。フィリッポスが地域のバランスを考慮して側近護衛官を任命したことがうかがえる。出身地からみて、ペイトンとアリュッバスの二人が、比較的アレクサンドロスの信頼できる人物だったろう。

これら七人のうち、リュシマコス、アリストヌース、ペイトンの三人は大王の死後まで生き延びるが、東方遠征では目立った働きは記録されていない。他の四人はそれぞれの事情から、大王に近しい人物に置き換えられていく。まずプトレマイオス（後のエジプト王とは別人）は、遠征一年目にハリカルナッソス攻囲戦で戦死し、大王の無二の親友ヘファイスティオンが後任となった。バラクロスはアンティパトロス派の人物で、二年目にキリキア総督に任命され、後任にはメネスが選ばれた。しかしメネスはアレクサンドロスと親しい人物ではない。おそらく王は、自分の親友を続けて昇進させることで勢力のバランスが崩れるのをはばかったのであろう。この時点では、旧体制の壁はまだ厚かった。しかし四年目には、このメネスを地中海沿岸地方の監督官に任命してスーサから派遣し、ペルディッカスを後任とした。アリュッバスは三年目の冬にエジプトで病死し、レオンナトスが選ばれた。デメトリオスはフィロータス事件に関連して逮捕・処刑される。その後任が、後にエジプト王となったプトレマイオスである。

こうして遠征五年目の前三三〇年秋には、七人の側近護衛官のうち四人までが、アレクサンドロス自身の任命した意中の側近で占められた。これら四人はいずれも遠征後半に頭角を現し、それぞれ重要な任務を与えられて活躍する。なお、前三二六年にはペウケスタスが八人目として加わるが、これは例外である。彼はインダス川流域のマッロイ人との戦闘で、瀕死の重傷を負った大王を救い、その功績を称えられて特別に登用されたのである。しかも彼はまもなくペルシス総督に任命されたから、彼の側近護衛官職は名誉称号的なものにとどまった。

王と将兵の絆

兵士の心をつかむ

アレクサンドロスは一般の将兵に対してどのように振舞ったか。二つの側面が区別できる。一方では武勇に秀でた指揮官として兵士の心をつかみ、他方では遠征軍と王国の秩序を維持するために将兵の名誉心に訴えた。まず前者の側面から見てみよう。

遠征軍の中には、出発前に結婚したばかりの将兵が数多くいた。遠征一年目の冬、王はこれら新婚の将兵に休暇を与え、本国に送り返した。この温情あふれる措置は彼の人気をひときわ高めたという。もっとも彼の隠された意図は、彼らに子供を作らせて将来の兵士を確保することにあったに違いない。

イッソスの会戦直前には戦列の前を馬で走り、部隊長たちの名前をそれにぴったりの美称をつけて呼び、彼らを激励した。戦闘後は負傷した兵士を一人ひとり見舞い、各人の手柄を聞いてそれにふさわしい褒美を与えた。

時には大盤振舞いによって兵士の心をつかんだ。前三二四年にスーサで、兵士たちが負っていた借金をすべて弁済してやった。それも彼らの気持ちを斟酌《しんしゃく》して、証文を提示するだけで名前は書かないで済むようにした。兵士たちは借金から解放されたことより、王に名前を知られずに済んだのを喜んだという。下賜金の総額は二万タラントンに及んだ。オピスで除隊して帰国する古参兵にも、給料に加えて各人に一タラントンを支給してやった。兵士は一万人だったから、総額は一万タラントンに達した。

大王伝の中で最も印象に残る場面の一つは、ゲドロシア砂漠横断における逸話である。炎熱のなか誰もが咽喉の渇きに苛《さいな》まれていた時、数人の軽装兵が隊列を離れ、とある岩の窪みにわずかな水を見つけた。彼らはそれを携えて戻り、兜《かぶと》に注いで王に差し出した。アレクサンドロスは受け取って礼を言うと、皆が見ている目の前で水を地面に注いでしまう。これは兵士全員を大いに元気づけた。王が捨てた水を、誰もが自分で飲み干した気分になったという。

名誉の分配

アレクサンドロスは将兵に対して機会あるごとに功績に応じた褒美を与え、部下たちを名誉のための競争へと駆り立てた。なぜなら王から一兵卒にいたるまで、すべてのマケドニア人が追求したのは名誉だったからだ。華々しく戦って勝利を収め、死後に不滅の名誉を残すこと、これが人生の目的だったのである。大王自身の名誉心については第八章で述べるが、こうしたマケドニア人の心性を彼は軍隊の統率のために利用した。これは遠征軍の社会心理学ともいうべき側面である。

側近の顕彰のなかで最も大規模だったのは、集団結婚式に続いてスーサで行われたそれである。アレクサンドロスは各人の位や席次、武勲に応じてさまざまな贈り物をしたが、ひときわ武勇に優れた者には黄金の冠を贈呈してその功績を称えた。その筆頭は、インダス川流域のマッロイ人との戦闘で王を盾で守ったペウケスタスである。また探検航海の功により指揮官ネアルコスが冠を受け、ヘファイスティオンを含む側近護衛官たちもそれぞれに論功行賞を受けた。

日常において位階と名誉を目に見える形で示すのが、王に接近できる範囲、つまり王に対する物理的な近さである。元来マケドニア王と一般兵士との距離は非常に近く、王は常に開かれた存在だった。しかし遠征が進むにつれ、王と外部との隔たりがしだいに現れてくる。王の寝室に侍《はべ》り王と自由に会えるのは側近護衛官に限られ、王のテントの外では若い近習が警護をした。一般の将兵が王に直接会おうとすれば、そのつど側近護衛官に取次ぎを依頼せねばならなかった。公開行事における席次も明瞭だった。第五章で触れた大王の謁見場面では、天幕の中央にアレクサンドロス、その周りに親衛兵、その周囲をマケドニア人銀盾隊とペルシア人の林檎団が取り巻いた。スーサの集団結婚式では、天幕の内側に大王の個人的な賓客《ひんかく》が招かれて、花婿と向き合った寝椅子に横になることが許されたが、他の将兵や外国からの使節は中庭までしか入れなかった。

名誉をめぐる熾烈《しれつ》な争いは、酒宴においても繰り広げられた。マケドニア軍の宴会は単なる飲酒と娯楽の場ではない。跪拝礼《きはいれい》導入の試みが宴会でなされたことが示すように、それは王と側近たちが種々の問題について活発に議論を交わす、半公式の政治の場であった。王は新しい政策を提案して側近たちの反応を確かめ、側近たちは自分の意見が採用されることを期待して王に提言する。すべての将兵の出世が王一人の決断に依存している以上、宴会では側近同士が王の寵愛《ちょうあい》を求めて争い、激しいつばぜり合いを演じた。

このようにアレクサンドロスは、地位や名誉という飴《あめ》を通して側近や将兵たちを自在に統制することができたのである。

同性愛の絆

ところで大王自身の意図とは別に、遠征軍の秩序を保つ上で大きな役割を担っていたのが、同性愛関係による将兵同士の個人的な絆である。古代マケドニアの社会は、ギリシアと同じく、男性同士の同性愛によって成り立っていた。それは兵士たちに、明日をも知れぬ戦闘の連続や、厳しい陣中生活を乗りきるための精神的な糧を与えた。戦時・平時を問わず、彼らの間に友愛をはぐくみ、競争意識を育て、恐怖心を克服し、お互いの名誉と勇気を高めた。それはまた、年長者が若者を導いて一人前の戦士に育てるという教育の機能も果たしていた。哲学者プラトンの対話篇には、ソクラテス自身や周囲の人々の愛人関係がしばしば活写されている。不敗を誇ったテーベの神聖部隊三〇〇人は、恋人同士を組み合わせて編制され、そのことが二人して死地に赴くだけの高揚感をもたらした。

アレクサンドロス自身もヘファイスティオンと愛人関係にあったと言われる。クルティウスの大王伝はヘファイスティオンについて、「すべての友人たちの中で最も王と親しく、あらゆる秘密の相談相手であった」と述べている。ただし二人の関係については、どの大王伝もあからさまな描写はせず、親密な関係を暗示するにとどまるのだが。

もっとも、マケドニア人にとってはそれが日常であっただけに、その実態が史料に現れることはむしろ少ない。同性愛が表面に浮かび出るのは、それが王の暗殺といった重大事件を引き起こした時である。たとえば前三九九年にアルケラオス王を殺害したのは、彼の愛人の男である。フィリッポス二世が側近護衛官パウサニアスによって暗殺されたのも、愛人関係にあった二人をめぐる三角関係のもつれに由来する。

東方遠征中に同性愛が垣間見られる事例も、アレクサンドロス暗殺未遂事件に関連する。フィロータスが連座して処刑された陰謀事件は、そもそもディムノスという若者が計画したものだった。彼は恋人のニコマコスに打ち明けて参加を求めたが、ニコマコスは応じず、彼が兄弟に話したことから陰謀が発覚したのである。近習たちの陰謀では、暗殺計画の発案と発覚の両方に、近習同士の恋人関係がかかわっている。最初に計画したヘルモラオスは、まず恋人のソストラトスに打ち明け、後者も実行に同意して二人で仲間を増やした。計画が未遂に終わった後には、仲間の一人エピメネスが恋人のカリクレスに洩らし、これがきっかけで陰謀が明るみに出た。

このように同性愛関係は、時には王暗殺という毒牙を生み出す要因ともなった。しかしこれらが記録に残ったのは、あくまでも人の注目を集める異常な事件だったからである。言い換えれば、遠征軍において同性愛はごく日常の光景であり、それは将兵たちの精神的安定装置の役割を果たしていた。

騎乗のアレクサンドロス像　ローマ時代の青銅像。ナポリ国立考古学博物館蔵　Stewart, *Faces of Power*より

戦死者の顕彰

戦死者をどう扱うかは、遠征軍の士気に直接かかわる重要課題である。アレクサンドロスは戦死者の武勲を兵士の模範として称え、遺体は可能な限り丁重に埋葬した。もちろん本国に残された遺族への配慮も忘れなかった。グラニコスの会戦で戦死した騎兵八五人と歩兵約三〇人に対しては、武具とともに丁重に埋葬した上、戦死者の両親や遺児のために地租を免除し、個人的な軍役奉仕義務や財産税なども免除してやった。中でも最初の突撃で戦死した騎兵ヘタイロイ二五人には、破格の名誉が与えられた。彫刻家リュシッポスに命じて彼らの青銅像を作らせ、マケドニアの聖地ディオンに建立させたのである。青銅像は大理石像よりはるかに高価だった。美術史家ステュワートの研究によると、青銅の人物像一体に二分の一タラントン、馬一体はその四倍なので、騎馬像一体の値段は二・五タラントン。王自身の騎馬像まで加えたため、計二六体で六五タラントンを要した。遠征出発時の国庫には七〇タラントンしかなかったから、これは途方もない出費である。

この顕彰には明らかに政治的意図がある。第一に、戦死者の名誉を称えるだけでなく、王がその家族に深い配慮を示したというメッセージ。それは今後否応なく戦死者が増えるにつ

ディオン　オリュンポス山の麓にあるマケドニアの聖地。女神たちに捧げられた聖域が残る。鈴木革撮影

れて、遺族が厭戦《えんせん》気分に陥ることを予防する装置でもあった。第二に、これから一人前の兵士に育つ若者への教育的効果。華々しく戦って祖国の栄光を高めれば、どれほど輝かしい名誉が与えられるか。第三に、戦意高揚のための格好の教材である。第三に、ディオンはマケドニアの聖域で、ゼウスに捧げた競技会の開催地である。それゆえディオンに安置された青銅像は国家公式の記念物であり、彼らの死が国家的な記憶となったことを意味する。わが国でいえば、これらはすべて靖国神社の果たした役割と全く同じである。靖国と違うのは、マケドニアでは将兵が神として祀られることがなかった点だけだ。

戦死した騎兵たちの武勲も、もちろんアレクサンドロスと切り離すことはできない。戦死者の群像に王自身の像を付け加えたのは、彼らの名誉の源泉があくまでもアレクサンドロスの武勇と力にあることを明示するためだった。

第七章　大帝国の行方

東方遠征略史（三）

インド侵攻と反転

前三二七年初夏、アレクサンドロスはバクトラを出発してインドへ向かった。まずコーカサスのアレクサンドリアに数ヵ月滞在し、インド侵攻のため、情報収集や糧秣《りょうまつ》集めなどの準備にあたる。インド（現パキスタン）はアカイメネス朝が征服したが、宗主権はすでに名目だけになっていた。晩秋に出発してニカイアに着くと、インダス川の西側の首長らに使節を派遣し、すみやかに帰順するよう命じた。タクシラ王国の王タクシレスや他の首長たちが、さっそく出向いて彼に臣従する。それから軍を二手に分け、ヘファイスティオンとペルディッカスの率いる分遣隊には、インダス川までの地域を制圧し、渡河の準備を整えるよう命じた。

アレクサンドロス自身は本隊を率い、冬の間にカブール渓谷北側の山岳地帯を経て、スワート地方へ進軍する。ここでも抵抗する町は徹底的に破壊し、住民たちを容赦《ようしゃ》なく殺害した。バジラの住民たちは、巨大な岩山アオルノスに立てこもった。周囲は三六キロ、高さは二〇〇〇メートル以上、しかも頂上には泉と森があり、一〇〇〇人が耕せる広さの耕地があった。伝説では、ヘラクレスでさえこれを落とせなかったという。大王は岩山の一角に陣地を築き、砦に向かう土壇《どだん》を造成して攻撃をかけた。住民は降伏し、夜間に逃げようとした兵士たちの多数が殺戮《さつりく》された。彼の大胆さが、相手の戦意喪失を引き起こした形である。

インダス川に着くと、すでに先発部隊が船橋を建造して渡河の準備を完了していた。前三二六年五月、インダス川を渡ってタクシラ王国の首都タクシラに入り、タクシレス王から町

インダス川に架けた船橋　アレクサンドロスの軍隊も船橋を建造して渡河した。Wood, *Alexander the Great*より

インダス川とその支流

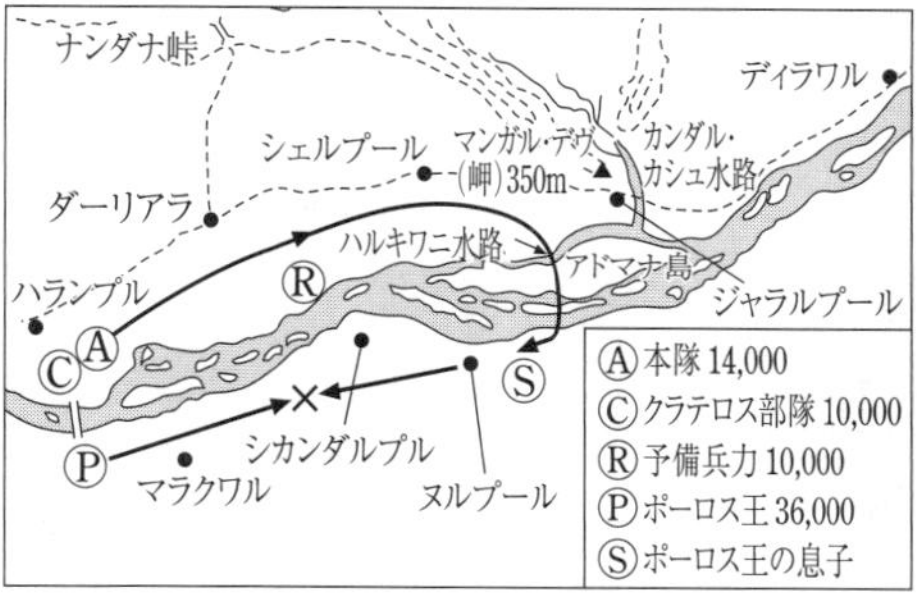

ポーロス王との会戦　ヒュダスペス河畔の合戦、ジャラルプール付近のヒュダスペス川

王たちの戦いが描かれた銀貨　戦象上のポーロス王（右）と大王

の引き渡しを受けた。首都は交通の要衝で、西はバクトリア、東はガンジス川流域、北はカシミール地方に通じている。この国はエジプトに劣らないほど広大で肥《ひ》沃《よく》だと言われていた。

ヒュダスペス（現ジェルム）河畔には、ポーロス王の恐るべき大軍が待ち構えていた。ポーロスは、ヒュダスペス川からアケシネス（現チェナブ）川に至る広大肥沃な国の王で、歩兵五万、騎兵三〇〇〇、戦象一三〇頭を率いる。おりから雨季で川は増水していたが、アレクサンドロスは敵軍の正面に別動隊を配置し、嵐の夜、二八キロ上流で秘かに本隊を渡河させた。駆けつけたポーロス王を打ち破ると、渡河した別動隊がこれを追撃し、勝利を決定づけた。大王はポーロス王の武勇と、二メートルに達する彼の堂々たる体軀に感嘆し、領地を安堵《あんど》した上、新しい土地をつけ加えてやった。また勝利を記念して川の両岸に二つの町を建設し、東岸の町には勝利を意味するニカイア、西岸の町には死んだばかりの愛馬にちなんでブーケファラと名づけた。

次いでヒュドラオテス（現ラヴィ）川を越え、ヒュファシス（現ベアス）川に到達した。その東にはガンジス川と豊かな国土が広がることを聞き、王の心は逸《はや》り立つ。河口の先には大洋が広がっているに違いない、これこそ遠征の究極目標だ。しかし、遂に将兵たちが前進を拒否した。絶え間ない戦闘と行軍の疲れ、七〇日間も降り続く豪雨と雷鳴。増水した川の渡河はどれも困難な上、宿営地には毒蛇やサソリが出没して安眠を奪う。これらすべてが兵士たちの気力体力を消耗させ、士気を阻喪《そそう》させていた。部隊長以上が集められた会議で、側近のコイノスが立ち上がり、王に進言する。長い遠征で兵士たちは疲れきっている、ここはいったん国へ帰るべきだ、それから若い兵士を率いて、どこへなりとも遠征なさるように、と。映画『アレキサンダー』にも登場する場面である。ただし映画では、コイノスがクラテロスに入れ替わっているが。前兆も吉を示さず、遂にアレクサンドロスは遠征中止、反転を決意する。彼にとって初めての敗北であった。ヒュファシス河畔には、記念にオリュンポスの神々に捧げる一二の巨大な祭壇を建てた。

インダス下りから帰還まで

帰還といってもただでは帰らない。今度はインダス川を河口まで下り、南の大洋を目指すのだ。前三二六年一一月初め、ヒュダスペス河畔の町ニカイアから出発し、川の両岸に分けた二つの部隊とともに、大船団が南下を開始する。船は大小合わせて二〇〇〇隻、インド兵

インダス川下流域　現タッター付近。鈴木革撮影

も含めた総人員は一二万に達した。最初は賑やかな凱旋航海さながらだったが、物見遊山の気分はすぐに吹き飛んだ。インダス本流に着く手前で、好戦的なマッロイ人とオクシュドラカイ人が手を結び、歩兵八万、騎兵一万、戦車一〇〇〇両を擁して抵抗したのだ。各地で激戦となった。サンガラの町では一万七〇〇〇人が犠牲となり、七万人が捕虜となった。その近くでは、病気で逃げられなかった住民五〇〇〇人が全員殺された。

アレクサンドロスは苛立《いらだ》っていた。マッロイ人のある町で、彼は敵の城壁内に単身で飛び降り、敵兵に囲まれて瀕死の重傷を負った。王にあるまじき、信じられないほど無謀な行動である。幸い三人の側近に救い出されたが、陣営には王が死んだとの噂が流れ、彼の回復まで行軍は止まった。その後もインダス川流域の至る所で、帰順しない住民に対する無差別殺戮が相次いだ。マッロイ人最大の町では、マケドニア兵は王の重傷に怒り、女子供も容赦しなかった。

インダス川デルタ地帯の頂点、パタラの町に到着したのは、前三二五年の夏だった。出発からすでに一〇ヵ月、軍の士気が著しく衰えていたことは明白だ。アレクサンドロスはパタラに港と砦を築き、そこから河口を探検して大洋の存在を確認、これでインダス川とナイル川がまったく別であることがわかった。また、ここで初めて潮の干満を経験した。それからネアルコスを艦隊指揮官として、ユーフラテス河口までの沿岸探検航海を命じた。

アレクサンドロス自身は本隊を率いてパタラを出発し、いよいよ西へ向かう。しかし最大の難関が待ち受けていた。一〇月から一一月まで丸二ヵ月間、ゲドロシア砂漠の真っ只中を進んだのである。猛烈な暑熱と焼けるような渇き。小高い砂丘では足が砂の中にめり込み、体力を消耗させる。脱落した兵士は、まるで船から海に転落したように砂の中で果てていった。時には山中に降った雨が、涸《か》れた川に鉄砲水となって襲い、同行していた女子供や役畜を押し流した。ここで味わった艱難辛苦《かんなんしんく》は、それまでの苦難を全部合わせたより大きかったという。カルマニアにたどり着いた時は、全軍まさに気息奄々《きそくえんえん》の体であった。

一方ネアルコスの艦隊は、北東の季節風が吹き始める一〇月下旬に大洋に乗り出した。こちらも苦難の連続だった。髪は伸び放題で垢《あか》だらけ、海水の塩分に晒《さら》されて肌は荒れ、不眠その他の困難のため顔は土気色《つちけいろ》になった。偶然、ハルモゼイアで本隊から五日の距離にあることが判明し、思いがけなく大王と再会を果たす。アレクサンドロスはかろうじて彼らの姿を見分け、あまりの無残な有様に、艦隊が失われたと思って悲嘆にくれた。それから艦隊の無事を知ると、流れる涙を拭《ぬぐ》おうともしなかった。その後も艦隊は航海を続け、ペルシア湾を経て、前三二四年春、ユーフラテス川の河口に到着、ティグリス川を遡行《そこう》してスーサで大王と合流した。

それにしても中央アジア侵攻以来、一国の軍隊がこれほど多種多様な土地で、およそ想像し得る限りの困難に遭遇したのは空前のことである。これに匹敵する例があるとすれば、一六世紀に新大陸を征服したスペイン軍であろうか。

未完の帝国

前三二五年から翌年にかけての冬、大王はカルマニアからスーサへ向かった。この間に、東方諸属州のペルシア人総督が乱脈不正な行政を行っているとの告発が寄せられた。彼らは大王がもう帰ってくることはあるまいと考えて、悪逆な統治をほしいままにしていたのだ。王はペルシア人総督ら四人を処刑し、後任にはすべてマケドニア人を据えた。東方協調路線は大きな後退を強いられた形である。また住民の告発により、マケドニア人駐留軍指揮官らも厳罰に処した。さらに総督が大勢の傭兵を持っていることは危険であると判断し、傭兵解散令を布告した。

前三二四年一月、ペルシア帝国の旧都パサルガダイに到着、尊敬するキュロス二世の墓が荒らされているのを見て怒り、修理を命じる。その一方で、ペルセポリスを通過した際には、かつての宮殿放火を後悔した。この間に傭兵解散令で解雇されたギリシア人傭兵たちは、各地で乱暴狼藉《ろうぜき》をはたらき、大きな社会不安を与えていた。これを解決するため、王はスーサからギリシア諸都市に亡命者帰国令を発した。しかし多数の亡命者が一斉に帰国すると、政治的緊張が高まる上、没収財産の返還をめぐって新たな紛争が起きるだろう。ギリシア全体が不穏な空気に包まれ、反乱の兆しも現れた。

スーサではペルシア式にのっとって集団結婚式を執り行い、アレクサンドロス自らアカイメネス王家の二人の娘を娶《めと》ったほか、側近八〇人にペルシア人・メディア人貴族の女性を与えた。これは大王がアカイメネス朝の正統な後継者であることを示すと共に、マケドニア人高官がアジアにおける新しい支配層として帝国に君臨することを意味した。また遠征中にアジア人女性を妻としていた兵士一万人には、彼らの結婚を認めて祝い金を贈った。

東方で軍人としての訓練を受けていた若者三万人がスーサに到着、マケドニア式兵士に育った彼らは「後継者」と呼ばれた。さらに王は東方出身者を騎兵部隊に編入し、ペルシア人貴族を親衛騎兵隊に抜擢した。これらの措置はマケドニア兵の不満を掻《か》き立て、前三二四年夏、オピスの町でそれが爆発した。アレクサンドロスがマケドニア人古参兵一万人の除隊帰国を発表したところ、兵士たちは、王は自分たちをお払い箱にするのかと怒りを露わにし、騒擾《そうじょう》に発展したのである。しかし三日後に両者は許しあい、和解の饗宴が盛大に開かれた。そこにはペルシア人も参加し、王はマケドニア人とペルシア人が共同で帝国を統治するようにとの誓いをたてた。王は古参兵たちの子供を引き取り、マケドニア兵士として育てると約束し、彼らに恩賞を与えて送り出した。退役兵士を引率したのはクラテロスで、王は彼に本国の統治を委ねることにし、代理統治者だったアンティパトロスには召還命令を出した。

秋、エクバタナにおいて、最愛の親友ヘファイスティオンが急死した。王の嘆きは異常なほどで、三日間は食事も喉を通らなかった。大規模な葬儀を営み、ヘファイスティオンを半神の英雄として祀り、冬には弔い合戦と称して、ザグロス山中のコッサイオイ人への遠征を敢行した。前三二三年初頭、バビロンに移動すると、各国から使節団が続々と訪れて表敬した。中でもギリシア諸国の使節団は、大王を神として崇拝するとの決議をもたらした。

英雄ヘファイスティオンに捧げたレリーフ　最愛の親友の死を嘆き、大王は3日も食事をとらなかった。テッサロニキ考古学博物館蔵　Cartledge, *Alexander the Great*より

次の計画はアラビア半島周航だった。ネアルコスを指揮官に任命し、艦隊の建設、調査隊の派遣といった準備を着々と進める。しかし、出航を目前にして、アレクサンドロスは突然の熱病に倒れた。

王室日誌によると、六月一日（マケドニア暦のダイシオス月一七日）に発熱。それから数日は病床から指揮官たちに指示を与えるが、熱は下がらない。五日、夕方から容体悪化。八日、将軍たちは控えの間で、部隊長クラスは戸口で待機するよう指示される。九日、重体となり、指揮官たちを見分けるものの声は出ない。依然として高熱が続く。一〇日、マケドニア兵たちは王が死んだと思いこんで押しかけ、列を作って寝台のそばを通り過ぎる。王は声が出ないが、一人ひとりに心もち頭を上げるように会釈を返し、目で頷く。六月一〇日夕方、死去。三二歳と一一ヵ月、発病からわずか一〇日目のことだった。

動揺する帝国と新航路

ペルシア人総督たちの消長

前三三一年、アレクサンドロスは初めてペルシア人のマザイオスをバビロニア総督に任命し、これ以降旧ペルシア人支配層との協調路線が本格化した。彼の治世を通じて総督となったペルシア人ないしイラン系の人物は計一六人にのぼる。ところが彼らは次々と交代あるいは解任・処刑され、大王が死んだとき総督の地位にあったのはわずか三人にすぎない。

総督交代の理由を見ると、死去または本人の申し出による交代はマザイオスを含めて三人、理由が不明なのは四人である。政治的理由による解任・処刑では、前三二六年までの事例が四人あり、さらに前三二五年の大粛清では次の四人が対象となった。ペルシス総督オルクシネスは、神殿略奪とペルシア人に対する不法行為の罪で絞首刑。カルマニア総督アスタスペスは、大王のインド遠征中に陰謀を企てたとの疑惑で処刑。スシアナ総督アブリテスとその息子オクサトレスは不法統治により処刑。

大王の死まで総督の地位を保ったペルシア人ないしイラン系の人物は三人にすぎず、いずれも大王に対する忠誠心を維持した点が共通している。この中には大王の妻ロクサネの父でパラパミサダイ総督に任命されていたオクシュアルテスも含まれる。

要するに、政治的理由で解任・告発されたペルシア人総督は計八人おり、そのうち少なくとも五人が処刑された。なぜこれほどの大粛清が行われたのか。

大王伝によると、これらの総督たちは、はるかインドの地に遠ざかった大王がよもや戻ってくることはあるまいと考え、また帰還の際にもゲドロシア砂漠を無事に通過できるとは思っていなかった。そうした見通しが彼らの違法行為や職権濫用を助長したという。アレクサンドロスにしてみれば、彼らの違法行為よりもむしろ、自分が二度と帰って来ないと思われたことが決して許せなかった。それゆえ告発に対して極めて厳しい態度で臨み、たとえ微罪でも厳罰に処して、他の総督たちへの見せしめとしたのである。

大粛清の背景

現存する大王伝はいずれもギリシア人・ローマ人の作品であるから、ペルシア人総督について厳しく記述しているのは当然だろう。しかし彼らが置かれた状況も考慮して、逆の側面から見る必要もある。つまり、なぜアレクサンドロスはペルシア人総督たちの忠誠心を確保できなかったのかを問わねばならない。

そもそもアカイメネス朝時代の総督は、自分の属州において行政・軍事・財政を包括する大きな権限を与えられていた。例外は各属州の首都における城砦守備隊で、その隊長は王から直接任命され、王だけに忠誠を尽くした。これに対してアレクサンドロスは、ペルシア人総督には行政権だけを与え、軍事と財政の権限を分離してそれをマケドニア人に委ね、あるいはマケドニア人の監督役を任命した。

たとえば、バビロニア総督マザイオスに対しては、バビロンの城砦守備隊長、駐留軍指揮官、貢租徴収官にそれぞれマケドニア人を任命、スシアナ総督アブリテスに対しても、スーサの城砦守備隊長、駐留軍指揮官、宝物管理にマケドニア人を任命した。パルティア・ヒュルカニア総督アンミナペスとパラパミサダイ総督プロエクセスに対しては、それぞれに監督官を置いた。すべての属州について史料が残っているわけではないが、全体の傾向として、アカイメネス朝時代に比べ総督の権限は大幅に縮小された。当然彼らは不満を募らせたであろう。ペルシア人総督の一人が神殿略奪の罪に問われたのも、徴税権を奪われたため、新たな収入源を求めて神殿財産に手をつけたというのが真相かもしれない。さらにマケドニア人の軍指揮官や監督官との間で、統治の権限をめぐって軋轢《あつれき》が起こった可能性も考えられる。

もう一つアカイメネス朝時代と違うのは、王と総督との個人的紐帯《ちゅうたい》が断ち切られ、両者の政治的バランスが崩れたことである。総督たちは王族であったり縁戚関係で王家と結びついており、支配階級の一員としての彼らの地位は、何よりもペルシア王との個人的な絆によって保証されていた。彼らは王に供物を献上し、王に忠誠を尽くせば恩賞として贈り物を授けられ、その贈り物が王からの信頼の証となって彼らの威信を高めた。こうした相互授受の関係は、宮廷行事を通してとり結ばれ、これが毎年繰り返されて相互の絆が再確認されるのだった。また総督自身も、属州の首都に自身の宮殿や狩猟用庭園をもち、ペルシア王に対するのと同様な関係を臣下との間で結んだ。

ところがアレクサンドロスは遠征軍と共に絶えず東へ移動しており、ペルシア王のように首都を巡回するわけでもなければ、毎年恒例の帝国行事で自分の姿を直接見せるわけでもなかった。第五章で見たように、確かに大王はペルシア風の宮廷儀礼や王権の視覚的表現を受け継いだが、それはあくまでも彼の宮廷の範囲に留まり、彼の姿は後方に残された総督たちの視野から遠ざかる一方だった。こうしてペルシア人総督たちは権限を大幅に失った上、王との伝統的な相互授受の関係まで断ち切られてしまう。これでは大王に忠誠心など抱けるはずがない。

アレクサンドロスは、旧ペルシア領を治めるにはペルシア人貴族の協力が不可欠であることを認識していながら、肝心の彼らとの間に安定的な統治システムを構築することに失敗したのである。ペルシア人貴族はあくまでもマケドニア人支配者の目下の同盟者にすぎない。総督たちにとって、単なる軍事征服者である大王は決して我らが王にはなり得なかった。大粛清が起きた土壌は、アレクサンドロス自身が耕したと言うべきであろう。

集団結婚式

前三二四年、ペルシア帝国の旧都スーサにおいて集団結婚式が行われた。大王自身もアカイメネス王家の二人の娘を娶《めと》り、約八〇人の側近たちにペルシア人・メディア人貴族の女性を与え、さらに約一万人に及ぶ兵士たちにアジア人女性との結婚を認めて祝い金を与えた。これが帝国の支配体制にとっていかなる意味をもったか。大王自身の結婚については第八章で触れるので、ここでは側近および兵士について述べる。

側近たちの集団結婚は、かつては民族融合政策の一環であると解釈されてきた。しかしこれは的外れである。

第一に、征服者であるマケドニア人にとって、征服された旧ペルシア帝国の女性たちを手に入れることは勝利の報酬であり、この結婚式は戦利品の分配に相当する。

第二に、男性はすべてマケドニア人、女性はすべてイラン系であって、逆の組合せはなかった。もしも二つの民族を対等な立場で融合させるのなら、マケドニア人女性とペルシア人男性という組合せもあってしかるべきだろう。要するに、高貴な身分のイラン系女性たちを妻にすることで、マケドニア人貴族たちが東方における新しい支配者集団として登場したのである。結婚式がペルシア式で行われたことも、これを示唆する。

第三に、アリアノスは、側近たち自身が必ずしもこの結婚を歓迎していなかったと述べている。少なからぬ花婿にとって、この結婚は将来の出世につながる通過儀礼、昇進のための交換条件にすぎなかったのだろう。他方で大王は、これを通じて彼らの忠誠心を試したに違いない。

第四に、これらのカップルの大半はその後離婚したと考えられている。側近たちは、イラン系の女性に対する嫌悪感や差別意識を拭いきれなかったのだろう。例外は後にセレウコス朝シリア王国を建てたセレウコスで、彼は妻のアパマと生涯連れ添った。ついでにもう一人、ペルシアに深い理解を示したのが、ペルシス総督となったペウケスタスである。彼の結婚については不明だが、ペルシア語を学び、ペルシア風の衣服をまとって現地住民から大きな信頼を寄せられた。しかし彼は仲間のマケドニア人から憤激を買ったという。真に異文化を理解しようとするマケドニア人は例外的な存在に留まったのである。

次に一般兵士の場合はどうか。アレクサンドロスがアジア人女性と結婚した兵士に名前を届けるよう指示したところ、その数は約一万人にのぼった。これは民族融合政策だろうか。答えはここでも否である。これらの兵士は遠征に赴いた先で現地の女性と関係を持ち、彼女たちは兵士につき従ってスーサにたどり着いたのである。アレクサンドロスは彼らを正式の夫婦として認めてやったにすぎず、言葉は悪いが「現地妻」の追認である。それゆえこれを大王の意図的な民族政策と見る必要はどこにもない。帝国の将来にとって重要なのは彼らの子供であるが、これは最後の項で言及する。

アジア人の軍隊

治世の晩年には軍隊の構成にも大きな変化が生じた。マケドニア人の比重が低下し、東方系の兵士が増大したのである。その理由は兵員の補充にあった。遠征中は征服した各地に駐留軍を置かねばならず、戦闘での死傷者とあいまって、前線の兵力はどうしても減少する。

当初は本国から毎年のように増援部隊が送られて兵員不足を補っていたが、それも前三三〇年を最後に途絶えてしまう。ギリシア人傭兵はその後も続々到着したが、彼らも各地の駐留軍に配属されたり属州総督の部隊に編入されたため、遠征軍本隊は慢性的な兵員不足の状態にあった。こうしてアレクサンドロスは兵士の現地調達に踏み切るのである。

最初にアジア人の部隊が確認されるのは、前三二八年冬、ソグディアナの冬営地におけるバクトリア人とソグディアナ人の騎兵部隊である。これらは翌年春のインド侵攻にも同行した。ヒュダスペス河畔でのポーロス王との会戦には、アラコシア人、パロパミサダイ人、バクトリア人、ソグディアナ人、スキタイ人の騎兵部隊、それにスキタイ系ダアイ人の騎馬弓兵隊が参戦している。インダス川下りを開始した時点では、これに地元のインド人兵士も加わり、非戦闘員も含めると一二万に達した。

前三二七年にバクトリアを発つ時、アレクサンドロスは東方の属州総督たちに、若者を選抜して軍事教練を施すようにと命じておいた。訓練を担当したのは、各地の都市に残されたマケドニア人古参兵だったろう。前三二四年、三年間の訓練を終えたこれらの若き歩兵三万人がスーサに到着した。彼らはマケドニア風の衣服を身につけ、マケドニア式の装備と訓練を与えられていた。大王は彼らのパレードを満足して眺め、彼らを「後継者」と呼んだ。この呼称は、マケドニア人歩兵の後を継ぐのがこれら東方の若者たちであることを示している。マケドニア人古参兵はすでに疲れ士気も大幅に低下していた。大王はいつでも東方人に頼れるという姿勢を見せることで、マケドニア人の不満を抑えることもできる。両者を別々にして互いに対抗・牽制させるのが大王にとって得策だ。それゆえ両者は混合されることなく、軍は民族別の構成を維持した。また大量の東方人を故郷から切り離すことで、反乱の可能性を摘み取ることもできるから、一面において彼らは人質でもあった。翌年には、ペルシス総督ペウケスタスが徴募したペルシア人歩兵二万がバビロンに到着。こうして新しい兵士が大量に登場したことで、マケドニア人歩兵は数の上でも士気においても圧倒された。

スーサでは騎兵部隊の再編制も行われた。まず東方出身の騎兵たち、およびペルシア人の中でも特に優れた者たちを選抜し、マケドニア騎兵部隊に編入した。次に第五番目の騎兵部隊を編制したが、これはマケドニア人騎兵が欠員のため全四隊に減っていたのを補強するためである。さらに九人のイラン系貴族を大王直属の親衛騎兵隊に抜擢した。そのうち五人は総督の息子、一人は旧アカイメネス王家の縁戚、もう一人は大王の妻ロクサネの兄弟である。彼らには従来のペルシア風投げ槍の代わりにマケドニア式の槍を与えた。

このような軍隊構成の変化は、アレクサンドロスがマケドニアの王からアジアの王に移行したことの反映にほかならない。

ただ一人の帝国

アジアの王となったアレクサンドロスは、帝国の未来をどのように思い描いていたのだろうか。いくつかの手がかりがある。

大粛清によって排除されたペルシア人総督たちの後任には、すべてマケドニア人を任命したが、その大半はそれまで見るべき地位にはなかった。大王はあえて無名の人物を起用して、自分への忠誠心を高めようとしたと考えられる。これは、ペルシア人総督で彼に忠実だった者だけが生き延びたという事実に照応する。

忠誠心といえば、事実上のエジプト総督クレオメネスの例も示唆的だ。前三二四年に親友ヘファイスティオンが死んだ後、大王はクレオメネスに手紙を送り、ヘファイスティオンを英雄として祀るため、空前の規模の霊廟をアレクサンドリアに造営するよう命じた。しかも当時クレオメネスが数々の悪事不正を犯したと取り沙汰されていたにもかかわらず、その手紙の中で、英雄廟が立派に建造されたなら、過去および将来のクレオメネスの過失を咎《とが》めることはしない、と述べた。大王に忠実で有益な仕事をしてくれる限り、不正は見逃すというわけだ。

オピスから一万人の古参兵が本国へ帰る時、アレクサンドロスは彼らがアジア人女性たちとの間にもうけた子供たちの扱いに言及し、彼らをマケドニア風の兵士として育てることを約束した。もしこれが実現していたら、子供たちはヨーロッパに根を持たず、アジアにも特定の故郷を持たない兵士として成長したであろう。大王は彼らを、自分だけに忠誠を誓い、自分の意のままに活用できるエリート部隊に育てるつもりであったと思われる。

キーワードは忠誠である。アレクサンドロスが頂点に君臨し、彼にのみ忠誠を尽くすマケドニア人とペルシア人が支配民族として帝国の統治にあたる。出身民族ではなく大王への忠誠が新たな支配体制の紐帯《ちゅうたい》となり、それだけがこの空前の大帝国を支えることができるだろう。その意味でこの帝国は、アレクサンドロスただ一人の帝国と呼ぶ以外にないのである。

オリエント理解の限界

玉座につく男の事件

アレクサンドロスがオリエントの政治と宗教の伝統を尊重したことは第五章で述べた。その反面、彼のオリエント理解に限界があったことも確かである。それを示唆するのが、バビロンで大王の死を予言する数々の前兆が現れたという記録である。その中から玉座についた男の事件を取り上げよう。

この事件については三つの大王伝が少しずつ異なった記述をしているが、大筋は次のようである。ある時、アレクサンドロスが玉座を離れたあいだに見知らぬ男が玉座に上がり、王の頭飾り（ディアデーマ）と王の衣装をつけて座った。これを知った王は陰謀の一環ではないかと疑ってこの男を尋問したが、答えは要を得ない。占い師にこの出来事の意味を尋ねたところ、不吉な前兆であると言われたので、彼は男を死刑にし、犠牲を捧げた。この男の素性ははっきりせず、こうした行為に及んだ理由もよくわからないが、男が知的障害をもっていたらしいことがうかがえる。

研究者の多くは、この事件をバビロンの宗教儀礼に関連させて解釈している。どの儀礼に当たるかをめぐって見解が分かれるが、最も妥当と思われるのは、メソポタミアで伝統的な月食）によって危険にさらされた時、身代わりが王の役割を担い、王に予兆された害悪をその身に引きつけ、これによって王の生命を救うことができるという観念であった。身代わりには知的または肉体的に障害のある者が選ばれ、王の衣装と王冠を身につけて玉座につく。身代わりの王の治世は一〇〇日間続き、その間本当の王は宮殿にこもって期限が終わるまで外に出てはならない。この期間内に一人の貴族が王に代わって死ぬことが期待されるが、そうならない場合は身代わりが殺される。彼が埋葬され、衣装など王の標徴や玉座までが燃やされると、凶事を免れた本当の王が王位に戻るのである。たしかに玉座の男の事件は、多くの点でこの儀礼に一致する。

「身代わりの王」の儀礼である。この儀礼の背景にあるのは、王の生命が凶兆《きょうちょう》（たいていは

大王の帰還にまつわる凶兆

ではバビロンの神官たちは何故、アレクサンドロス自身も知らないまま唐突にこの儀礼を行ったのか。一体どのような凶兆があったというのか。

前三二三年初め、バビロンに向けて行進するアレクサンドロスのもとへ主神マルドゥクの神官たちが訪れ、今バビロンに入ることは良くないとの神託が出たので行軍を中止するよう求めた。さらに町へ入る時に西を向かないよう、迂回《うかい》して東を向いて入るようにとも言った。彼は忠告に従って進路を変更したが、地形と道路事情の悪さから軍隊とともに東へ向かって入ることはできず、西を向いて、つまり東側から町に入った。こうして、はからずも神

託に逆らう結果となったのである。

バビロン入市に先立つ凶兆や身代わりの王の事件をどう解釈すべきか。対照的な解釈が提出されている。

一つは、アレクサンドロスに対する神官たちの敵意と陰謀があったとする解釈である。アリアノスによると、神官たちが彼のバビロン入市を望ましくないとした時、大王はそれが神殿財産にかかわる既得権を守るためではないかとの疑いを抱いたという。というのは、従来から神殿への寄進が神殿修復事業のために投入され、供物も捧げられてきたが、神官たちはそれらを勝手に仲間うちで分配してきた。しかしアレクサンドロスが命じた再建事業が短期間で完成すると、そうした利得が失われてしまう。そこで彼らは凶兆を持ち出して、自分のバビロン入市を阻止しようとしたのではないか、と大王は考えたという。

もう一つの解釈は、神官たちはアレクサンドロスに敵意をもつどころか、本心から王を守ろうとしたとする。神官たちは何らかの凶兆を得たため、大王をバビロンから遠ざけようとした。しかし結果的に彼が市内に入ってしまうと、今度は身代わりの王の儀式をもちいて彼の生命を救おうとした。彼らは機会をとらえて男を玉座につけ、凶事をアレクサンドロスから逸《そ》らそうとした。そのあと男を処刑するよう勧め、王がこれに従ったことで、儀式は完了したのである。

伝統儀礼への無理解

バビロンにおける一連の事件については、まだまだ未解明の点が多い。ただ身代わりの王の事件からわかるのは、アレクサンドロスおよび彼の周囲のマケドニア人が、明らかにバビロンの伝統儀礼を理解していなかったという事実である。大王は、玉座の男を処刑すれば自分が救われるという儀礼の核心をまったく知らず、男の背後に政治的陰謀を疑って、これをただ不吉な前兆と考えるにとどまった。

さらにもう一点、アリアノスによると、男が現れた時、玉座の周囲には宦官《かんがん》たちがいたが、彼らはペルシアの掟に拘束されて男を玉座から立たせることができず、衣服をかきむしりながら自分の胸や顔を叩くばかりだったという。彼らの掟とは、いったん玉座についた人物を引きずり降ろすことは形式的にせよ王位簒奪《さんだつ》につながるため、たとえ素性不明の男であっても退けることができないというものだ。しかし、バビロンの宮殿にいたのがペルシア人の宦官であれば、ペルシア人がバビロンの儀礼を正確に理解していなかったことになろう。他方でもし宦官がバビロニア人であれば、彼らの嘆きもまた儀礼の一部をなしていた可能性がある。その場合には、大王とマケドニア人側近たちが儀礼の内容を誤解し、彼らが聞きかじったペルシアの掟を誤ってバビロンの儀礼に適用したことになる。

同様な無理解の例として、ゾロアスター教にかかわる出来事をあげておこう。前三二四年秋、アレクサンドロスと同年で無二の親友、側近中の側近であったヘファイスティオンが病死した。彼の嘆きは異常なほどで、葬儀は前例のない規模で行われた。これについてディオドロスは次のように述べている。

（大王は）アジアのすべての住民に、ペルシア人の間で聖なる火と呼ばれているものを、葬儀が終わるまで入念に消すよう命令した。これはペルシア人が王の死に際して行う習慣だったものである。多くの人々はこの命令を不吉な前兆だと思い、天は大王の死を予言していると考えた（第一七巻一一四章）。

大王が聖なる火を消させたのは、ヘファイスティオンへの哀悼の念があまりに大きかったからである。とはいえ彼は、その措置がかえって自分に対する凶兆を意味することに思い至らなかった。この時のアレクサンドロスにとっては、亡き親友の葬儀をいかに盛大に行うかがすべてであり、それがペルシア人にとって意味するものなど眼中になかったのである。ここでもオリエントに対する根底的なところでの無理解・無関心が表れている。

たしかにアレクサンドロスは各地域の伝統や儀礼を巧みに利用し、エジプトやバビロンなどアカイメネス朝の支配下にあった国々の権力を合法的に継承していった。王権の視覚化もひときわ盛大に実行して見せた。しかしそれらはあくまでも自己の支配に役立つ範囲のことであり、征服と支配に都合のいいものだけを選別して採用したにすぎない。そこにはオリエントの文化と伝統に対する深い理解と洞察が欠落していた。こうした異文化への本質的な無関心が、アレクサンドロスのオリエント理解に限界を与えていたのである。

騒然たるギリシア情勢

傭兵解散令

大王の治世末期におけるギリシア本土は、きわめて不穏な状況にあった。彼がもう数年生きていたら何が起きたかと思えるほど、一触即発の危機をはらんでいたのである。前三二五年、インドから帰還したアレクサンドロスは、ペルシア人総督たちの大粛清と連動して、総督が保有する傭兵部隊の解散を命じた。総督による反乱の危険性を憂慮したためである。傭兵部隊を解散させるといっても、総督が無防備になるわけではない。ペルシス総督のマケドニア人ペウケスタスが着任後一年足らずで二万のペルシア人部隊を組織できたように、総督は地元の住民からいつでも兵士を徴募することができた。問題は解雇されたギリシア人たちだ。彼らはどこへ行けばいいのか。当然アレクサンドロスは彼らを自分で雇い、広大な帝国各地の駐屯地に配備しようと考えたろう。しかし大王に憎しみを抱く彼らは、今さら王に雇われて僻地に勤務するつもりなどない。それどころか彼らはアジアの地を放浪し、略奪で生計をたてながら我が物顔に闊歩《かっぽ》して、社会と経済に重大な損害を与えた。それから西への大移動が起きる。アギスの蜂起以降、ペロポネソス半島のタイナロン岬が傭兵の集結場所になっており、雇用を求める兵士たちがアジアから大量にここへ渡ってきたのである。彼らの募集と搬送には、アテネの将軍レオステネスのほか、解任されたペルシア人の総督や将軍までがかかわっていた。

前三二四年初頭の時点で、アレクサンドロスにとって事態はかつてなく深刻であった。総督の反乱の芽を摘むために傭兵を解散させたが、解雇されたギリシア人は自分を拒否してギリシア本土に集結している。放置すれば社会不安が増大し、彼らを組織する指導者が現れれば、再びギリシアは反乱の渦の中心になるだろう。アレクサンドロスは唯一の解決法を思いつく。彼らを各々の祖国へ帰すことだ。ところがこの方策がギリシア全土を更なる混乱と不安に陥れたのである。

亡命者帰国令

前三三〇年にアギスの蜂起が鎮圧されて以降、ギリシア本土は政治的に平穏であった。何度か小麦飢饉に襲われたが、北アフリカのキュレネなどから穀物の援助を得て切り抜けた。中でもアテネは空前の繁栄を見せていた。カイロネイアの会戦から大王死後のラミア戦争まで一五年間の平和が続き、活発なエーゲ海交易にも支えられて、国家収入は前三四六年の四六〇タラントンから一二〇〇タラントンにまで増大した。最大の功労者は政治家リュクルゴスである。彼は一二年にわたって国家財政を統括する地位にあり、通商の奨励、銀鉱の開発などで歳入を大きく増大させる一方、公共建築事業を活発に進めるなど、アテネの繁栄に大きく貢献した。

このようなギリシア情勢を急転させたのが亡命者帰国令である。前三二四年春、アレクサンドロスはスーサにおいて亡命者帰国令を作成し、これを側近のニカノールに持たせてギリシアへ派遣した。ニカノールは五月末にはギリシアに到着し、八月初旬のオリンピック競技会においてこれを読み上げた。それは、ギリシア人亡命者を祖国に復帰させ、これに応じない国には罰を科するというものだ。布告の内容は早くから知られており、オリュンピアには二万人の亡命者が集まって歓呼の声を上げた。

しかし、これはギリシア諸国の政治的社会的秩序を根底から揺るがすものだった。亡命者とは内乱や政争によって祖国を追放された者たちで、彼らの財産は国家によって没収され競売に付されて同胞市民の所有となっていた。彼らが帰国すれば国内の政治的緊張が高まるばかりか、没収財産も返還しなければならず、土地や家屋をめぐる市民間の紛争は避けられない。しかも帰国対象者の中には数十年前に追放された市民の二代目、三代目の世代さえ含まれていた。

ギリシア中から反発の声が上がり、多くの国が大王のもとへ直接使節を派遣して交渉に当たった。とりわけ大きな影響を受けるのがアイトリアとアテネであった。アイトリアはコリントス湾に面したオイニアダイという都市を占領して住民を追放し、不法に自国領としていた。アテネの場合はさらに深刻だった。四〇年あまり前の前三六五年、エーゲ海南東部のサモス島を占領し、住民を追放して植民地とした。この時サモスに入植したアテネ市民は二〇〇〇人に達した。それゆえこの島全体をサモス人に返還すれば、アテネの社会と経済は重大な損害を被ることになろう。

形式から言えば、この布告はコリントス同盟条約の侵害である。条約は締結時の政治体制と社会秩序を維持することを定め、亡命者が武力をもって帰国することを禁じていたのだから。それゆえこの布告は形式・内容ともに専制的である。大王の狙いはすでに述べたように、傭兵解散令で職を失ったギリシア人をそれぞれの故国に帰し、社会不安を取り除くことにあったが、それ以外にも彼の動機を二点指摘することができる。

第一に、帰国した亡命者が自分に対する恩義と忠誠によって、王権の強固な支持者となることを望んだ。大王によって追放された者であっても、祖国復帰という恩恵を与えれば、当然自分の個人的支持者になると考えたのである。

第二に、ニカノールはこの布告とは別に、ペロポネソス半島の二つの連邦国家アカイアとアルカディアの連邦評議会に対する命令を携えていた。両国は共にアギスの蜂起の参加国であり、彼が持っていた命令は各連邦の権限縮小にかかわる内容を含んでいたと考えられる。大王は両国がかつての蜂起に加担したことへの懲罰を与えることで、今後の反乱を抑止しようとしたのであろう。

要するに大王はコリントス同盟の存在をもはや意に介さず、自分の個人的な支持者をギリシア中に一気に植えつけ、それによってギリシアの支配体制をこれまで以上に磐石《ばんじゃく》にすることを意図していたのだ。結果的にはこの布告から一〇ヵ月後に彼自身が死んだため、亡命者の帰国が一律に実現することはなかった。その代わりギリシア諸国はアレクサンドロスに対する敵意を募らせ、アイトリアとアテネは戦争の準備に取り掛かった。大王の死の翌年、それは本当に反乱（ラミア戦争）へと発展するのである。

ハルパロス事件

亡命者帰国令の噂が広まっていた前三二四年五月、思いがけない事件がアテネに降りかかった。アレクサンドロスの側近の一人ハルパロスが、アテネに亡命を求めてきたのである。ハルパロスは帝国の財政責任者としてバビロンにいたが、大王がインドに遠征すると、王は二度と帰ることはあるまいと高を括《くく》り、途方もない享楽と贅沢三昧《ぜいたくざんまい》に没頭した。当時アテネで最も有名だった遊女のピュトニケを侍《はべ》らせて王妃のように扱い、彼女が死ぬと新たにもう一人のアテネ人遊女グリュケラを呼び寄せて、あいかわらずの驕慢《きょうまん》と歓楽に耽《ふけ》った。ところが大王がインドから帰還して多くの総督を粛清すると、彼は自分も処罰されるのは時間の問題だと思い、五万タラントンという莫大な銀貨と六〇〇〇の傭兵を集め、三〇隻の船を率いてアテネへ逃亡したのである。というのも彼は以前にアテネ市民権を与えられていたし、亡命者帰国令によって大王との対立関係が予想されるアテネなら自分を匿《かくま》ってくれると考えたのだ。彼はまずアッティカ半島南端のスニオン岬に到着し、入国の許可を求めた。

アテネ人は困惑し、ハルパロスを受け入れて大王と公然たる敵対関係に入ることを恐れ、彼の入国を拒否した。そこでハルパロスはタイナロン岬に傭兵を置き、三隻の船と七〇〇タラントンの資金だけをもって、今度は嘆願者として再びアテネに現れた。今度は受け入れられた。デモステネスは反対したが、ハルパロスの多額の資金がものをいったらしく、反対を取り下げた。こうしてアレクサンドロスの対応が明らかになるまで、ハルパロスはアテネでしばらく監視下に置かれ、資金はアクロポリスに保管された。もちろんマケドニア側は使節を送って彼の引渡しを求めたが、アテネはそれが大王からの直接の代理人ではないとして応じなかった。そうこうするうちにハルパロスの監視は事実上解かれ、彼は脱出に成功する。タイナロンで傭兵を集めてクレタ島に移ったが、その年の秋、部下の一人によって殺害された。その後アテネでは、アクロポリスに保管されていたはずのハルパロスの資金七〇〇タラントンが、半分の三五〇タラントンしかないことが判明し、詳細な調査が開始される。その結果デモステネスが賄賂を受け取ったとして告発されるなど、翌年にかけて政治事件へと発展した。ここで興味深いのは、この事件が思いがけず、マケドニアによるギリシア支配の空洞化という実態を暴露したことである。

ギリシア支配の空洞化

ハルパロスの引渡しをアテネに要求したのは誰か。意外なことに三人もの名前が登場する。本国の代理統治者アンティパトロス、大王の母オリュンピアス、それに小アジアのカリア総督フィロクセノスである。なぜ三人もの人物がマケドニア国家の代表という資格を名のって使者を送ることができたのか。そしてアテネはなぜ引渡しを拒否したのか、いや拒否することができたのか。最近この問題について詳細な研究を発表したブラックウェルは、ギリシアに対するマケドニアの権威はアギス戦争以来低下しており、ハルパロス事件当時すでにその支配は空洞化していたという興味深い解釈を提示している。彼の研究を利用しながら当時の状況を明らかにしてみよう。

まずアンティパトロスと大王との関係は次第に疎遠になっていた。彼と並ぶ重臣のパルメニオンが殺害されると、彼は当然自分が次の標的になるという可能性を考慮せざるをえなくなった。本国から遠征軍への増援部隊の派遣は、前三三〇年を最後に途絶えてしまう。さらに亡命者帰国令はギリシアにおける彼の威信を大きく傷つけた。なぜなら彼が僭主《せんしゅ》政や寡頭《かとう》政を植えつけたギリシア諸国はいくつもあり、そこから多数のギリシア人亡命者を出していたので、彼らを帰国させることはアンティパトロスの政策を否認するに等しかったからである。彼は保身に走り、この布告で打撃を受けるアイトリア人に対して秘かに同盟を打診した。そのアイトリア人はアテネとの同盟関係を求めて反マケドニア勢力を形成しつつあった。アレクサンドロスは布告の中で、命令を実行しない国に対してはアンティパトロスが強制するようにと述べているが、すでに彼には強制力を揮《ふる》うだけの権威も意志もなかったのである。

次に大王の母オリュンピアスは、アンティパトロスとの間でマケドニア本国の実権を争った。前三三〇年には故国エペイロスへ移ったが、彼を非難する手紙を書いて大王に送り続け、同時にエペイロスで自己の権威を高めようとしていた。ハルパロス事件に際しては、彼女はアテネへ使節を送ることで、明らかに自分が国家を代表する立場にあると主張している。しかしアテネ人から見れば、マケドニア国家の代表がアンティパトロスとオリュンピアスの二人もいることになってしまう。これまたギリシアにおけるマケドニア王国の権威を低下させる結果となった。

カリア総督フィロクセノスも独自に動いたが、彼の動機ははっきりしない。ただアテネ人の目には、彼もまた利己的な権益を追求する総督の一人にすぎないと映ったはずである。

こうしてアテネは、以上三者の使節がいずれも大王の直接の意志を体現していないと見なし、そう返答することで、ハルパロスの引渡しを拒否することができた。これら三人はそれぞれ独自にアテネに干渉したがゆえに、皮肉なことにギリシアに対するマケドニアの権威を競って低下させ、コリントス同盟体制の空洞化を推し進めてしまったのである。

第八章　アレクサンドロスの人間像

大王の女性関係

一夫多妻の政治学

アレクサンドロスの人格形成において、母オリュンピアスの影響は決定的であった。実際フィリッポス二世が出征で不在がちのため、幼少年期のアレクサンドロスはなおさら母に依存することが大きかった。遠征出発後は二度と会うことはなかったが、二人は頻繁《ひんぱん》に手紙をかわし、戦利品を送るなど、終始強い絆で結ばれていた。彼の激情的な性格、結婚が遅かったこと、母性への憧れ、いずれにもオリュンピアスの強い影響を見ることができる。しかしこれらすべてを彼の性格や心理だけで説明するわけにはいかない。一国の王である以上、彼の女性関係には常に政治的事情が絡んでいた。

母子の強い絆の背景には、マケドニア王家の一夫多妻制がある。マケドニアの王は、後継者の確保のため複数の妻を娶《めと》るのが通例だった。妻たちの間には正妻と側室という区別はなく、男子を産んだ女性が宮廷で重きをなした。他方で長子相続が確立していなかったため、王位継承は必ずしも年齢順によらず、その時々の政治状況や貴族間の力関係に左右された。

さらに王位を手にした者は、挑戦者を排除するため、異母兄弟や従兄弟を抹殺することが珍しくなかった。王位継承をめぐるこうした不安定な条件下では、夫を失った後の妻が宮廷で生き残るには、自分の息子を王位につける以外にない。こうして母と息子は王位獲得に向けて一心同体となり、夫＝父親に対して一個の政治ブロックを形成したのである。

母と息子の一体性をよく物語るのが、フィリッポス二世の七回目の結婚式で起きた事件である。それまでにフィリッポスが娶った女性はすべて外国人だったが、前三三七年秋、彼は初めてマケドニア貴族出身のクレオパトラを妻とした。彼女の伯父で後見人のアッタロスは、披露宴で「二人から正統な世継ぎが生まれるように」と言って杯を上げた。アレクサンドロスはこれに怒り、「私を庶子《しょし》呼ばわりするつもりか」と叫んで杯をアッタロスに投げつけた。フィリッポスがアッタロスに味方して息子に謝罪を求めたため、アレクサンドロスは母親を連れて国を飛び出してしまう。フィリッポスの賓客《ひんかく》の一人が取り成して彼はまもなく帰国したが、父と息子のわだかまりは残った。彼には、クレオパトラが将来男子を生んだ場合、フィリッポスがその子を後継者にするのではないかとの懸念が拭えなかったのである。

フィリッポス暗殺事件で、暗殺者パウサニアスを背後で操ったのはアレクサンドロスとオリュンピアスの母子だという噂が流れたのも、こうした事情による。状況証拠はあるが真相は不明だ。ともかく父王暗殺で最も利益を得たのがこの二人であることは間違いない。

母オリュンピアスとの絆

プルタルコスによれば、アレクサンドロスは少年の頃から「性急で振舞いも激情的」だったが、この性格は明らかに母親から受け継いだものである。彼女は結婚前に密儀宗教に入信しており、儀式では蛇を操りながら激しい陶酔《とうすい》に浸り、荒々しい神がかり状態に陥った。フィリッポスの暗殺後、彼女は若き未亡人クレオパトラの部屋へ乗り込み、生まれたばかりの女児を殺してクレオパトラを自殺に追い込んだ。断固としてライバルを排除する彼女の執念は、息子にいささかも引けをとらない。もっともオリュンピアスを「嫉妬深くて癇癪《かんしゃく》もち」とする伝承には、男社会の偏見が混じっているのだが。実際アレクサンドロスが逆上した時の怒りの爆発は、誰にも抑えられなかった。反乱したテーベの徹底した破壊は、形式上は同盟軍の決定だが、その決定がなくても彼は実行しただろう。グラニコスの会戦では、ペルシア側のギリシア人傭兵を大義への裏切り者と見なし、降伏の申し出を拒否して包囲攻撃した。ソグディアナでは、かつてペルシア王に神殿を引き渡したブランキダイの子孫を、裏切り者として殲滅《せんめつ》した。カスピ海南岸で愛馬ブーケファラスが盗まれた時は、もし返さなければ村全体を焼き払うと脅した。クレイトス殺害も酩酊の末とはいえ、口論の果ての怒りの爆発だった。

オリュンピアスは遠征中の息子にもこまごまと世話を焼き、友人関係にも口をはさんだ。息子がイッソス会戦前に高熱で倒れたとき、アテネにある癒しの女神に奉納して彼の回復を祈った。ある時は一人の料理人を見出し、彼が密儀の儀式にもよく通じていると言って彼を雇うよう勧めた。ペルシアの財宝をあまりに気前よく側近に分け与えるのはやめるようにと諫《いさ》め、またヘファイスティオンとの親密さを妬《ねた》んでか、彼を名指しで非難した。彼女の配慮は息子の身の安全にまで及び、上部マケドニア出身のある側近が陰謀を企んでいるという警告を発したり、身辺の誰彼に注意するようにと促した。

このような母子の強い絆を根拠として、アレクサンドロスが晩婚であった理由をオリュンピアスの影響に帰する学者が少なくない。母性的なものに憧れるあまり、若い女性には無関心だった、ほとんどマザコンだったのだと。しかし彼は自分の結婚だけでなく、妹たちの縁組みにも無関心だった。実の妹クレオパトラは、前三三〇年に夫をイタリア遠征で失ったが、アレクサンドロスが彼女の再婚に配慮した形跡はない。また異母妹のテッサロニケは、大王の治世を通じて未婚のまま放置された。アレクサンドロスの心性に母性への強い憧れを認めるとしても、妹たちの扱いはそれだけでは説明できない。

オリュンピアス　アレクサンドロスの母。直径5.4㎝のローマ時代のメダル。テッサロニキ考古学博物館蔵

考えられる理由は二つある。第一に、父フィリッポスの七回目の結婚による騒動を自ら経験した彼は、王族の結婚は、王権にとって利益よりむしろ混乱をもたらすと考

えたのではないか。自分が結婚すれば妻の一族と、妹たちの場合はその夫の一族との利害関係が、王権に絡むことは避けられない。それによる王国の不安定化を避けるべきだというのが、父の結婚から学んだ教訓だったと思われる。第二は、世継ぎをもうけて王朝を継続させるという観念自体に無関心だったことである。遠征出発前に重臣たちは、まず結婚して後継者をもうけるようにと忠告したが、彼はまったく取り合わなかった。二二歳の彼の念頭には、自分一個の名誉を追求することしかなかったのである。しかしその代償は重かった。彼が死んだ時にはまともな後継者がおらず、結局それが王家の滅亡をもたらしたのだから。

母子関係の擬制

東方遠征中のアレクサンドロスは、高貴な身分のアジア人女性たちと次々に出会っていく。彼女たちとの関係にも、個人的感情と政治的配慮の絡み合いを見ることができる。

遠征一年目に、小アジア南西部のカリア地方を征服したとき、かつてカリアの総督だった女性アダを支配者の地位につけた。彼女は弟に追放されて隠遁《いんとん》していたが、マケドニア軍の進撃を知って自ら彼のもとへ出向いたのである。その際彼女は、アレクサンドロスを養子にしたいと申し出、彼はこれを受け入れてアダを母と呼んだ。

イッソスの会戦後には、ダレイオス三世の家族や貴族の女性たちを捕虜とした。ペルシア王は軍事遠征に家族を伴う習慣があり、貴族たちも拠点のダマスカスに家族を置いていたのである。ダレイオスの妻と二人の娘は、いずれもこの上なく美しい女性だったが、アレクサンドロスは彼女らに手を触れず、丁重に扱って男子禁制の生活が送れるよう配慮した。この時彼は、ダレイオスの母シシュガンビスを「自分の第二の母」と呼んだと言われている。シシュガンビスも彼に情愛を抱いた。アレクサンドロスが死んだとき、彼女の嘆きはあまりに深く、食物も日光も遠ざけて五日後に死んだという。

これら二つの逸話から、母性に対する彼の憧れを引き出すことは容易である。しかし、同時に政治的考慮も作用している。アダの場合は、アレクサンドロスに嫁がせるべき娘がいなかったため、彼を養子に迎えることで大王を事実上カリアの後継君主とした。他方アレクサンドロスは、女性が支配者になり得るというカリアの伝統を利用し、彼女の養子となることによってカリア支配の安定を図ったのである。シシュガンビスに対しては、彼女の息子となって王母の保護者という立場をとることで、アジア支配の正統性を主張するための有利な材料を手に入れた。西アジアには、先代の王の母を丁重に扱うという伝統があった。アレクサンドロスがこれを知っていたか否かは不明だが、彼はシシュガンビスをアカイメネス王権継承の象徴として利用したのである。一方シシュガンビスが、大王の死後、彼の後を追うように死んだことにも相応の理由がある。アカイメネス朝の滅亡後、自分を守ってくれるのはアレクサンドロスしかいない。彼が死ねば、他のマケドニア人将兵はペルシアの王族女性を排除するはずだ。それゆえ唯一の保護者を失った時、彼女は自ら死を選んだのだった。

愛人バルシネ

イッソスの会戦後、アレクサンドロスはダマスカスで捕虜になったバルシネという女性を愛人として迎え入れた。彼女の父親アルタバゾスは、アカイメネス王家につながるペルシア屈指の名門貴族である。母親はロドス島出身のギリシア人、母の兄弟はメントルとメムノンという傭兵隊長で、後者は東方遠征初期におけるアレクサンドロス最大の敵だった。実はアルタバゾスは、前三五〇年代末にペルシア王から離反して、家族と共に数年間マケドニアに亡命したことがある。それゆえアレクサンドロスは、少年時代すでにバルシネと会っていた。アルタバゾス一家がペルシア王の許しを得て帰国した後、彼女は伯父のメントルと結婚した。しかし彼が死ぬと、もう一人の伯父メムノンと再婚、そのメムノンも病死して再び寡《か》婦《ふ》となり、ペルシア宮廷に滞在してダマスカスで捕らえられたのである。彼女は大王より少し年長で、ギリシア風の教育を受けた才色兼備《さいしょくけんび》の女性だった。

アレクサンドロスが生涯を通じて最も長く関係を保った女性は、このバルシネである。彼女はその後も王のそばにあり、前三二七年、ソグディアナ地方で男子を出産した。ヘラクレスと名づけられたこの子は嫡子《ちゃくし》とは認められず、大王死後の後継者選びでも、その後の後継者戦争でも全くの埒外《らちがい》に置かれた。それだけにバルシネとの愛人関係は、他の女性との関係に比べてはるかに個人的な感情によるものだったと思われる。ただしここにも政治的考慮がないわけではない。彼女の父アルタバゾスは、ダレイオス三世が死ぬまで王に忠誠を尽くした名門貴族である。アジアの覇権を争っている遠征初期の段階では、バルシネとの関係を通じて彼を自陣に引き込むねらいがあったろう。王の愛人という地位はもちろん正妃には及ばないが、単なる妾より身分は高い。それゆえ彼女の立場は、当時のペルシア宮廷の慣行から見ても、決して侮辱的な意味を持たなかった。ダレイオスの死後、アルタバゾスがアレクサンドロスに帰順し、総督という高位を与えられたことを見れば、王とバルシネとの関係はアルタバゾス自身にとっても有益であったと考えられる。

ペルシア王妃スタテイラ

先に述べたように、アレクサンドロスはダレイオスの妻と二人の娘には一切手を触れず、男性の眼から遮断《しやだん》して、その身分にふさわしい待遇を与えた。また他のペルシア人貴族の女性に対しても、目の毒だと冗談を言い、あたかも生命のない彫刻に対するように通り過ぎたという。ダレイオス三世の娘、スタテイラとドリュペティスは、しばらく遠征軍と行を共にした後スーサに残され、ギリシア語教育を受けるよう指示された。これはアレクサンドロスが、いずれ彼女らの一人を妃に迎える用意があったことを示唆する。二人は共に結婚適齢期にあったが、アカイメネス朝がいまだ健在である以上、敵側の王族女性と結婚するのは時期尚早と判断したに違いない。

これに対して、ダレイオス三世の妻で娘と同名のスタテイラについては、大王が彼女と関係を持っていたことを示唆する証拠が一つある。彼女は前三三一年の初夏、マケドニア軍の二度目のフェニキア滞在中に死亡した。その原因は、クルティウスの大王伝は疲労のゆえと

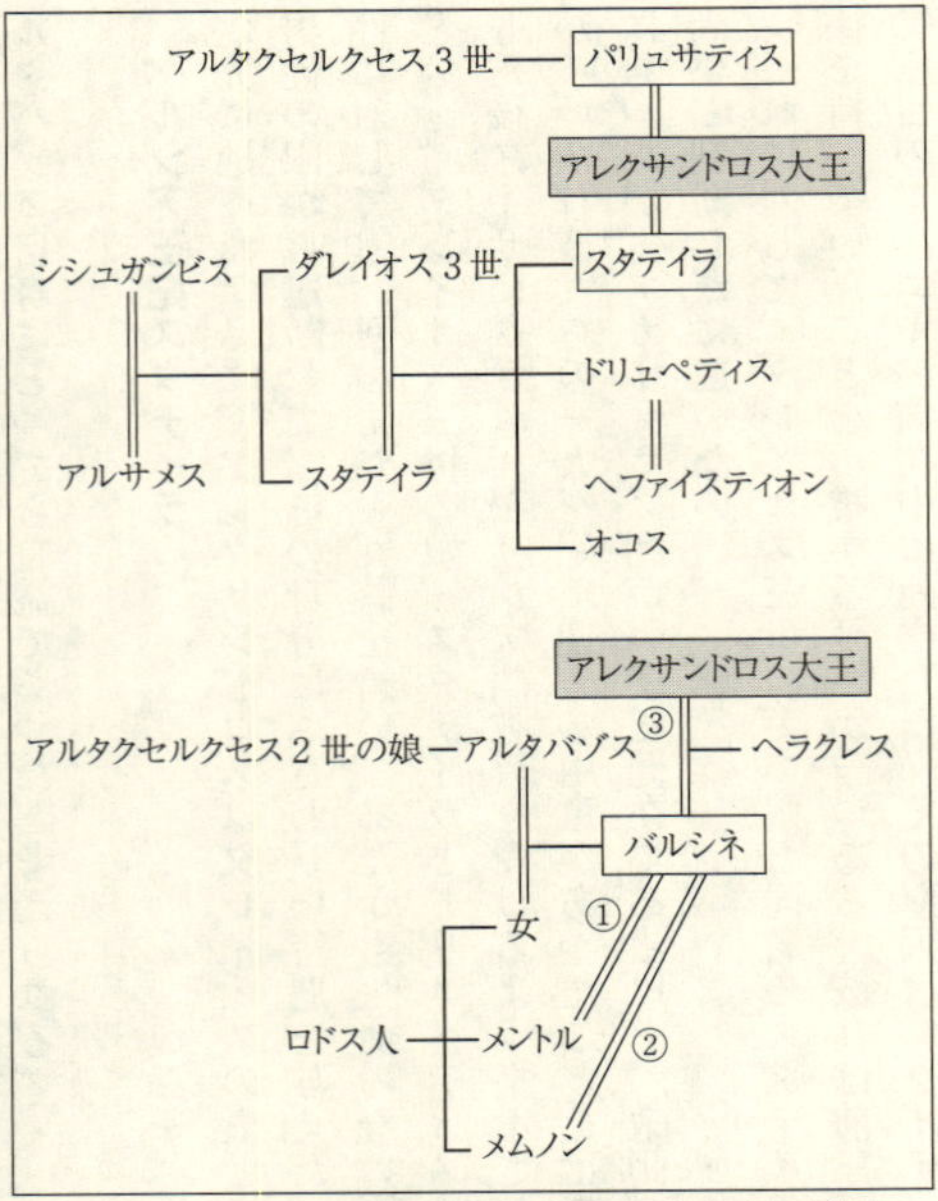

アレクサンドロスとペルシア王家の女性たちの系図

するが、プルタルコスによると出産のためであり、ユスティヌスによれば流産であった。捕虜になってからすでに一年半以上経過しており、しかもその間彼女は男性の目に触れないよう厳重に守られていた。それゆえ、もし彼女の死因が産《さん》褥《じょく》または流産だったとすると、相手の男性はアレクサンドロス以外に考えられない。

この事実は多くの学者を困惑させた。アレクサンドロスも普通の性欲をもつ普通の男だったと見るべきか。そうではないとして、大王がスタテイラに対しあくまでも紳士的な態度を貫いたという解釈を維持したいなら、解決法は二つある。第一はスタテイラの死期を一年早め、お腹の子の父親はダレイオスだったと考えること。しかし年代をずらすのはあまりに安易な方法であり、右に挙げた三つの記述をすべて覆すことになる。第二はクルティウスの記述を採用して、死因は疲労であったとすること。彼女は捕虜となって以来、マケドニア軍に従ってフェニキア、エジプト、またフェニキアと連れ回された。行軍の厳しさに心労が重なった末の死亡と考えるのは不自然ではない。しかしクルティウスが大王の名誉に配慮して、彼女の死因を変更した可能性もあり得る。

私自身はプルタルコスとユスティヌスに従って、大王はスタテイラと性的関係をもっていたと考える。捕虜になった女性は勝利者の所有物であり、両者の間柄を理想化する必要はまったくないのだから。しかもアレクサンドロスは彼女の死を深く悼み、ペルシア式の葬儀を行って丁重に葬ったという。彼の嘆きの大きさもまた、二人の特別な関係を示唆しているように思われる。

最初の妃ロクサネ

アレクサンドロスの正式の結婚は、ようやく前三二七年春に実現した。ときに満二八歳、王としては異例なまでの晩婚である。相手はロクサネといい、ソグディアナ地方の豪族オクシュアルテスの娘だった。前年の秋から冬にかけて、オクシュアルテスは難攻不落を誇る岩《がん》砦《さい》に家族を避難させていた。アレクサンドロスはこれを攻め落とし、捕虜の中に彼女を見出したのである。王族でもなく、王国辺境の一地方豪族の娘にすぎない。すべての大王伝は、彼がロクサネに恋をして結婚したと述べている。これは真実だろう。しかし恋とは別に、現

アレクサンドロスとロクサネ　ポンペイ出土のフレスコ画。ローマ時代の復刻。*Faces of Power*より

実的な意図もあったはずだ。それまで丸二年にわたり、マケドニア軍はバクトリア・ソグディアナ地方でかつてない苦戦を強いられてきた。ペルシア貴族たちの反乱、一般住民を巻き込んだ執拗《しつよう》な抵抗、住民に対する強制移住と大量殺害。東方遠征の中で最も陰惨な局面に終止符を打つことが、アレクサンドロスのねらいだったに違いない。その先にはインド遠征が控えている。彼は地元出身のロクサネを娶ることで、バクトリア・ソグディアナの豪族たちと和解し、背後の安全を確保したかったのである。とはいえ、情勢はいまだ不安定だった。インド侵攻にあたり、バクトリアに騎兵三五〇〇、歩兵一万の大軍を残していったことがそれを示している。辺境地方の平定は、王の結婚によって得られるほど生易しいものではなかった。もう一つ、アレクサンドロスもようやく自分の後継者を得ることに関心を持ち始めたのではないか。愛人バルシネより出自が低いにもかかわらず、ロクサネをあえて正妻に迎えたことがそれを示唆する。

ロクサネはインド遠征中に男子を生んだが、この子は夭逝《ようせい》したらしい。大王が死んだとき、彼女は妊娠八ヵ月の身重だった。生まれたのは男子で、アレクサンドロス四世を名のり、大王の兄弟であるフィリッポス三世アリダイオスと共に王位につけられた。知的障害者と嬰児《えいじ》という異例の組み合わせ。もちろん二人に統治能力はなく、実権は摂政のペルディッカスが握る。その後は後継者間の争いに王家の分裂が重なり、ロクサネ母子はその大波の中で翻弄《ほんろう》された。将軍の一人カッサンドロスが二人を保護するが、彼の権力に正統性を与える手段とされたにすぎない。前三一〇年ごろ、用済みとなった二人は秘かに殺害された。

しかしながら、ロクサネを単に受動的で弱い女性と見るべきではない。大王の死後まもなく、彼女は摂政ペルディッカスと手を結び、大王の妻スタテイラとパリュサティスを呼び寄せて殺害した。二人のどちらかが妊娠していたか、あるいはその可能性を恐れたのだろう。ロクサネは、わが子の王位を確実なものとするために、断固としてライバルを抹殺したのだ。この点でロクサネもまた、紛れもないマケドニア王家の女性として振舞ったのである。

アカイメネス王家との縁組み

前三二四年、スーサにおいて集団結婚式が行われ、アレクサンドロスはアカイメネス王家の二人の娘と同時に結婚した。一人はダレイオス三世の長女スタテイラ、もう一人はアルタクセルクセス三世の娘パリュサティスである。ダレイオスがペルシア王家の傍系なのに対し、アルタクセルクセスは王家の直系に属していた。それゆえ大王は、ペルシア王家の二つの血統を手に入れたことになる。第七章で述べたように、彼はスーサで新しい帝国支配体制の構築に取りかかっていた。この結婚はその一環であり、彼自身がアカイメネス朝の正統な後継者であることを明らかにしたのである。

ダレイオス三世にはもう一人、ドリュペティスという娘がいたが、彼女は大王の無二の親友ヘファイスティオンが娶った。彼は自分とヘファイスティオンそれぞれの結婚から生まれる子供たちが、いとこ同士の関係になることを望んだのだという。これによって二人の親愛なる友情は一層固いものとなるだろう。しかしここにも政治的な側面がある。それは王家の娘を独占して、王位への挑戦者を排除するということだった。もしも王族の女性が貴族の誰かと結婚すれば、その男は王家との血縁関係を根拠として王位を要求する資格を得ることになる。そうした可能性を排除するために、王族女性を独占したのである。これには先例がある。ペルシア帝国建設の功労者ダレイオス一世は、前六世紀末に王位を簒奪《さんだつ》した人物だが、王位挑戦者を除くために六人もの王族女性を妻にしたのだ。その中には、先王カンビュセスの妻と姉妹、姪までも含まれる。明らかにアレクサンドロスはこの先例に倣った。ヘファイスティオンは大王の「第二の自我」とも言うべき一心同体の人物だから、王位に挑戦する心配はない。こうして彼はヘファイスティオンと二人で、ペルシア王家の娘三人を独占したのである。

ヘファイスティオンは結婚後半年もたたずに急死し、ドリュペティスは早くも未亡人となった。大王の死後、スタテイラとパリュサティスは正妻ロクサネによって殺害された（プルタルコスの伝記は、ロクサネに殺されたのはドリュペティスであると述べているが、これはパリュサティスの誤りである）。

結果的に大王の女性関係は、正妻三人に愛人一人。もうけた子供は正妻ロクサネから二人（ただし第一子は夭逝）、愛人から一人。マケドニアの王としてはごく普通だったと言うべきだろう。

英雄への憧憬とその凌駕

アレクサンドロスが自らの出生をゼウスに結びつけ、それゆえ自分が伝説の英雄たちと同じ血を引くと信じていたことは、さまざまな逸話から明らかである。今日から見れば荒唐無稽《こうとうむけい》でしかないが、英雄とは神と人間の間に生まれた者をいい、それゆえ当時の人々にとって人間と英雄の世界は互いにつながっていた。アレクサンドロスの家系は、父方ではヘラクレスに、母方ではアキレウスにつながる。こうした英雄たちに憧れ、彼らを模倣し、さらには乗り越えようとする意志が、大王の一見突出した行為の動機をなした。その具体的な現れを、これら二人の英雄およびディオニュソス神について見てみよう。

アキレウスの模倣

アキレウスは、伝説のトロイ戦争におけるギリシア軍最大の英雄である。父親はテッサリア地方プティアの王ペレウス、母親は海の女神テティス。トロイ戦争で目覚ましい活躍をするが、戦利品の女を総大将アガメムノンに奪われて戦線を離脱、味方は総崩れとなる。そこで親友パトロクロスが彼の武具を借りて出陣するが、戦死してしまう。アキレウスは友の仇《あだ》を討つため出陣し、トロイの総大将ヘクトルを倒す。

アキレウスに対するアレクサンドロスの憧れは、遠征の開始早々から前面に現れる。ヘレスポントスを渡る本隊と離れて船でトロイへ渡り、アテナ神殿に武具一式を奉納し、代わりにトロイ戦争時から伝わるという武具を貰い受けた。遠征軍を率いる自分を、トロイ戦争におけるギリシアの英雄たちに重ね合わせていることは明白だ。それから彼はアキレウスの墓に花冠を捧げ、同時に親友のヘファイスティオンはパトロクロスの墓に花冠を捧げた。パトロクロスはアキレウスの無二の親友だから、アレクサンドロスは自分とヘファイスティオンをこれら二人の関係になぞらえたことになる。グラニコスの会戦で一騎打ちを交わし、ペルシア人の貴族三人を倒した時は、愛読書の『イリアス』に描かれた英雄たちの戦闘を再現している気分だったろう。トロイで受け取った聖なる盾を、彼はその後も身辺から離さず、戦闘の際にはそれを盾持ちに持たせて自分の前方を進ませた。

まもなくアキレウスの有名な行為を模倣する機会がめぐってきた。前三三二年、ガザの町を降した時、傷だらけで抵抗するペルシア人指揮官バティスを生け捕りにした。いつもなら敵ながら天晴《あっぱ》れと賛辞を惜しまないアレクサンドロスが、この時は二度にわたる負傷でいきり立ってもいたのだろう、残酷な仕打ちに訴えた。生きたままのバティスの踵《かかと》に皮紐《かわひも》を通し、戦車につないで町の周囲を引きずらせたのである。この出来事はクルティウスだけが伝えて他の大王伝は無視しており、残酷さのゆえに創作だとする学者も少なくないが、疑いなく事実だろう。『イリアス』第二二歌では、トロイの大将ヘクトルを討ち取ったアキレウスが、彼の踵から踝《くるぶし》にかけて穴を開け、牛皮の紐を通して戦車につなぎ、自ら馬を操りヘクトルの頭を引きずって走る。それも犠牲者の家族や大勢のトロイ市民が、城壁の上から見ている目の前で。ガザにおける大王が、ここぞとばかりに英雄の行為を真似たことは明らかだ。

アキレウスが親友の仇を討とうと出陣する際、彼は自分の命がもう長くないとの予言を受けるが、まったく意に介さない。しかしヘクトルを討ち取った後、トロイの王子パリスの放った矢を踵に受けて絶命する。若くして世を去ったアレクサンドロスの生涯は、短くも華々しいアキレウスの生涯をなぞった感がある。

ヘラクレスの凌駕

ヘラクレスはギリシア神話最大の英雄で、アルゴス王に仕えて一二の功業を成し遂げたとの伝説で知られる。ライオンや大蛇などの猛獣を倒した怪力無双《かいりきむそう》、堅忍不抜《けんにんふばつ》の英雄として、絶大な人気を誇った。

即位してすぐテッサリアに赴いたとき、大王は自分とテッサリア人が共にヘラクレスの血統に属することを訴えて、彼らの臣従を確保した。アテネの隣国メガラの市民権を受け取ったのは、ヘラクレスだけがこの名誉を受けたとメガラ人が主張したからである。イッソスの会戦の少し前、キリキア地方の都市マッロスで貢租《こうそ》を免除したのは、マッロス人がもともとアルゴスからの植民者で、ヘラクレスの末裔《まつえい》である大王自身と共通の出自《しゅつじ》を持っていると考えたからだ。

フェニキア都市テュロスの主神メルカルトはヘラクレスと同一視されていた。それゆえヘラクレスへの供犠《くぎ》の申し出をテュロス人から拒否されたことは、大王を激怒させた。テュロス攻略を決意した夜、夢の中でヘラクレスが大王の手をとって市内へ導いた。予言者アリスタンドロスはこれを解釈し、ヘラクレスの仕事は苦労を重ねて達成されたから、テュロスも困難の末に攻略できるだろうと言った。七ヵ月に及ぶ包囲戦の後、陥落したテュロスでは大量の市民が殺害されたが、ヘラクレス神殿に逃げた者と、ヘラクレスの祭祀のために来訪していたカルタゴ人使節だけは赦《ゆる》された。それから大王はヘラクレスに犠牲を捧げ、黄金の混酒器と三〇枚の皿を奉納した。エジプトから戻った時にも再び犠牲式を行った。

シーワ・オアシスのアモン神殿を訪問した理由の一つは、ペルセウスとヘラクレスがいずれもここで神託をうかがったと言われていたからである。ヘラクレスは大王の父方の祖先であり、ペルセウスはそのヘラクレスの母方の曾祖父にあたる。彼らの足跡を辿り、彼らと張り合うために、自分も砂漠の彼方を目指そうとしたのだ。また、これら二人の英雄はいずれもゼウスの子であるが、アレクサンドロスも、蛇に姿を変えたゼウスが母親と交わって生まれたとの伝説が流布していた。しかもギリシアではアモン神がゼウスと同一視されていた。それゆえアレクサンドロスは、自分の出生がアモンなる主神ゼウスに由来し、したがって英雄たちと同じ血統にあることを確かめたいと思ったのだった。

インド北部に侵攻した時、バジラの住民がアオルノスという岩山に立てこもった。周囲三六キロ、高さは二〇〇〇メートルという巨大な岩山で、登り道は険しい一本道しかない。ヘラクレスでさえこれを落とせなかったという伝説があり、これを聞いたアレクサンドロスは、ぜひこの岩山を陥落させたいとの「願望」に取り憑《つ》かれた。結果的にこれを降したアレクサンドロスは、ヘラクレスを凌駕《りょうが》したことになる。もう一つ、愛人バルシネから生まれた息子をヘラクレスと名づけたことを付け加えておこう。

ディオニュソスの遍歴

ディオニュソス（別名バッコス）神の信仰は、マケドニア人に馴染《なじ》み深いものだった。その信者、特に女性たちは集団で狂宴乱舞し、陶酔《とうすい》と興奮のなかで神や自然と一体になって恍《こう》惚《こつ》感に浸った。母オリュンピアスがこうした密儀の熱心な信者だったため、アレクサンドロスも幼い時からその信仰に親しんでいた。この神の母親はテーベ王の娘とされ、またヘラクレスの妻はディオニュソスの娘だったとも伝えられる。それゆえこの神は大王の祖先にも連なっており、これが彼の心理にも影響を与えた。

アレクサンドロスは即位の翌年に反乱したテーベを徹底破壊したが、後にこれを後悔したのは、この都市がディオニュソスの出身地であることが関係している。また側近のクレイトスを宴会の席で刺殺した事件も、この神の怒りに帰せられた。宴会当日はディオニュソスに捧げられた神聖な日であったのに、大王は神に供物を捧げるのを忘れたため、神の怒りがこの事件を引き起こしたというのである。これは大王の責任を軽減するための方便であり、ここでは良心の呵責《かしやく》に苦しむ大王を慰める目的で、ディオニュソスが利用されたわけだ。

ところでディオニュソスは小アジアからギリシアへやって来たとされるが、東方遠征に関係するのは、この神がギリシア来訪以前に広く世界を遍歴したという伝承である。前五世紀末に書かれたエウリピデスの悲劇『バッコスの信女』では、ディオニュソスが冒頭に登場し、自分はペルシア、バクトリア、アラビアを訪問したと語っている。アレクサンドロスがこの神を乗り越えようとの野心を抱いたのは、インドで出会ったニュサという町でのことである。ニュサの王は大王に会ってこう言った。この町はかつてディオニュソスがインドを征服した時に建てたものだ、以来その住民は自由の民である、その証拠にインドでは見られない木蔦《きづた》がここでは生育している、と。そこでアレクサンドロスは、ニュサの住民を自由自治の民として認めた。実際マケドニア人は、近くのメロスという山で、おびただしい木蔦や葡《ぶ》萄《どう》の木が生い茂っているのを見出した。ディオニュソスは葡萄の栽培を人間に教えた神であり、彼自身も葡萄の蔓《つる》や木蔦を身につけている。それゆえマケドニア人は、そこが紛れもなくディオニュソスの聖地だと思い込み、バッコスの信者のように森の中をさ迷い歩き、一〇日間にわたってディオニュソス崇拝の乱痴気《らんちき》騒ぎに耽《ふけ》った。

ニュサが現在のどこにあたるのかは不明だが、そもそもこの神がインドを征服したという伝承はどのようにして作られたのか。考えられるのは、ニュサの王がこの神話を創作し、これを利用して大王から町の自由を確保したということだ。大王はインド侵攻にあたり、あらかじめタクシラ王国やインダス川の西側一帯に使者を派遣し、首長たちに自分の下へ出頭するよう命じていた。それゆえ大王の意図は広く知られており、ニュサの王が対応を準備する時間は十分にあった。そこで土着の神話を利用し、アレクサンドロスを喜ばせるに十分なもっともらしい神話を創作したのであろう。彼の狙いは的中し、町の自由が許された。一方アレクサンドロスとマケドニア人は、至る所に神々の痕跡を見つけようとはやりたっていた。彼らは遠征先の住民から提供された証拠に飛びつき、大王は早速ディオニュソスを乗り越えようとの願望に取り憑かれたのである。

今一度、インド人がこの伝説を利用した例がある。前三二五年、インダス流域のマッロイ人が最終的に大王に降伏したとき、その地方の他の支配者も使節を送ってよこした。彼らは、自分たちの自由はかのディオニュソスがインドにやって来た時から守られていると述べて、臣従を申し出た。これは、大王の神話観が現地住民にも広く知られており、彼らがそれを理解して、自分たちの生き残りのために利用したことを示している。

ゲドロシアの砂漠を踏破してカルマニアに着いた時、マケドニア人は無事な生還を祝い、一週間にわたってディオニュソス風の祝祭を行いながら行進した。メロス山の場合と同じく、苦難に満ちた行軍の後では、兵士の精神的な休息と癒しのために、ディオニュソスの祭典が催されたのである。

このように東方遠征中のアレクサンドロスは、常に英雄や神に対する模倣と対抗意識に貫かれ、それを凌駕しようとの意志に突き動かされていた。

不滅の名誉と大王神話

名誉こそすべて

英雄への憧れが示すように、アレクサンドロスの精神世界は、基本的にホメロスの叙事詩が描く英雄社会のそれであった。ホメロス社会で何より重要なのは名声で、人々は死後に残る不滅の名誉・名声を求めて生きていた。集団の中で抜きん出た名声を手にするため、彼らは互いに競い合う。そうした競争＝アゴンの精神が、英雄たちを内面から突き動かしていた。アレクサンドロスが英雄たちと張り合い、それを凌駕しようとしたのも、まさしく不滅の名声を残すためである。それゆえ彼は常に勝利者であり、不敗でなければならない。しかも勝利は一度ならず、常に手に入れねばならない。それだけが彼の卓越性を証明してくれる。途中で歩みを止めるわけにはいかないのだ。こうして彼は前人未踏《ぜんじんみとう》の世界の果て、人の世をはるかに超える高みを目指して無限の前進を続ける。こうした英雄的心性こそが、彼の功業を生み出す原動力なのだった。

アレクサンドロスの名誉心がどれほど強烈だったかは、むしろ彼が自分の名誉や自尊心を傷つけられたと感じた時の反応を見ればよくわかる。

プルタルコスによると、フェニキア諸都市を占領したのち、彼は少年時代の家庭教師レオニダスに、五〇〇タラントンの乳香《にゅうこう》、一〇〇タラントンの没薬《もつやく》という大量の香料を贈った。

かつて彼が犠牲を捧げる際、香料を両手でつかんで火にくべたところ、レオニダスが「そんなにどっさり使うのは、香料の産地を占領した時になさい。今はあるだけの物を節約してお使いになるべきです」と言ったのである。そこでフェニキアを占領した今、彼はレオニダスに手紙を書き、「乳香と没薬をどっさり贈りましたから、神々にけちな振舞いはなさいませんように」と言い返した。今で言うリベンジだ。自分の自尊心を傷つけた者に対する恨みを執念深く抱き続ける性向がうかがえる。

インドのヒュファシス川で反転を余儀なくされたことは、彼にとって初めての挫折であった。それまですべてを思い通りにしてきたのに、頼みとする軍隊の抵抗に遭い、初めて自分が兵士たちに屈服したのだ。この出来事はアレクサンドロスの内面に深い傷を与え、常識では考えられない反応を引き起こした。

第一に、インダス川下りの途中、マッロイ人との戦闘で敵の城壁内に単身飛び降り、瀕死の重傷を負った。指揮官失格と言うほかないこの振舞いは、内心の傷から回復しようとする努力にほかならない。自分は人間を超えた英雄であったはずだ、なのにヒュファシス川で並みの人間の水準に引きずり下ろされてしまった。傷ついた名誉を取り戻すには、もう一度自己の英雄性を証明しなければならない。だからこそ彼は一見無謀な行動に訴えたのである。アリアノスもこう述べている。「どうせ危険を冒さなければならないなら、いっそ華々しく戦い、後世に語り継がれる輝かしい武勲を残して、ここで討ち死にしようと決意した」（第六巻九章）。無事に生還できれば自分の英雄たることを証明できる、死ねば不滅の名声が残る。指揮官ではなく名誉に賭ける一人の戦士、まさにホメロス的英雄そのものである。第二は、インドからの帰途におけるゲドロシア砂漠の横断である。これは一面では、偉大な先人への対抗意識の現れである。アリアノスによると、アッシリアの伝説の女王セミラミスと、ペルシア建国の父キュロス二世が、かつてこの砂漠を横断したという。しかし二ヵ月に及ぶ砂漠の死の行進は、そのような対抗心だけでは説明できない。それはむしろ、遠征継続を拒否した兵士たちへの報復だったのではないか。逆らう者はただでは済まさない。これも自己の名誉回復の一つの現れだったと思われる。

名誉と礼節

自分の名誉を追求するアレクサンドロスは、他人の名誉も重んじた。誇り高き人物に対しては、敵であっても礼節を尽くして振舞った。二つの事例を紹介しよう。

前三三五年、テーベの反乱を鎮圧して都市を占領した時のこと、トラキア人部隊の隊長であるマケドニア人が、ティモクレイアという高貴な女性の家に押し入った。尊大で無思慮なこの男は、酒をあおって彼女を陵辱《りょうじょく》した上、財宝を差し出せと迫った。彼女が、財宝なら庭の空井戸《からいど》に投げ入れたと答えると、男はすぐに案内させ、一人で井戸の底に下りていった。するとティモクレイアは、召使たちと一緒に井戸にたくさんの石を投げ込み、男を殺してしまった。これを知ったマケドニア兵らが彼女を捕らえてアレクサンドロスの前に連行した。臆することなく堂々と歩いてくる彼女の容姿と顔つきから、王はこの女性が高貴な身分であることを見て取り、その素性を尋ねた。すると彼女は、ギリシア人の自由のために指揮をとり、カイロネイアで戦って倒れた将軍テアゲネスの妹であると答えた。王は彼女の勇気と言葉に感服し、ティモクレイアとその子供を自由の身にしてやった。

これはプルタルコスが伝える逸話で、大王が敵の女性に対し、征服者として寛大な態度を示した最初の事例である。

もう一つは、インドで戦ったポーロス王の例である。ヒュダスペス河畔の会戦でポーロスは、味方の軍勢が次々と打ち破られ敗走するのを目にしても、ダレイオス三世のように逃走したりせず、最後まで戦場に踏みとどまって戦った。しかし右肩に傷を負い、戦象の向きを変えて後退した。アレクサンドロスは、ポーロスの天晴れな戦いぶりを見て彼を助けたいと思い、ポーロスの友人であるインド人を派遣して彼を呼び戻した。ポーロスがやって来ると、大王も少数の側近だけを従え、戦列の前で出迎えた。王は、身長二メートルを超すポーロスの堂々たる体軀と端麗な容姿に驚き、彼の武勇を称賛して、望むところを申し述べよと言った。ポーロスは、「私を王として扱ってほしい」とだけ答えた。アレクサンドロスは喜び、彼の王国を安堵した上、別の土地も与えてやった。こうしてポーロスは、大王の信頼しうる友となったという。

勇者は勇者を知る。最後まで誇りを失わない王者に対し、アレクサンドロス自身も王者にふさわしく振舞ったのである。

大王神話の創出

名誉の追求のもう一つの現れが、アレクサンドロスにまつわる神話・伝説の創造である。自らを神話化することは、彼の人格の一部であると同時に、その時々における遠征軍の状況とも密接なかかわりを持っていた。

遠征一年目の前三三四年冬、マケドニア軍は小アジア南岸のファセリスを通過した。その付近は山が波打ち際まで迫っており、南風が強い日には波浪が狭い岩場にまで打ち寄せるので、磯の道を通ることができない。ところがアレクサンドロスがやって来た時は、たまたま北風が吹いて波を押し戻したため、マケドニア軍は波に妨げられることなく通過できた。従軍歴史家カリステネスは、さっそくこれを神意の現れ＝天佑《てんゆう》と見なして大王の幸運を称え、波が大王に跪《ひざまず》いてペルシア風の跪拝《きはい》の礼をとったと描いた。つまり、アジアの海がアレクサンドロスを主人として迎えたというのである。

この事例は、大王神話が今まさに誕生する現場を垣間見せてくれる。アレクサンドロスを取り巻く人々は、大王を常に半神半人の英雄として眺め、何であれ大王の言動を英雄的な色彩のもとに受けとめた。アレクサンドロスも自分が伝説化・神話化されるのを受動的に眺めるだけでなく、周囲のそうした視線を十分に意識し、自己の言動が脚色されながら流布するのを容認し、時にはそれを促進した。それは自己の名誉を神話という形で固定し不滅のものとするためである。さらに大王の公式発表が語られる相手は決して後世の人々ではなく、今まさに遠征を共にしているマケドニア人将兵たちである。将兵たちはその時々のアレクサンドロスの言動から一定のメッセージを読み取り、彼らなりの解釈を施していく。そうした解釈がまた新たな大王神話を生み出していく。それゆえアレクサンドロスにまつわる神話・伝説は、大王自身とマケドニア人将兵と従軍歴史家＝記録者の合作であり、その時々の遠征の状況に応じて作られた政治的メッセージであるともいえよう。こうした大王神話の特徴をすべて備えるのが、ゴルディオンにおける有名な結び目の伝説である。

ファセリスの港跡　東地中海に開けたギリシア植民市ファセリスは、良港に恵まれていた。著者撮影

ゴルディオンの結び目伝説

前三三三年初夏、アレクサンドロスは小アジア中部フリュギア地方の首都ゴルディオンを進発する前に、ゼウス神殿、一説には王宮のある城砦を訪れた。そこには、かつてゴルディオス、別伝ではその息子ミダスが王位についた時に奉納したといわれる荷車があった。その荷車の轅《ながえ》は、ミズキの樹皮でできた紐で固く結ばれ、紐の先端が見えないためほどくことができない。しかも、この結び目を解《と》いた者がアジアの支配者になるとの伝説があった。アレクサンドロスはさっそく挑戦したが、解き方がわから

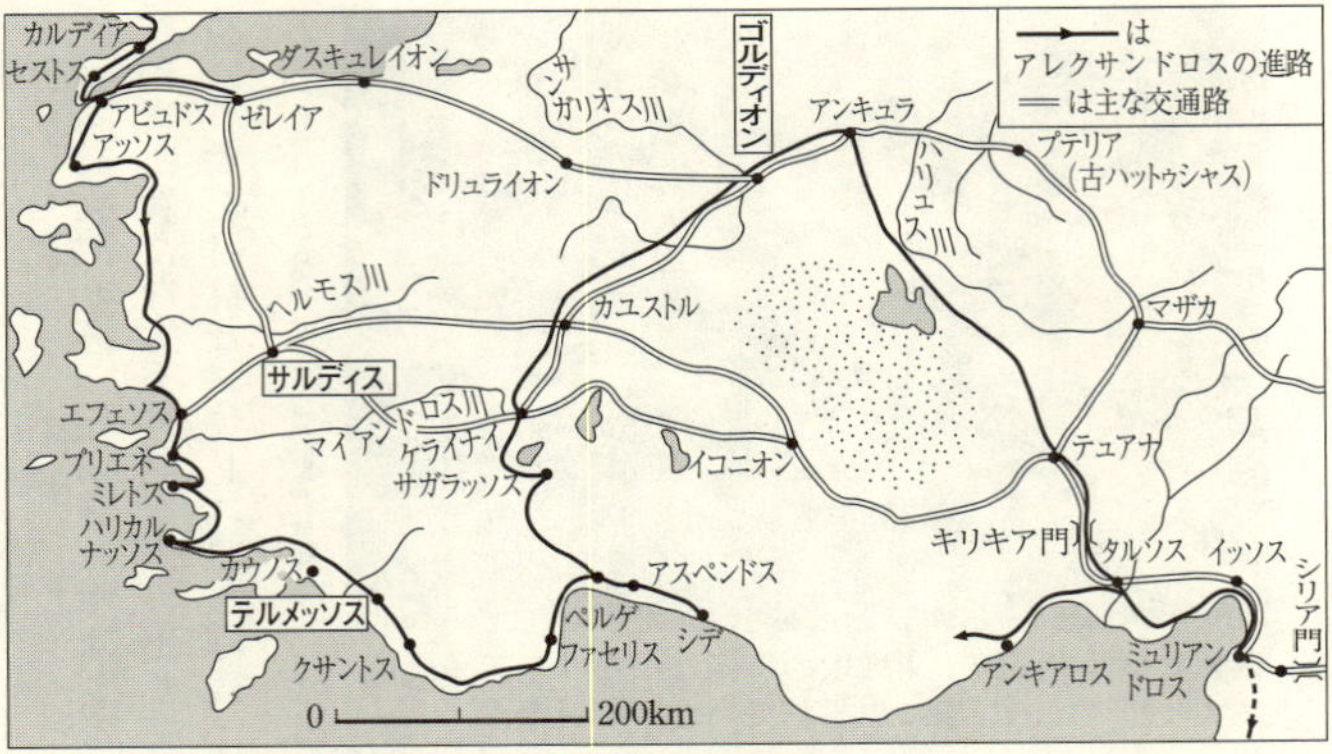

小アジアの交通路とアレクサンドロスの進路

ず、剣で結び目を切ってばらばらにしたという。ところが別の伝承では、彼は結び目を固定している留め釘《くぎ》を抜き、たやすくほどいたという。

大王が結び目を解いた方法については、複数の目撃証言が食い違っており、その様子を復元することはもはや不可能である。これに対して荷車伝説については、土着の伝承が大王にふさわしく改変された様子を具体的に見ることができる。

ゴルディオスについて最も古い伝承を保存しているのは、ユスティヌスの大王伝である。それによると、貧しい農民ゴルディオスが農作業中、あらゆる種類の鳥が彼の周囲を飛び始めた。そこで近くの鳥占い師に相談しようと出かけたところ、城門で美しい娘と出会った。娘に事情を話すと、占いの心得がある彼女は彼に王国が予言されていると言い、彼女の申し出により二人は結婚した。その後フリュギア人が内紛に陥った時、神託は、ゼウス神殿に最初に荷車で入るのを見つけた人物

「ミダスの町」の丘にそびえる記念建造物　壁面にはミダス王の名が刻まれている。その中央下部の入口に、かつてキュベレの像が置かれていた。全高20m。著者撮影

フリュギアの大地母神キュベレの像　左手に鳥を抱え、建物の入口に立つ姿で彫られている。アナトリア文明博物館蔵　著者撮影

を王にするようにと命じた。それがゴルディオスで、王となった彼は荷車を神殿に奉納し、彼の後には息子のミダスが王位を継いだ。

この物語には、フリュギア地方特有の要素が色濃く反映している。第一に、ゴルディオスに前兆を与えた鳥は、フリュギアでは大地母神（キュベレ）の持物《じぶつ》で、彫刻ではこの女神は左手に猛禽《もうきん》類の鳥を持って表される。第二に、彼は城門で少女に出会ったが、女神キュベレは建物の入口に立つ姿で表現される。第三に、ギリシア・ローマのキュベレ崇拝では、祭りの行列において荷車が女神を運ぶ。第四に、ギリシア・ローマの文献では、ミダスはキュベレ女神崇拝の創設者とされている。また、通称「ミダスの町」（現ヤズルカヤ）で彼に捧げられた

記念建造物では、キュベレ女神の立像が入口の壁龕《へきがん》に彫られていた。

要するに荷車伝説は、フリュギア地方に広まっていた大地母神キュベレの崇拝をもとにし、ミダス王とキュベレ女神との深いかかわりから生まれた。それゆえ伝説が予言する王とは、フリュギアの王、せいぜい小アジアの王にすぎなかったと考えられる。

伝説の改変と再創造

これに対してアリアノスの大王伝が伝える荷車伝説は次のようである。

ゴルディオスが農作業中、一羽の鷲が荷車の轅《ながえ》に夕方まで止まった。彼がテルメッソス人の占い師のもとへ出かけたところ、村の手前で水を汲む少女に出会った。彼女も占いの心得があったので、彼に元の場所に戻ってゼウスに犠牲を捧げるよう勧めた。ゴルディオスは少女にやり方を教わり、それから二人は結婚してミダスが生まれた。ミダスが成人した時、フリュギア人は内紛に陥り、神託は荷車が王を運んでくるだろうと告げた。人々が集まっている所へミダスが両親と共に荷車でやって来た。そこで人々はミダスを王位につけ、彼は内紛を鎮めて父の荷車をゼウスに捧げた。

この物語にはいくつかの改変の跡がある。

第一に、前兆をもたらした鳥を鷲と特定している。鷲はゼウスの象徴だから、ゼウスの血を引く大王にふさわしい。

第二に、王位につけられた人物がゴルディオスから息子のミダスに変えられた。ミダスは前七世紀後半に実在したフリュギア王である。しかるにマケドニア人の間には、フリュギア人がかつてマケドニア地方に住んでおり、ミダス王が彼らを連れてアジアに移住したとの伝承があった。しかもマケドニア王国発祥の地はミダスの園と呼ばれており、それゆえミダスの名はマケドニア人に馴染み深いものだった。

第三に、アリアノスも、結び目を解《と》いた者がアジアを支配するという予言を伝えている。東方遠征当時、アジアという言葉はペルシア帝国とほぼ同義に使われていた。それゆえこの予言は、アレクサンドロスの王権が小アジアをはるかに超えてアジア全体に及ぶという意味になる。

第四に、ゴルディオスが訪れた場所がテルメッソスに特定された。この町は、遠征に従軍し大王の厚い信頼を受けていた予言者アリスタンドロスの出身地である。

以上のような改変は、歴史家カリステネスによってなされたと私は考えている。彼は大王の正史の執筆者として、フリュギア土着の伝承を大王にふさわしく作り変えたに違いない。さらに彼の記述は、大王自身が点検し承認していたと考えられるので、それは大王公認の物語でもあった。ではアレクサンドロスが結び目を解き、カリステネスが荷車伝説を改作したことは、いかなる意味を持っていたのか。それは、当時の遠征軍が置かれていた状況にかかわる。

大王がゴルディオンを出発する前三三三年初夏の時点で、遠征の前途は決して楽観できるものではなかった。エーゲ海東部の制海権はペルシア側にあり、ギリシア諸国もいつペルシア海軍に呼応するかわからない。首都バビロンでは、ダレイオス三世が決戦に備えて大部隊を集結させつつあった。これに対し、アレクサンドロスには引き返すという選択肢はもちろんなく、東への前進あるのみだ。ただし、将兵には何らかの意思表示をする必要があり、そのための手段を彼は荷車伝説に見出した。結び目に挑戦してこれを解けば、それは、自分がアジアの王になることを神が是認したとのメッセージとなる。それゆえ解き方は問題でなく、とにかく轅を頸木《くびき》からはずせばよいのだ。

一方マケドニア人将兵にとっては、荷車を奉納したフリュギア王ミダスは、マケドニア建国伝説のミダスと一体となる。ゴルディオンから東へ進めば、そのミダスを凌駕するだけでなく、アジアの王という神託の成就につながるだろう。こうしてミダスは大王に重なり、神話と現実が融合する。アレクサンドロスのねらいは、こうした将兵の心理に訴え、東方へのさらなる前進に向けて彼らの士気を鼓《こ》舞《ぶ》することにあった。

こうしてゴルディオンの結び目伝説は、大王、従軍歴史家、一般将兵という三者の合作として創造され流布したのである。アレクサンドロス神話の形成とは、大王自身による既存の神話・伝説の再解釈であり再創造であったといえよう。このような自己の神話化は、不滅の名誉の追求と結びついて、アレクサンドロスの人格の本質的な部分を形作っていたのである。

第九章　後継将軍たちの挑戦

帝国の解体

大王の死と後継者問題

前三二三年六月一〇日、アレクサンドロスはバビロンで世を去った。後継者についての遺言はなく、しかも王族には後継者となりうる成年男子が存在しなかった。異母兄弟のアリダイオスは知的障害があって、宗教行事以外の政務や軍事を担当する能力はなく、ロクサネは妊娠八ヵ月だった。側近たちはマケドニア軍将兵らとも協議の上、アリダイオスをフィリッポス三世として即位させること、ロクサネが男子を生めば、その子も王位につけるべきことを取り決めた。それから二ヵ月後にロクサネが男子を生み、この子がアレクサンドロス四世として即位した。もちろん二人の王に統治能力はなく、側近の中からペルディッカスが摂政に選ばれた。というのは、彼は病床の大王から指環を委ねられており、これが事実上の後継指名と見なされたからだ。こうしてペルディッカスを中心に、他の有力な側近たちが集まって総督領を分け合った。しかし彼らはほどなく対立し、大王の遺産をめぐって約半世紀に及ぶ後継者戦争に突入する。その渦中でマケドニア王家は断絶、前三〇六年から前三〇四年にかけて、後継将軍たちは次々と王を名のり、ここに五つのヘレニズム王国が誕生した。さらにそれらが三つに淘汰《とうた》され、最終的にアンティゴノス朝マケドニア、プトレマイオス朝エジプト、セレウコス朝シリアが生き残ることになる。

後継者戦争の勃発

後継者戦争のきっかけを作ったのは、摂政ペルディッカス自身である。彼は反対派の人物を裏切り者として排除した上、自己の地位を固めるために、マケドニア本国の統治者アンティパトロスの娘を娶《めと》った。ところがその後、彼は大王の実の妹クレオパトラと結婚することを望み、妻とは離婚しようとする。これを知ったアンティパトロスは激怒し、他の将軍たちも彼の野心を警戒して、ここに反ペルディッカス連合が形成されたのである。たしかに王族女性との縁組みは、自己の威信を高めるのに格好の手段である。しかし反面、それは王位への野心を抱いているとの疑惑をよび、王権への挑戦すら意味することになる。いまだ王国の統一が保たれているこの段階では、王族女性との結婚はこの上なく危険な選択だった。

前三二一年、包囲されたペルディッカスは軍を二分し、一方を小アジアに派遣してアンティパトロス派の軍勢に当たらせる一方、彼自身はプトレマイオスを討つためエジプトへ向かった。ペルディッカスのエジプト侵攻には、次のような背景がある。アレクサンドロスは生前に、自分がシーワ・オアシスのアモン神殿に埋葬されることを望んでいた。彼の遺体は摂政ペルディッカスの監督下、バビロンで防腐処理が施され、豪華な霊柩車《れいきゅうしゃ》が二年もかけて作られた。同年、ペルディッカスは、王の遺体をシーワではなくマケドニアの古都アイガイに埋葬しようと考え、本国へ向けて送り出す。ところが霊柩車がシリアを通過する時、プトレマイオスが軍を差し向けてこれを奪い取り、遺体をエジプトに持ち帰ってしまった。彼は首都メンフィスで大王の葬儀を行って埋葬し、後に遺体をアレクサンドリアに移した。大王の遺体を自分の総督領に確保することで、プトレマイオスは他の後継将軍にはない大きな威信を手にすることができたのである。大王の遺体を奪われるという屈辱を受けたペルディッカスは、今やプトレマイオスを宿敵と見なし、討伐に向かったのだった。しかし彼の軍はナイル川の渡河に失敗し、二〇〇〇人もの兵士が川に流されて犠牲となった。激昂《げっこう》した部下たちはペルディッカスの天幕に押し入り、彼を殺害してしまう。こうして摂政ペルディッカスの統治はわずか二年で終わった。

　このあと、後継将軍たちはシリア北部の

プトレマイオス１世　大王の死後、エジプトの総督に任命され、後にプトレマイオス朝エジプトを創始する。*The Portraits of the Greeks*より

アンティゴノス　「アレクサンドロスの石棺」に彫られた騎兵の姿がアンティゴノスとも解釈されている。*Faces of Power*より

町トリパラデイソスに集まり、総督領の再分配を含む協定を結んだ。今度はアンティパトロス自身が摂政となり、会議のあと王族を引き連れてマケドニアに帰国した。宮廷がアジアからヨーロッパに移ったことは、アレクサンドロス帝国の分裂を促す要因となる。一方、アジアの軍隊の指揮官には隻眼《せきがん》のアンティゴノスが任命され、事実上アジアにおける最高権力者となった。アンティゴノスはフィリッポス二世と同年で、王と共にマケドニアの興隆を身をもって経験した人物である。東方遠征二年目に、彼は小アジアのフリュギア総督に任命され、大王の死をはさんで一三年間統治して、小アジアにおけるマケドニアの実効的な支配の確立に貢献した。トリパラデイソスの会議から、前三〇一年イプソスの会戦で敗死するまでの二〇年間、アンティゴノスは一貫して後継者戦争の中心に位置することになる。

マケドニア王家の断絶

前三一九年、アンティパトロスは病に倒れ、後継の摂政にポリュペルコンを指名して八〇年の長い生涯を終えた。ポリュペルコンはすでに六〇代、東方遠征では有能な部隊長で兵士たちにも人気があったが、総督の経験はなく、他の将軍たちの才覚には到底及ばなかった。アンティパトロスの長男カッサンドロスは、自分が父に無視されたことに我慢できなかった。彼は国内で秘かに同志を募った上、アンティゴノスから軍事援助を得てポリュペルコンに反旗を翻す。こうして摂政の座をめぐって王国が分裂し、王族女性たちも二手に分かれた。ポリュペルコンの側には、ロクサネと大王の遺児アレクサンドロス四世、大王の母オリュンピアス。カッサンドロスの側には、フィリッポス三世アリダイオスとその妻エウリュディケ。今や王権自体が真っ二つに分裂したのである。

前三一七年秋、決戦のときが来た。片やオリュンピアスは孫息子のアレクサンドロス四世を擁し、何としても亡き息子の血統を守ろうとの決意に燃える。これに対してエウリュディケは、フィリッポス二世の孫でイリュリア王家の血を引き、少女の頃から軍事訓練を受けてきた軍人王妃である。大王の死後、彼女は母キュンナと共にバビロンへ赴き、伯父に当たるフィリッポス三世と結婚して王妃となった。カッサンドロスに摂政の地位を与えると宣言したのは、野心に満ちた彼女である。こうして二〇歳のエウリュディケは、知的障害者の夫を差し置き、事実上の王として振舞い始めた。ただし、彼女がカッサンドロスとの合流を待たず、単独で軍を率いたのは致命的な誤まりだった。

両軍が向かい合うと、エウリュディケ側の兵士たちはオリュンピアスへの敬意と亡き大王の恩恵を思い起こし、一斉にオリュンピアスの側へ走った。戦闘は行われず、フィリッポス三世とエウリュディケはあっさり捕虜となる。オリュンピアスはただちにフィリッポスを殺害、エウリュディケには自殺を強制して復讐を遂げ、さらにカッサンドロスの弟を含むマケドニア人有力者を一〇〇人も殺害した。そこへカッサンドロスの軍が到着し、オリュンピアスはピュドナの町に包囲される。冬をはさんで数ヵ月に及ぶ籠城《ろうじょう》の末、前三一六年春、遂に彼女は降伏し、処刑された。享年約六〇歳だった。

こうしてカッサンドロスがマケドニアで実権を握り、オリュンピアスに付き従っていた大

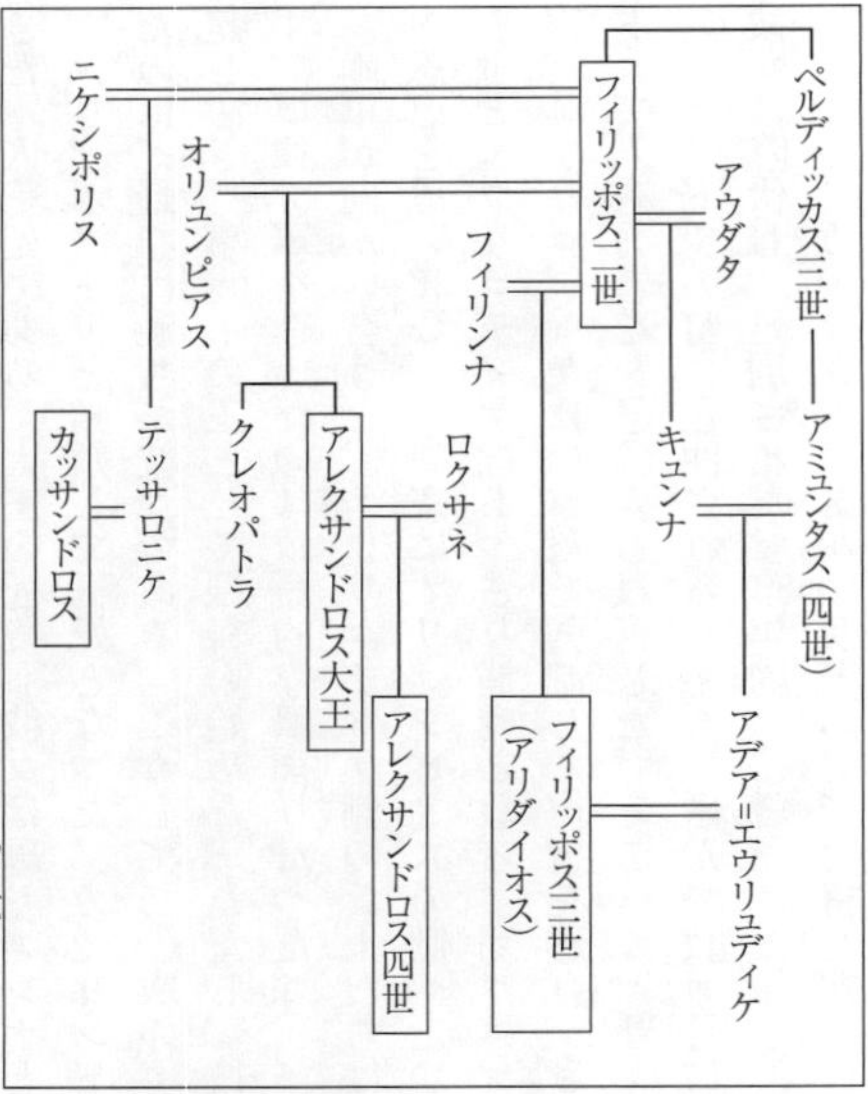

マケドニア王家の系図

王の異母妹テッサロニケを妻とした。ポリュペルコンとの間で摂政の地位を争っている以上、政治的威信を得るためにも王家との縁組みが必要だったのだ。

問題はアレクサンドロス四世の扱いである。名目だけの七歳の王を今さら前面に立てる必要はない。かといって、彼を殺害すれば王殺しの汚名を着せられ、他の将軍たちに攻撃の口実を与えることになる。結局彼は、ロクサネとアレクサンドロス四世をアンフィポリスで監視下に置き、事実上幽閉《ゆうへい》した。

後継将軍たちの戦闘はなおも続いたが、前三一一年、アンティゴノス、カッサンドロス、リュシマコス、プトレマイオスの四人は、現状維持を基本として和約を結び、互いの権力を承認した。和約はまた、アレクサンドロス四世が成人するまで、カッサンドロスがヨーロッパの将軍となることを定めていた。この時アレクサンドロス四世は一二歳、すでに実権を手にしていたカッサンドロスにとっては邪魔な存在でしかない。前三一〇年頃、彼はロクサネ母子を秘かに殺害し、ここにマケドニア王家は断絶した。殺害の事実が公表されたのは数年後のことである。

他の王族女性の運命も悲惨だった。大王の実の妹クレオパトラは、摂政ペルディッカスとの結婚を望んだが果たせず、彼の死後小アジアのサルディスにあって、アンティゴノスの監視下に置かれていた。前三〇八年、彼女は脱出してエジプトへ向かおうとするが、発覚し、アンティゴノスの部下の手で殺された。大王の愛人バルシネが生んだヘラクレスは、庶子であるため王位継承からは完全に排除され、小アジアのペルガモンで鳴りを潜めていた。ギリシアを拠点にカッサンドロスとの抗争を続けていたポリュペルコンが、前三一〇年、最後の切り札としてこの母子を呼び寄せる。ヘラクレスは一七歳だった。しかしカッサンドロスの巧みな駆け引きに乗せられて、彼は母子ともに殺害した。カッサンドロスの妻となったテッサロニケだけは、三人の男子を生み、夫の王位宣言によって王妃の称号も与えられるなど、唯一人幸福を手に入れたかに見える。しかし前二九七年にカッサンドロスが死ぬと、息子同士の後継者争いが原因で、次男に殺害されてしまった。

こうして大王の死後、マケドニア王家の女性たちは例外なく非業の死を遂げた。しかし、王族女性たちが王位争いの前面に登場したのは、マケドニア王国史上例のないことである。大王という絶対の保護者を失い、しかも男子の後継者が不在という危機的な状況に直面した彼女たちは、その潜在能力を発揮して政治の表舞台に現れ、王権を守るために能動的な役割を果たした。王族女性自らが、王位継承者の立場を引き受けて行動したと言ってもよい。非業の死に終わったにせよ、彼女たちが王族として最大限の努力を払ったことは称賛に値するだろう。

ヘレニズム諸王国の誕生

先鞭《せんべん》をつけたアンティゴノス

前三二一年のトリパラデイソスの会議以来、アンティゴノスはマケドニア全軍の指揮官として事実上アジアの最高権力者となり、息子デメトリオスとともに勢力拡大に乗り出した。小アジアの諸属州に加え、シリア、パレスティナの全域を直接支配した上、前三一六〜前三一五年の遠征で東方諸属州の総督たちを服属させ、バビロニア総督セレウコスを追放する。こうして東地中海からイラン東部に及ぶ広大な領域を支配下に収めた。後継将軍の中で最初に王位を宣言したのが彼である。前三〇六年、デメトリオスの海軍がキプロス沖でプトレマイオスの艦隊に大勝利を収めると、首都アンティゴネイアで入念な演出のもとに即位式が行われた。勝利の報告を携えた使者がただ一人で宮殿に赴き、入口で出迎えるアンティゴノスに近寄って、「アンティゴノス王よ、おめでとうございます」と大声で呼びかけ勝利を告げる。集まった民衆も、アンティゴノスとデメトリオスの父子を王と呼んで叫び、直ちに朋友たちがアンティゴノスに王冠を授けた。彼は息子にも王冠を贈り、手紙の中で息子を王と呼んだ。

それまでの時代、王になるには王家の血統に属することが必須の条件だった。ところがアンティゴノスが依拠したのは、血統ではなく戦争での大勝利という卓越した業績である。ここに個人の才覚と偉業によって王位を獲得するという、まったく新しい性格の王権が誕生したのである。さらに彼が息子を同時に王としたことは、王位の世襲、すなわち新しい王朝の創始を意味している。

アンティゴノスに続いて、他の将軍たちも次々と王を名のった。プトレマイオスは、前三〇四年、同盟国のロドスが丸一年に及ぶデメトリオス軍の海上包囲戦に耐えて勝利した機会に、王の称号を採用した。バビロニア総督に復帰していたセレウコスも、東方諸属州の支配を回復してから王を名のった。トラキアのリュシマコス、マケドニアのカッサンドロスもこれに倣《なら》う。こうしてごく短い期間に、かつてのアレクサンドロス帝国から五つの王国と六人の王が出現した。

デメトリオス　父アンティゴノスと共に戦い、小アジアにアンティゴノス王国を建設する。*The Portraits of the Greeks*より

とはいえ、王国相互の関係は不安定かつ流動的で、常にアンティゴノスが台風の目となった。対立が再燃した前三〇一年、小アジア内陸のイプソスにおいて、アンティゴノス・デメトリオス父子とその他の王たちの間で決戦が行われた。戦闘では前者が

優位に立ったが、デメトリオスの深追いが原因でアンティゴノスは孤立し、戦死してしまう。八一歳であった。こうして彼の王国は瓦解《がかい》し、その領土は他の王たちが山分けした。しかし短命に終わったものの、アンティゴノス王国は、ヘレニズム諸王国の形成に無視できない刻印を残した。そこには彼独自の経歴が反映している。

ヘレニズム王国の原型

アンティゴノスの経歴には、他の後継将軍たちにない二つの特徴がある。一つは彼がフィリッポス二世と同年で、マケドニア王国の興隆に直接関与したことである。フィリッポスと共にバルカン半島における数々の戦争に参加し、軍隊においても重要な地位を占めてきた。また軍の改革、都市建設、植民活動といった、フィリッポスのさまざまな施策を目の当たりにしてきた。一つの国を建設するとはどういうことかを、青年時代から壮年期にかけてのアンティゴノスは、身をもって学び取ったに違いない。もう一つの特徴は、東方遠征二年目に小アジアのフリュギア総督に任命され、ペルシア流の総督として一三年間統治したことである。小アジア中部に位置するフリュギアは、遠征軍とマケドニア本国とをつなぐ通信・補給・援軍派遣の要であり、ここを安定的に支配することは遠征の成功にとって不可欠だった。事実、イッソスの会戦後にペルシア陸軍の反攻を抑え、フリュギア周辺地域を平定したのは彼自身である。内政においても、ペルシア帝国以来の統治を継承した。こうしてアンティゴノスは、フィリッポス二世のマケドニア王国とアカイメネス朝ペルシアの属州という二つの遺産を継承し、それを彼自身の王国建設に生かすことができたのである。

具体的に見ると、彼の常備軍はマケドニア軍をモデルとして、親衛部隊、近衛騎兵部隊、近習部隊などを含んでいた。側近集団はフィロイ（朋友）と呼ばれ、特に重要な指揮官クラスが幕僚会議を構成した。これは、ヘタイロイと側近護衛官というアレクサンドロス時代の側近集団を受け継ぐものだ。王国内の諸属州には総督ないし将軍が派遣され、彼らが軍事・行政・司法・財政のすべての権限を一手に握った。彼らもそれぞれ個人的なスタッフを抱え、地方長官や下級役人を統轄した。総督から役人たちに至るまで、その権限や影響力は王や宮廷との個人的関係に依存するところが大きく、全体として王国の統治組織は柔軟で流動性に富んでいた。これらはいずれもアカイメネス朝時代の特徴である。王国の支配階級はもちろんマケドニア人だが、ペルシア人をはじめ有能なアジア人も軍や宮廷の高官に登用されたことは、大王の政策と共通する。さらにアンティゴノス王

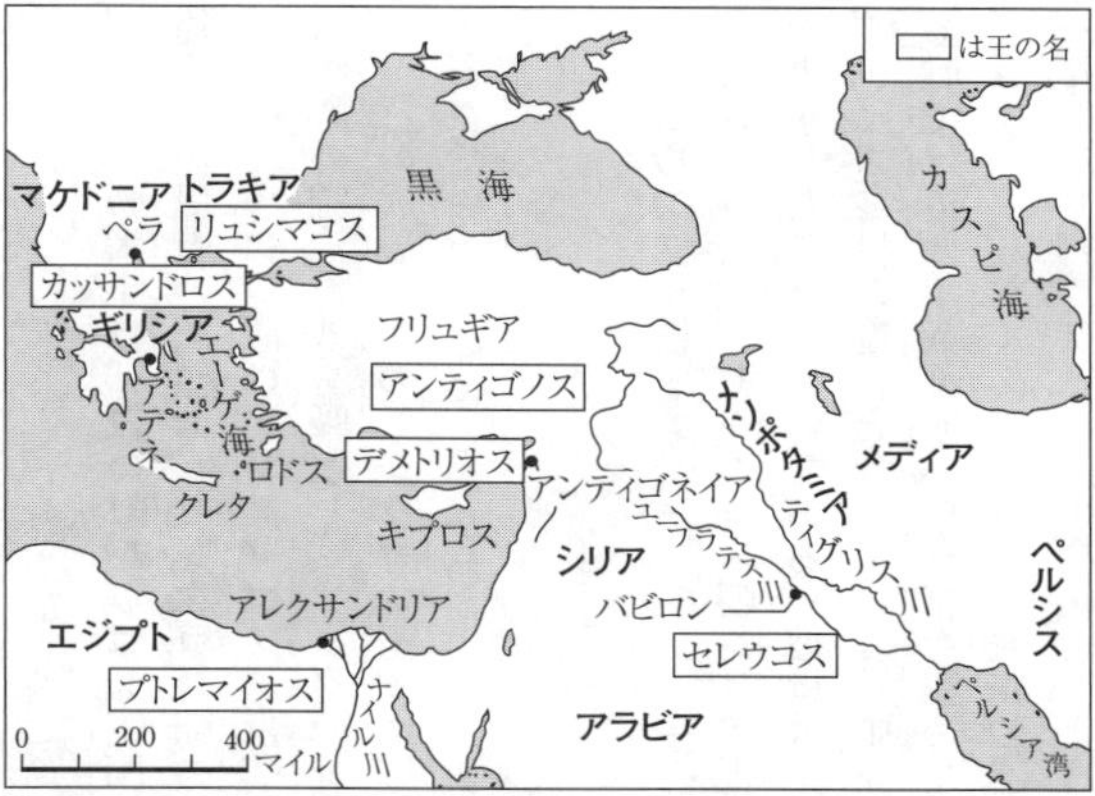

ヘレニズム諸王国の出現

国の領域の大半は、後にセレウコス王国の中心部となるが、アンティゴノスが手がけた都市建設と植民者の入植は、セレウコス朝の王たちによってさらに大規模に推進される。

このように隻眼のアンティゴノスは、マケドニア王国とアカイメネス朝という二つの異なる国家の統治方式を吸収し、アレクサンドロス帝国の経験をも踏まえて彼自身の王国を建設し、その成果は次のセレウコス王国に継承されていった。この意味でアンティゴノス王国は実質二〇年の短命にもかかわらず、ヘレニズム諸王国の原型を形作ったと言うことができる。

セレウコス王国

セレウコスは、セレウコス朝シリア王国の祖となって、アレクサンドロス帝国の最大領土を継承したことで有名である。彼は大王より二歳ほど年長で、前三四〇年代にはすでにフィリッポス二世の近習となっていた。中央アジア方面での戦闘で頭角を現し、ポーロス王との会戦では近衛歩兵部隊の指揮官を務めている。大王の死後、バビロンの会議では総督に指名されず、摂政ペルディッカスの直属の部下として二人の王を守る役目を与えられた。前三二一年のトリパラデイソスの会議で、ようやくバビロニア総督に任命されるが、五年後にアンティゴノスによって追放され、エジプトに身を寄せた。前三一二年、パレスティナのガザにおいて、アンティゴノスの息子デメトリオスの軍がプトレマイオス軍に敗れ、いったんシリア北部に後退する。セレウコスはこの機を捉らえてプトレマイオスから少数の部隊を得、バビロンに帰還して総督の地位を回復した。

その後アンティゴノス派の勢力を駆逐し、ティグリス河畔に新しい首都セレウキアを建設した。こうして権力を安定させると、彼は東方に目を向ける。前三〇六年からイラン高原を経てバクトリア地方に遠征し、そこを平定した後、東方におけるアレクサンドロス帝国の回復をねらってインドへ侵攻した。しかし、マウリヤ朝がインド史上初の統一王国を樹立したばかりだった。前三〇四年、セレウコスはチャンドラグプタの大軍勢に敗れて講和を結び、大王が征服したインド領をすべて放棄する代わりに、五〇〇頭の象を手に入れて帰国した。彼が王位を宣言したのは、おそらくバクトリアを征服した後であろう。

セレウコス　セレウコス朝シリアの創設者。アレクサンドロス帝国の最大領土を継承する。*The Portraits of the Greeks*より

彼が広大なアジア諸地域を支配できた要因の一つに、妻アパマの存在がある。スーサにおける集団結婚式で彼が娶ったアパマは、かつて中央アジアで最も頑強に抵抗したペルシア人貴族スピタメネスの娘である。他の側近たちのほぼ全員がイラン系の妻を離縁する中、セレウコスだけはアパマに愛情を寄せ続け、生涯連れ添った。彼女のおかげでセレウコスは、ペルシア人をはじめとするアジア人から信頼を得ることができたのである。

セレウコスの政策で最も注目されるのは、精力

アパメイアの遺跡　セレウコス1世がシリアに建設した。著者撮影

的な都市建設である。シリア北部だけで一〇、小アジア西部で七つの都市を建設し、大勢のギリシア人・マケドニア人を入植させた。特にシリアでは、これらの都市が軍事的要衝に配置されて要塞のように並び立ち、それまで潜在的な敵対地域だったシリアを、王権に忠実でしかも強力な軍隊を供給する一大拠点に変えた。セレウコス朝がシリアの王国として記憶されたのは、故なきことではない。

前二九三年、セレウコスは息子アンティオコスを共同統治の王に任命し、東方へ派遣した。その目的は、遊牧民侵入の脅威に備えることにあったと考えられる。アンティオコスは父の路線を引き継ぎ、バクトリアに多数の都市を建設した。こうしてセレウコス朝の二代の王は、大王の政策を発展させ、短命に終わった各地のアレクサンドリアに代わり、真に実体ある都市をアジアに植えつけたのである。

前二八二年、セレウコスはトラキア地方を拠点とするリュシマコスと戦って勝利を収め、リュシマコスの王国は瓦解した。翌年セレウコスはヘレスポントス（現ダーダネルス海峡）を渡ってヨーロッパ側に上陸し、いよいよマケドニア本国の征服をめざす。ところが、エジプトから彼のもとへ亡命していたプトレマイオス＝ケラウノスに暗殺され、ここに七七年の生涯を閉じた。

セレウコスは、アレクサンドロスの野心とフィリッポスの現実的な政治感覚を兼ね備えた、優れた将軍・政治家であった。彼は大王の政策を継承する一方、アカイメネス朝の統治組織を生かし、都市を機軸とした支配体制を作り上げた。その反面、インド遠征を敢行してアレクサンドロス帝国の復活を図ったが、これには失敗した。また彼の領域には、最初からマケドニアとエジプトが欠けている。この意味でセレウコス王国は、アレクサンドロス帝国よりもむしろアカイメネス帝国の後継者と言ってよい。

プトレマイオス王国

プトレマイオスは大王より七、八年ほど年長で、前三三〇年に側近護衛官に任命された。それ以来、遠征軍の最高首脳の一人として常に大王のそばにあり、遠征後半の数々の作戦で活躍した。大王の死後、彼はエジプト総督に任命され、それまで事実上エジプトの支配者だったクレオメネスを殺害して実権を握る。そして、エジプトの行政組織や社会体制をそのまま受け継ぐ一方、首都をアレクサンドリアに移して整備した。アレクサンドリアには多数のギリシア人が移住して地中海貿易の中心地となり、また図書館やムセイオンという研究所が建てられ、学問文化の中心として発展したことは周知の通りである。

他方でプトレマイオスは、他の後継将軍たちと争いながら積極的な対外戦略を展開していった。彼が支配下に収めた領域は、西はキュレナイカ、東はフェニキアとシリア南部、北はギリシア南部と小アジア南岸地方、さらにエーゲ海の島々とキプロス島に及ぶ。ここに現れたのは、広大な海上支配圏を含み、エジプト本土を外敵から守るべく組織された一大帝国にほかならない。

北アフリカのキュレナイカ地方にはギリシア人都市があり、内陸リビアとの交易によって栄えていた。プトレマイオスはここを押さえることで、西の防衛を固めると同時に、隊商貿易の利益を手に入れることができた。シリア南部とフェニキアはアジアとの緩衝地帯であったが、セレウコス王国との間で長らく争奪の対象となった。ここは軍事的に重要なだけでなく、経済的にも、オリーブ、葡萄など豊かな農産物に加え、レバノン杉やアラビアの香料を得るのに不可欠の地域である。

ギリシア本土とキプロス島をめぐっては、デメトリオスとの間で激しい争奪戦を演じた。ギリシア諸都市の支配は一時的だったが、東地中海の要衝であるキプロスを確保し、これを小アジア南部進出の橋頭堡《きょうとうほ》とした。エーゲ海では、アンティゴノスがキクラデス諸島を組織して島嶼《とうしょ》同盟を作っていたが、イプソスの会戦後、それはプトレマイオスの手に移り、彼が任命する島嶼長官によって統治された。またエーゲ海貿易の拠点であるロドス島と友好関係を保ったことは、エジプトの海上支配に大きな利点をもたらした。このようにプトレマイオスの帝国は、きわめて多様な地域を内部に含み、エジプト一国にとどまることなく、東地中海全域を視野に収めていたのである。

このような海上政策は、かつてエジプト第二六王朝（サイス朝、前六七二〜前五二五年）が展開したものである。ネコ二世はシリアに進出し、新バビロニア王国と戦って敗れたが、紅海に通じる運河の建設に着手し、地中海とアラビア湾で軍船を建造した。ギリシア人との関係では、プサンメティコス一世が、ナイル・デルタにギリシア人の交易拠点としてナウクラティスを建てた。これを発展させたのがアマシス王で、彼は一時キプロスをも占領した。エジプトの対外政策の流れで見ると、プトレマイオスは、三世紀ほど前のサイス朝の政策を受け継いでさらに徹底させたということができる。

ところで後継者戦争に関する通説は、ペルディッカスとアンティゴノスが大王の帝国全体の維持を追求したのに対し、他の後継将軍たちはお互いが対等な立場で各領域を支配することを認めた、というものだ。しかしこのように単純な二項対立の捉え方では、後継者戦争の根本的な性格を見落とすことになる。彼らの支配領域はつねに流動的であり、守勢に回れば本拠地を確保することさえおぼつかない。何度も和約を結んだが、それはあくまでも現状の追認にすぎず、だれもが勢力拡大の機会を虎視《こし》眈々《たんたん》とうかがっていた。ヘレニズム諸王国に安定した国境なるものは存在しない。王を名のる将軍たちが頼りとしたのは血統ではなく、自身の功績に基づく個人的な権威であった。生き残るには、相手に一歩でも先んじて優位に立たねばならない。息つく間もない戦争と動乱、これこそ半世紀に及ぶ後継者戦争の実態であり、ヘレニズム時代全体を貫く特徴でもある。

王位正統化の戦略

大王の後継将軍たちは、王家との血縁関係を持っていなかったため、常に自己の権力を正統化する必要に迫られた。もちろんすべてを決するのは軍事力であり、戦争での勝利こそが権力保持の第一条件である。しかしそれに劣らず重要だったのが、マケドニア人兵士を自分に服従させるための政治的心理的な宣伝であり、そのさい最も頼りとしたのが大王のイメージである。マケドニア人兵士にとって、東方遠征に従軍し大王とともに戦ったという経験と記憶は、自らの誇りと栄光の源であった。そうしたマケドニア兵の支持を得るため、将軍たちは、大王と自分との個人的なつながりや大王の記憶を最大限に利用した。中でも目を引くのは、大王に似た生誕神話や奇蹟譚《たん》を創作したことと、貨幣に刻まれた図像である。セレウコスとプトレマイオスの二人について、具体的に見てみよう。

ユスティヌスによると、セレウコスの母ラオディケが父アンティオコスと結婚した時、夢の中でアポロン神と交わって身籠り、神から指環の贈り物を受け取った。その宝石には錨《いかり》が刻まれ、彼女は、生まれてくる息子にそれを贈るよう命じられた。翌日、同じ刻印のついた指環がベッドで発見され、生まれたセレウコスの大腿部には錨の絵がついていた。それゆえラオディケは、セレウコスが東方遠征に出発するとき、彼に出生の秘密を教えて指環を与えたのだった。アポロン神に由来する出生の証拠はその後も続き、セレウコスの息子も孫も、大腿部に錨の絵があったという。

これは、大王の母オリュンピアスが、雷が腹に落ちた夢を見、それがゼウスと彼女との交わりを暗示したという物語と瓜二つである。また、遠征出発時に出生の秘密を明らかにする場面も、プルタルコスの大王伝にまったく同じ形で登場する。こうしてセレウコスは、大王の生誕神話をそっくり真似て、自分の高貴な生まれを宣伝したのだった。

一方のプトレマイオスは、自分がフィリッポス二世の庶子であるとの伝説を流布させ、大王の血統に連なることを宣伝した。後継者戦争の初期においては、マケドニア王家とのつながり以上に大きな武器はなかったからだ。また大王の遺体を手に入れて埋葬したことは、プトレマイオス自身が大王の後継者であることを強く印象づけた。さらに彼は晩年に執筆した大王伝において、アレクサンドロスにかかわる出来事をエジプト王にふさわしい形へと改変し、自己の王権の正統性を強めることも忘れなかった。それは、大王がアモン神殿へ向かう途中におきた「奇蹟」である。

前三三一年初め、大王の一行は現在のアレクサンドリアから西へ二四〇キロ進み、それから南へ向かってシーワ・オアシスまで二六〇キロの道のりを八日で踏破した。その途中、南風が吹いて砂の山が積もり、案内人も道を見失ってしまった。この時二羽の烏が飛んできて道案内をしてくれたおかげで、一行は無事にオアシスへたどり着いたという。この出来事は同行したカリステネスとアリストブロスが伝えており、烏はオアシスの生き物であるから、事実として受け入れてよい。ところがプトレマイオスだけは、烏でなく二匹の蛇が現れて案内したと述べている。なぜ蛇なのか。

第一に、エジプト王はアモン神の化身であり、蛇はそのアモンの象徴であった。また神がその言葉をファラオに伝える時には、蛇が仲立ちをするとされていた。それゆえ蛇は、ファラオとしてのアレクサンドロスにふさわしい動物である。

第二に、大王の母親オリュンピアスは、蛇に姿を変えたゼウスと交わってアレクサンドロスを生んだという伝説があった。ゼウスはアモンと同一神と見なされたから、大王はアモンの子である。それゆえ、蛇が大王の一行を案内したという奇蹟は、大王が蛇を通じてアモン神の庇護を受けたことを表す。

こうして蛇による大王の道案内という物語は、二重の意味でエジプト王プトレマイオスにふさわしい。彼は砂漠での出来事をエジプトの宗教と王権観に適合するよう作り変え、それによって、大王の後継者である彼自身の王権の正統性をアピールしたのである。

貨幣に刻まれた大王像

貨幣は、それを発行する支配者の政治的意志を端的に表現する手段であり、また給料の支払いに用いられ、兵士が日常生活で手にするものだった。それゆえ貨幣は、王位正統化の戦略には欠かせない媒体である。

セレウコスが発行した貨幣で目を引くのは、インド遠征に関連する図像である。インド侵攻と同じ年に発行された四ドラクマ銀貨の裏面には、アテナ女神が四頭立ての象戦車に乗って戦う姿が彫られ、「セレウコス王の」という刻印がある。女神の盾の上には、彼の出生の印である錨《いかり》の絵が見える。それゆえこの銀貨は、セレウコスをインド征服者たるアレクサンドロスの後継者として描いているわけだ。

　インドから帰還した後に発行された四ドラクマ銀貨には、別の図像が見られる（左の写真上段）。表には、兜《かぶと》をつけたアレクサンドロス。その兜は豹《ひょう》の皮で覆われ、牡牛の角と耳をつけている。裏面では、勝利の女神ニケが、木の幹でできた勝利碑に冠をかぶせており、勝利碑には兜、胸当て、盾が掛けられている。表の豹と牡牛はどちらもディオニュソス神に縁

アレクサンドロスと女神ニケをかたどる銀貨（上）　セレウコスがインドから帰還した後に発行された銀貨。表には兜をつけたアレクサンドロス、裏には勝利の女神ニケが彫られている
アレクサンドロスと坐像のゼウスをかたどる銀貨（中）　プトレマイオスが発行したもの。表には、象の頭皮をかぶり羊の角をつけたアレクサンドロス、裏にはゼウスの坐像が彫られている
プトレマイオス１世とゼウスをシンボル化した鷲の銀貨（下）　前304年のプトレマイオスの即位を記念して発行された

の深い動物なので、これは大王をディオニュソスに同化させていることになる。第八章で述べたように、ディオニュソスはかつてインドに遠征してニュサの町を建てたとされており、その町を越えて進むことはこの神の事績を凌駕《りょうが》することを意味した。この貨幣は、アレクサンドロスをディオニュソス神の再来と見なし、大王のインド征服を神の事績を乗り越える偉業として称えているのである。

これら二種類の銀貨は、メソポタミア以東の地域で流通した。大王のインド遠征を記念する銀貨は、セレウコス自身の事績を、大王の遠征の再来として印象づけたに違いない。

一方のプトレマイオスは、前三二一年にペルディッカスが殺された後、勝利を記念して新しい四ドラクマ銀貨を発行した（前頁の写真中段）。表には、象の頭皮をかぶり羊の角をつけたアレクサンドロス、裏にはゼウスの坐像が彫られ、「アレクサンドロス王の」という刻印がある。羊の角はエジプトの最高神アモンの象徴であり、また大きな象の皮をまともに着用できるのは神だけである。それゆえ羊の角と象の頭皮は、共にアレクサンドロスの神格化を表している。

前三〇四年の即位を記念した貨幣には、表にプトレマイオス自身の横顔が彫られ、「プトレマイオス王の」という刻印がある（前頁の写真下段）。後継将軍の中で、自身の肖像を貨幣に描いたのはこれが最初で、しかも王の印であるディアデーマ（髪飾り）をつけている。裏面には、稲妻に止まる鷲が描かれたが、鷲はゼウスの象徴であると共に、プトレマイオス自身の個人的な印でもあった。

こうしてプトレマイオスも、貨幣の図像によって大王を神格化しながら自己の威信を高め、遂には自分自身の肖像を彫ることで、新しい王権の成立を内外に宣言したのだった。

王位継承こそ王朝存続の核心

極度に流動的で不安定な後継者戦争の時代、だれもが勝利と敗北という大きな振幅の中で、生き残りをかけて戦った。ある王国は短命に終わり、ある王国は二世紀、三世紀にわたって存続することができた。では何が王国の運命を分けたのか。答えは王位継承の成否である。単純そのもの、しかし、およそ地球上のすべての王国の死命を制する鍵がここにある。

セレウコス王国はアンティオコス、プトレマイオス王国はプトレマイオス二世という、いずれも有能な後継者に恵まれた。もちろんライバルがいないわけではなかったが、二人はいずれも父王の存命中に後継者に指名され、共同統治を経験した。おかげで王位継承は順調に進み、彼らは父の政策を受け継いで、王権を安定した軌道に乗せることができた。これらを可能にした背景には、一代目がいずれも長命で、王国の基盤固めに十分な時間をかけることができたという事情があった。

これに対して、リュシマコスとカッサンドロスは王位継承に失敗し、二人の王国は一代で終わった。いずれも複数の息子たちの後継者争いや陰謀で王権が混乱した上、前二八〇年に始まるケルト人の侵入に耐えられず、国家そのものが消滅したのである。

ヘレニズム王国の原型を作ったアンティゴノスは、確かに長命ではあった。しかし、周囲はすべて他の後継王国に取り囲まれ、常に戦闘に追われて、国家建設に必ずしも十分なエネルギーを注ぐことができなかった。彼の息子デメトリオスは、軍人としては有能でも政治家の資質に欠けていた。イプソスの会戦で父が戦死した後も、デメトリオスには小アジアやギリシアの領土が残り、一時はマケドニア本国さえ征服した。ところが、彼は安定した国家の建設という地味な仕事には目もくれず、あふれるばかりの精力を浪費するばかりで、各地に分散した領土を次々と失っていった。最後はセレウコスとの対決で相手の術中にはまり、捕らえられて没落したのである。

王位継承の成功こそ、あらゆる時代に通じる王国存続の鉄則である。アレクサンドロス帝国も、これに失敗したためたちまち瓦解した。この観点からすれば、大王の最大の誤りは、結婚も世継ぎの誕生もあまりに遅かったことである。だがそれ以上に致命的だったのは、その遅れを取り戻せるだけの寿命を全うせず、あまりに短い生涯を終えたことにある。

君主崇拝の成立

神々と人間の間

アレクサンドロスの遺産の中で、後世に最も確実な影響を与えたのは、彼が君主崇拝の先《せん》鞭《べん》をつけたことである。それはヘレニズム諸王国において制度化され、ローマ皇帝礼拝へと発展していった。では、生身の人間がいかにして神として崇拝されるに至ったのか。

古代ギリシアにおいては、もともと神々の世界と人間の世界とは明確に区別されていた。神々は不老にして不死なる者、人間は死すべき者であって、その間には越えられない溝があった。その中間に位置するのが、神と人間の間に生まれた英雄である。人間のなかでも特に偉大な功績をあげた者は、人間を超えた英雄として崇拝されることがあった。ただし大抵は都市の創設者に限られ、それも死後における崇拝で、神々に対する祭儀とは根本的に区別されていた。

ところが前四世紀になると、生前における神化の事例が少しずつ登場する。その最初の例が、ペロポネソス戦争末期のスパルタの将軍で、アテネに対する勝利に大きく貢献したリュサンドロスである。前四〇五年、アイゴスポタモイの海戦でアテネを破った後、彼はギリシア諸都市から神として崇められ、自分の祭壇を各地に建てて犠牲を捧げさせた。その後、アリストテレスやイソクラテスらの知識人が、傑出した支配者を人間の中の神として描きはじめる。さらに歩を進めたのがフィリッポス二世である。カイロネイアの会戦後、彼はオリュンピアの聖域にフィリッペイオンという直径一五メートル余の円形堂を奉納し、堂内に自分と父アミュンタス、母エウリュディケ、妻オリュンピアスと息子アレクサンドロスの計五体の像を建てた。これらはすべて黄金象牙製で、本来これは神々の像にだけ用いられる素材である。次いで前三三六年の娘の結婚式、彼が暗殺される当日の行列で、オリュンポス一二神の像に続き、一三番目にフィリッポス自身の像を牽《ひ》かせた。これは自身を神々と同列に置くに等しい行為である。

アレクサンドロスはこうした流れを受け継ぎ、生前神化をさらに進めて、ヘレニズム時代およびローマ帝政期の君主崇拝に道を開いた。大王研究の第一人者ボズワースは、「アレクサンドロスの治世は、君主崇拝の発達における分水嶺《ぶんすいれい》をなしている」と述べている。

大王生前の神格化

アレクサンドロスの神格化には、次の四つの段階が区別できる。

第一に、遠征初期までは、両親の系図に基づいて、自分が英雄アキレウスとヘラクレスを通して神の血統につながると信じていた。

第二は、アモンの神託である。神官から「おお神の子よ」という挨拶を受けた上、彼がゼウスの子であるとの神託を得て、自分がゼウスの直接の息子であることを確信した。おりしもメンフィスに帰った大王のもとをミレトス人使節団が訪れ、大王を神の裔《すえ》とするディデュマのアポロン神の神託をもたらした。彼がゼウスの子であるとの生誕神話は、すでにギリシア人の間に広く知れわたっていたらしい。やがて彼は宴会でアモン神の聖衣をまとい、アモンの象徴たる羊の角を頭に載せて興じるようになった。

第三に、ペルシア人達から跪拝礼《きはいれい》を受けたことである。第五章で述べたように、跪拝礼とはペルシア人の日常の挨拶から発展した宮廷儀礼であり、宗教的な意味は一切ない。これに対してギリシア人の場合、自由人が平伏するのは神々に嘆願する時だけで、それも特別な場合に限られた。それゆえギリシア人・マケドニア人の目には、東方人から跪拝礼を受ける大王は、あたかも神として崇拝されているように見えた。アレクサンドロス自身、そうした外見のもたらす効果を計算していたと思われる。

第四に、治世晩年において、ギリシア諸都市から公式の神格化決議を受けた。前三二三年、バビロンに戻った大王のもとへギリシア諸都市の使節団が訪れ、彼ら自身も冠を着用した上、神事使節さながら王に黄金の冠を奉呈した。神事使節とは、神に関する事柄のためにポリスが公式に派遣する使節で、神託をうかがったり、祭典に出席したり、捧げ物を奉納することを任務とした。それゆえこの使節たちは、ギリシア諸都市がアレクサンドロスを神と認めて祀ること、すなわち彼の神格化を決議したことを示している。事実、メガロポリスは大王に捧げた家を建てて神域とし、その傍にアモンの像を建てた。すでに前年の秋、大王は急死した親友ヘファイスティオンを半神の英雄として祀っている。ギリシア人はここから大王の暗黙の要求を読み取り、自発的に大王神格化を競い合ったのであろう。

ディデュマのアポロン神殿内部　内陣跡から神殿の正面方向を望む。託宣室は階段の上にあった。著者撮影

大王は自己の神性を信じたか

それにしてもアレクサンドロス自身は、自己の神性なるものを本気で信じていたのだろうか。これについては議論の余地がある。プルタルコスは次のように述べている。

一般に、アレクサンドロスは東方人に対しては尊大で、しかも自分が神から生まれた神の子であることを固く信じているようだったが、ギリシア人に対しては、自分を神とするのは適度に控えめにしていた（第二八章）。

そしてプルタルコスは次のような逸話を伝える。矢を受けて痛みが生じた時、彼は「諸君、この流れているのは血であって、『至福なる神々の体内をめぐるイコール』ではない」と言った（二重カギ括弧内はホメロス『イリアス』第五歌からの引用）。イコールとは神々の血すなわち霊血のことで、アレクサンドロスはこの説明で、自分が神ではなく人間であると言明したことになる。また、大きな雷が鳴ってだれもが恐怖したとき、宮廷付き哲学者のアナクサルコスが、「ゼウスの子である陛下の仕業ではございませんか」とお追従《ついしょう》を言った。すると王は、「友人たちを恐がらせたくはない。食卓には総督の首より魚の載っている方がいいようなものだ」と答えた。その意味は、食卓では普通に食事をするように、自分も普通の人間だということだ。結論としてプルタルコスはこう述べる。

アレクサンドロスは、自分が神だという評判に影響されたり目を眩《くら》まされたわけではなく、この評判によって他人を服従させようとしたのである（第二八章）。

アリアノスにも同様な評価が見られる。

アレクサンドロスが自分の出生を神に帰したことも、それが臣民に威厳をもって臨むための方便にすぎなかったとすれば、私はそれほど大きな誤りだったとは思えない（第七巻二九章）。

つまり大王は同時代人の宗教観を利用し、自分を神と公言して、臣民があたかも神に対するかのように自分に服従するよう操作したというのだ。情報操作が多用される現代のわれわれには、わかりやすい説明である。ただし、プルタルコスもアリアノスもローマ帝政時代の知識人であり、右の評価がローマ皇帝崇拝に対する当時の観念に影響されていることは間違いない。生きた人間を神と見なすことは、ローマ人にとってきわめて困難なことであり、皇帝神化はあくまで死後神化であって、それにも複雑な手続きが必要だった。それゆえ、人間の神格化に対するローマ時代の醒めた意識を、そのまま古代ギリシア時代にあてはめるわけにはいかない。最も妥当な結論は、アレクサンドロスはみずからを神と信じる一方で、自己の神性を支配のために利用するだけの冷徹な頭脳をもっていた、ということである。

ヘレニズム時代の君主崇拝

大王の死後、ギリシア人は君主崇拝を積極的に推し進めるようになる。最初に神格化されたのは、アンティゴノスとデメトリオスの父子である。前三一一年、後継者戦争はアンティゴノスの優位のうちにいったん収束し、彼はギリシア諸都市の「自由と自治」を保証した。小アジア北西部トロアス地方の小都市スケプシスは、アンティゴノスの尽力を称えて彼の神格化を決議し、市民が花冠を着用して彼を称える行事を執り行うこと、彼に黄金の冠を奉呈することなどを定めた。

前三〇七年、デメトリオスがアテネに来航し、マケドニアのカッサンドロスが立てた寡頭《かとう》派政権を倒して「父祖の国制」を再興した。アテネ市民は彼に感謝の決議をあげ、父子ともに「神なる救済者たち」として神格化した。二人のもとに遣わされる使節には、特に「神事使節」の呼称が用いられることになった。

ギリシア人によるこうした君主崇拝の背後には、すでに述べたように、都市に対して大きな功績をあげた個人に宗教的儀礼を捧げるという慣行がある。ヘレニズム時代のギリシア諸都市はこれを継承し、諸王国の君主に「創建者」「救済者」「恩恵者」といった称号を奉呈して礼拝を行った。それは一見すると「自発的」な行為である。しかしその自発性は、都市の次元をはるかに超えた巨大な権力に直面し、彼ら自身の伝統的な宗教の枠組みでもって現実との折り合いをつけようという、ギリシア人なりの努力の現れであった。

ヘレニズム諸王国のなかで君主崇拝が最も発達し、史料も豊富なのがプトレマイオス王国である。大王の遺体を手に入れて首都アレクサンドリアに埋葬したプトレマイオスは、次いでアレクサンドロスを国家神の位に祀《まつ》り上げ、その神官を国家最高位の身分とした。こうして大王のために新しい祭典を創始し、大王神化の新たな一歩を踏み出した。

彼が前二八三年に世を去ると、息子のプトレマイオス二世は故プトレマイオス一世に「神なる救済者」という諡号《しごう》を与えて神格化した。さらに、父を称えるプトレマイア祭という豪華な祭典を創始し、首都で四年ごとに開催した。前二七九年に母ベレニケ一世が死ぬと、彼は母もプトレマイア祭に組み入れ、亡き両親を「神なる救済者たち」の神殿で崇拝した。

プトレマイア祭は、オリンピック競技会の名声に対抗することを意図して催された祭典である。前二七五～前二七四年の冬に挙行された祭典の様子は、ローマ時代の作家アテナイオスの『食卓の賢人たち』第五巻に詳細に描かれている。それによると、贅《ぜい》を尽くした華麗な行列が延々と続き、ゼウスと神々の像のあとには、黄金のアレクサンドロスの像が本物の象に牽かれて運ばれた。プトレマイオス一世の像も黄金の木蔦《きづた》の冠をかぶせられ、彼の玉座には一万枚の金の小片で作った冠が置かれていたという。

さらにプトレマイオス二世は、前二七二年頃、実の姉にして妻であるアルシノエと自分を生存中に神格化し、「神なる姉弟」という称号を定めた。二人を祀る祭儀はアレクサンドロス大王のそれと合体し、大王の神官は、これ以後「アレクサンドロスと神なる姉弟の神官」と呼ばれた。この生前神化は次のプトレマイオス三世によっても行われ、王朝の慣例として受け継がれていく。

ローマ皇帝礼拝への道

共和政時代のローマには、ギリシア的な英雄崇拝や、個人に対する神格化は存在しなかったとされる。そのローマ人が前二世紀以降に東地中海へ進出した時、ギリシア・ヘレニズム世界の個人礼拝、君主崇拝と遭遇することになった。ギリシアで最初に礼拝を受けたローマ人は、前一九七年にマケドニア軍を破り、「ギリシアの自由」を宣言した将軍ティトゥス・フラミニヌスである。いくつかの都市が彼のための礼拝を組織し、金貨にも彼の肖像が刻まれた。エウボイア島のカルキスでは体育場や神殿がフラミニヌスに奉納され、彼のための神官が選ばれ、「救済者ティトゥス」を称える賛歌が歌われた。これらが原型となり、これ以後活躍するローマの多くの将軍・政治家・総督たちが、ギリシア諸都市から「救済者」「恩恵者」として礼拝を受けるようになった。

個人の神格化への大きな一歩を踏み出したのがカエサルである。彼が単独支配者となった前四五年には、「不敗の神」という銘文の付いたカエサル像が神殿に奉納され、前四四年初めには、諸都市にカエサル像を奉納し、彼のために神殿を建立するといった措置が決められた。この年の三月一五日に彼が暗殺されると、元老院は翌日、カエサルを神として崇拝することを決議したと伝えられる。神格化の具体的内容についてはさまざまな議論があるが、カエサル最後の年に、彼が自己の神格化を容認ないし希望していたことは確実であろう。

カエサルを継いだオクタウィアヌスは、自分が「神なるユリウス（カエサル）の息子」であることを最大限に利用しながら、ライバルたちと争った。前三〇年、彼はエジプト王国を

初代のローマ皇帝アウグストゥスの神殿　今もトルコの首都アンカラに残されている。著者撮影

滅ぼし、ローマと全地中海世界の単独支配者となる。元老院からアウグストゥスの称号を得て事実上の帝政を開始した彼は、当然宗教的な権威をも必要とし、前一二年にはローマ伝統宗教の最高の地位である大神祇《じんぎ》官《かん》長に就任した。しかしカエサル暗殺の教訓から、あからさまな個人崇拝の形は慎重に避けていた。

皇帝礼拝が成立するのはアウグストゥスが世を去った後一四年のことである。彼の遺体が荼毘《だび》に付された時、アウグストゥスが天に昇ったのを見た、と元老院議員の一人が証言し、これに基づいて元老院は彼の神格化を決議した。神殿の建立、神官の選出のほか、アウグストゥス祭祀団とアウグスタリア祭の創設が決められた。これが規範となり、これ以後の皇帝たちは同じ手続きに従って神格化されるようになる。遺体を荼毘に付すときには鷲が放たれ、有力者の誰かが皇帝が天に昇ったと元老院で証言した。このような演出を特に必要としたのは、およそ人間が神になることなどローマ人にはとうてい信じられなかったからである。ともあれローマにおける皇帝神化は、野外劇場における一大スペクタクルとして行われたのだった。

ローマ市における皇帝礼拝は、あくまでも死後神化であり、生存中の皇帝を直接「神」として礼拝することはなかった。これに対してローマの伝統とは無縁の属州では、生前の皇帝に対するもっと直接的な崇拝が広く行われた。ギリシア諸都市では、アウグストゥスが「神の子である神なるアウグストゥス・カエサル」と呼ばれ、ヘレニズム的な「恩恵者」「救済者」として礼拝された。都市単位だけでなく、属州単位の礼拝が組織されることもあった。帝国各地でそのやり方は多様であったが、皇帝礼拝組織の中で神官や祭司の職を得ることはローマ市民にとって大きな名誉であり、また社会的上昇を遂げる手段ともなった。

アレクサンドロスが生前神化の道に踏み出したとき、それは、彼がアジア人とマケドニア人将兵を自分に服従させ、忠誠心を確保するための手段であった。ヘレニズム諸王国においては、君主崇拝は華やかな祭典を伴い民衆を巻き込んだ形で発展し、王権の正統性を明らかにして王位継承を安定させることに寄与した。帝政期ローマでは、属州や都市が多様な皇帝礼拝を組織して皇帝への忠誠心を表明した。そこでは礼拝組織それ自体が、ローマ市民が政治的威信を手に入れ、社会的上昇を実現する手段となっていた。ローマ皇帝礼拝は、皇帝を頂点として帝国全体を底辺から一つに統合するための巨大な装置となったのである。アレクサンドロスが一里塚を築いた君主崇拝は、君主制存続に不可欠な国家統合の手段をもたらしたといえる。

終章　アレクサンドロス帝国の遺産

大王の遺産とは

虚像の都市アレクサンドリア

アレクサンドロスは後世に何を残したか。伝説化され、神として崇められ、古代の人物としては異例なほど多くの伝記が書かれたという意味では、彼の遺産はまことに巨大である。ところが対照的に、目に見える形で残るものはごくわずか、いやほとんど無に等しいと言ってもよい。彼の墓はいまだに発見されておらず、マケドニアの古都ヴェルギナで発掘された王家の墓にも、小さな彫像やフレスコ画を除けば、彼にゆかりの品は含まれていない。

具体的な形をもつ遺産として誰もが思い浮かべるのは、遠征中の大王が各地に建設した都市アレクサンドリアであろう。プルタルコスは彼が七〇以上もの都市を建設したと伝え、一般向きの概説書には、これらを拠点として大王がギリシア文化を広めたと書かれている。しかし、その名で伝わる都市のすべてが真正なアレクサンドリアというわけではない。中には後世に建てられたり、大王とは直接関係のない都市が、箔をつけるため勝手に名のった場合も少なくないのである。彼自身が建設して自分の名前を与えたという厳密な意味でのアレクサンドリアは、ハモンドによれば一八、フレイザーによれば一二で、どちらの説でも二〇に満たない。

建設の第一目的も軍事的拠点とすることにあり、たとえば最果てのアレクサンドリアは将来のスキタイ侵攻を見越して建設された。その建て方を見ると、既存の町を拡充するほかに、周辺の町を破壊して新たに建設した場合がある。ソグディアナでは六つの町が破壊され、捕虜になった地元住民が最果てのアレクサンドリアに強制的に入植させられた。大王の死後には、放棄されたり自然消滅したものも少なくない。大王がギリシア文化を広めたり、民族の融合を図るためにアレクサンドリアを建設したという従来の説明は、まったくの幻想にすぎないのである。それらが再建されて繁栄するのは、セレウコス王国の時代からである。エジプトのアレクサンドリアだけは、彼の治世から連続して発展を遂げたが、これは例外であった。

後継将軍なくして大王なし

アレクサンドロスの直接の遺産がごくわずかにすぎない原因は、彼が若くして世を去ったため、彼の手がけた施策がすべて端緒的なままで終わったことにある。東方人からなる新しい軍隊も、都市の建設も、彼自身の神格化も、芽を出してすぐに摘み取られてしまった。空前の大帝国は将来どこへ向かって進むのか、それすら蜃気楼《しんきろう》のごとく、つかみどころがないままだった。にもかかわらず、アレクサンドロスが偉大な王として仰ぎ見られるのは、ひとえに後継将軍たちのおかげである。

大王の突然の死によってアジアの真っ只中に取り残された時、側近たちはマケドニア王権の継続を宣言する一方、自身が生き残るためには、アレクサンドロスの威信を頼りとするほかなかった。彼らは大王の遺体の埋葬、東方辺境への遠征、大王を描いた貨幣の発行といった形で、アレクサンドロスとのつながりを最大限に活用し、マケドニア軍の忠誠を確保した。次いで自身の王国を建設し始めた時、彼らのモデルはやはり大王の政策であった。少数の側近を朋友として取り立て、都市を建設して王権の基盤とし、大王を神格化して祭典を催した。またアジア各地の伝統と宗教に適応し、貴族や神官といった支配層と妥協・協調し、少数ながらアジア人を高位に採用した。これらはすべて、アレクサンドロスが先駆的に取り組んでいた施策である。こうして大王の企ては、ヘレニズム諸王国において初めて十全に実現した。王朝祭儀においても、彼は神として祀られ、その偉業は繰り返し想起された。ヘレニズム王権と結びついたからこそ、アレクサンドロスの名は不滅のものとなったのである。

アレクサンドロスと後継将軍たちの関係は、ちょうど哲学者ソクラテスとプラトンの関係に似ている。ソクラテスなくしては、もちろん弟子のプラトンは存在しない。しかしソクラテス自身は一冊の書物も残さなかった。にもかかわらず、ソクラテスが偉大な哲学者として後世に名を残すことができたのは、弟子のプラトンが対話篇で彼の姿を生き生きと描いてくれたからである。そうでなければ彼は、アリストファネスの喜劇『雲』に登場するような、風変わりなソフィストとして記憶されるにとどまったろう。それゆえ、プラトンなくしてソクラテスもなかった。

これと同じく、アレクサンドロスなくして後継将軍たちは存在しない。しかし後継将軍たちがアレクサンドロス帝国を受け継ぎ、大王の名声と権威を最大限に活用しながら王国を建設したからこそ、彼の企図は現実のものとなり、定着していったのである。そうでなければ大王は、一瞬の光芒《こうぼう》のうちに過ぎ去った一人の征服者でしかなかったろう。彼の名声に実態を与えたのは、ヘレニズム諸王国の王たちである。この意味で、後継将軍なくしてアレクサンドロスなし、と言うことができる。

大王伝の成立

前三〇〇年前後の時期、エジプトの首都アレクサンドリアでは、二人の人物が大王伝を執筆していた。一人はプトレマイオス、もう一人はクレイタルコスである。二人の作品はまったく異なる性格をもちながら、いずれもプトレマイオス王権の称揚《しょうよう》に役立ち、また後世における大王像の形成に重要な役割を果たした。

まずプトレマイオスの大王伝は、一種の覚え書きに類する作品である。彼の手元には、王の命令や作戦、日常の出来事などを記録した王室日誌があり、これを活用して彼は詳細な軍事史を作成した。第一章で述べたように、ローマ時代のアリアノスはプトレマイオスの作品を全面的に活用した。そのおかげで今日のわれわれは、主要な戦闘における部隊の編制と指揮官、その配置、大王の意図と実際の戦況などを、プトレマイオス自身の経験も含めて詳細に知ることができるのである。もっとも、彼の作品がまったく客観的で中立というわけではない。後継者戦争での対立を反映して、宿敵ペルディッカスの活躍を意図的に無視したり歪めて述べているし、ベッソス捕縛《ほばく》の場面のように、彼自身の手柄を過大に描くこともあった。

一方クレイタルコスの大王伝は、当時の読者の好みに合わせ、大衆受けをねらった作品であった。その代表的な例は、大王が遊女タイスに扇動されてペルセポリスに放火した場面である。同時にそれは、いかにも宮廷人の作品らしく、保護者プトレマイオスに迎合する内容も持っていた。一例を挙げると、クルティウスとディオドロスの伝記には、次のような出来事が記述されている。

インドに侵攻したマケドニア軍が、サンボス王国のある都市を攻撃した時のこと。インド人はある種の蛇から取れる強力な毒薬を武器に塗っており、負傷したマケドニア兵はその毒に冒されて次々と倒れていった。プトレマイオスも肩に傷を受け、重大な危険に陥った。アレクサンドロスが彼に付き添って休んだところ、夢の中に蛇が現れ、口にくわえた草でもって解毒剤の薬草が生えている場所を示した。目覚めた王は直ちにその薬草を探させ、それをすりつぶしてプトレマイオスの体に塗ると、彼は回復した。他の負傷者たちも同様にして助かり、アレクサンドロスはその町を攻略することができた。

これが事実かどうかはここでは問題ではない。重要なのは、いずれの伝記もこの出来事を、神がプトレマイオスに与えた特別な恵みとして描いていることだ。ディオドロスは、次のように述べている。

アレクサンドロスは、中でもプトレマイオス、後に王となり当時も大王に深く愛されていた彼を思って、とりわけ深い苦悩に陥った。一つの興味深いことが起こったが、彼はその人徳と、誰に対してもこの上なく気前がよいことで皆から慕われており、その善行にふさわしい救いを得たのである（第一七巻一〇三章）。

クルティウスの記述も次のようである。

プトレマイオスは側近護衛官の一人で、非常に勇敢な戦士だったが、戦時よりも平時の手腕にすぐれ、評判も高かった。温厚で気さくな人柄で、特に気前がよくて人当たりがよく、王族にありがちな高慢さは少しもなかった。このため、大王と大衆のどちらから一層愛されているか決めがたいほどだった。このとき初めて、彼は仲間たちの気持ちを身をもって知った。この危機においてマケドニア人は、彼が後に獲得する王位を予感していたように思われた。実際プトレマイオスを案じる彼らの気持ちは、大王にも劣らなかったのである（第九巻八章）。

どちらもクレイタルコスの作品に由来することは疑いない。彼は自分の保護者であるプトレマイオスに神の恩寵《おんちょう》があったかのように描くことで、王に対する感謝の気持ちを表明し、プトレマイオス王権の偉大さに花を添えたのだった。

こうして前三世紀初頭のエジプトで、後のアレクサンドロス伝の原型が作られた。一方は大王を偉大な将軍として描き、もう一方は興味本位の逸話・伝説を重ねて大王を英雄に祭り上げる。両者はともに、プトレマイオス王権の称揚という動機を内に秘めながら、それぞれ性格を異にし、ローマ時代の大王像の二つの潮流を作り上げていく。ローマの政治家や将軍たちは、こうした作品を通じて彼らなりのアレクサンドロス像を心に描き、偉大なる大王に一歩でも近づきたい、彼を模倣したいと切に念願したのだった。その具体的な様子は第一章で述べたとおりである。

バクトリア王国とヘレニズム

幻の王国バクトリア

アレクサンドロス帝国の研究がヘレニズム概念の見直しと不可分であることは、冒頭でも触れた。その際の試金石となるのが、セレウコス王国の東の果てから生まれたバクトリア王国である。

バクトリアは現在のアフガニスタン北部にあたり、ヒンドゥークシュ山脈とアムダリア川に挟まれた地域である。アムダリア川以北のソグディアナ地方と同じく、峻険《しゅんけん》な山々と砂漠の間に耕作地や放牧地が広がり、優秀な馬やラピスラズリの産地として有名である。灌漑《かんがい》農業に基づく文明がバクトリアに生まれたのは、後期青銅器時代のことだった。前一千年紀前半には国家が生まれ、その存在はアッシリア人やメディア人にも知られていた。前六世紀半ばにアカイメネス朝ペルシアに征服されると、帝国東方辺境の要となり、代々の総督には王族が任命された。

ヘレニズム時代のバクトリアについては、古代ギリシア・ローマの著作が断片的に言及しており、東の果てに強力なギリシア人王国が存在したとの伝承から、ルネサンス時代の作家たちはロマンチックな空想をかきたてた。しかし、その存在を裏付ける遺跡は長らく発見できなかった。フランスの考古学者フーシェは、首都と目されるバクトラ（現バルフ）で発掘を試みたが、何の成果も上げられず、「グレコ＝バクトリアは幻にすぎない」と結論したほどだ。

その一方で、英国の学者ターンは、人類の和合という大王の夢はバクトリアでこそ実現されたと考えた。『バクトリアとインドにおけるギリシア人』（一九三八年）において、バクトリア王国はあくまでもヘレニズム史の枠内にあるとして、彼は次のように述べている。

ギリシア人による支配というエピソードは、インド史の中では何の意味も持たない。それは本当のところヘレニズム史の一部であり、そこに於《お》いてこそギリシア人の支配は意味を持つのである。バクトリアとインドにまたがるギリシア人帝国はヘレニズム国家であり、ヘレニズム諸国の通常の特徴を数多く備えている。ただ一つだけ、それ自身の重要性がある。つまり、それはセレウコス王国史の一分岐だということだ。

ターンの説には実証的な証拠の裏づけがなく、第二次大戦後には多くの批判が寄せられた。中でもインドのナラインは、一九五七年に出版した『インドのギリシア人』において、ターン説に正面から挑戦した。

バクトリアの新しい国家を、アレクサンドロス帝国の後継国家のひとつと見ることはできない。インド＝ギリシア人がインドの宗教と思想に影響された度合いは、他のヘレニズム諸国の王が、彼が生きかつ支配した土地の信条や思想に影響された度合いよりもはるかに大きかった。彼らの歴史はインド史の一部であって、ヘレニズム諸国の歴史ではない。彼らは来訪し、インドを見た。しかしインドが彼らを征服したのだ。

バクトリアは、ヘレニズム史とインド史のどちらの文脈で理解されるべきなのか。こうして古代バクトリアは、アレクサンドロスとヘレニズム時代をめぐる論争の一つの焦点となったばかりか、研究者の歴史観が問われる分野となったのである。

一九六五年、フランスの考古学調査隊が、アイ・ハヌムでギリシア都市の遺跡を発掘した。場所はアムダリア川とコクチャ川の合流地点で、アフガニスタンとタジキスタンの国境にあたる。発掘は一九七九年、旧ソ連軍のアフガン侵攻まで続けられ、その輝かしい成果は、ここがバクトリア王国の中心都市の一つであったことを明らかにした。幻は消え、出土史料に基づく実証研究が始まったのだ。

その後もアフガニスタンの各地で発掘の成果が相次ぎ、またおびただしい貨幣が出土して、古代バクトリア研究に貴重な手がかりを提供した。もっとも貨幣の正確な編年はむずかしく、王国の政治史はおよその概略しか復元できない。これを踏まえたうえで、バクトリア王国とヘレニズム文化の関係を見てみよう。

属州から独立王国へ

前三二八年、アレクサンドロスは二年間にわたって民衆全体を巻き込んだ凄惨《せいさん》な戦いの末、バクトリアとその北のソグディアナを平定した。そしてソグディアナ人豪族の娘ロクサネを正妃に迎え、和解の達成を祝った。しかし、その平定がいかに不安定なものだったかは、ギリシア人入植者に加えて、この地方に一万五〇〇〇の歩兵、三五〇〇の騎兵という大軍を残留させた事実が雄弁に物語っている。第四章で述べたように、これは事実上の隔離政策であり、ギリシア人にとっては僻遠《へきえん》の地への島流し同然だった。事実、大王の死後、バクトリアを含む東方諸属州のギリシア人二万三〇〇〇人が蜂起して祖国へ帰ろうとした。摂政のペルディッカスが軍を派遣してこれを鎮圧したが、不穏な情勢に変わりはなかった。

前三〇八年からセレウコスが東方諸属州を平定し、バクトリアはセレウコス王国の一属州となった。彼の息子で共同統治者となったアンティオコスは、最果てのアレクサンドリアを再建するなど活発な都市建設を行い、属州支配の安定に努めた。こうしてバクトリアは、セレウコス王国の東方における軍事的経済的な拠点となった。

ところが前三世紀中頃、総督のディオドトス一世が次第に分離独立の傾向を強めていく。ついに彼は貨幣に「王」の称号をつけて自分の名前を刻印し、事実上の独立王国を作り上げた。彼の息子ディオドトス二世もこれを受け継ぐ。前三世紀末、エウテュデモスなる人物が王を殺害して権力を握った。セレウコス朝のアンティオコス三世は軍を率いてバクトリアに遠征し、前二〇八年から二年間にわたって首都バクトラを包囲した。エウテュデモスはこれに耐え抜き、前二〇六年に両者は和約を結ぶ。この時エウテュデモスはアンティオコスに対し、自分は処罰に値する反乱者ではなく、離反したディオドトス一族を亡き者にして王国を勝ち取ったのだと主張した。こうしてバクトリアは名実ともに独立を達成したのである。この王国の東の拠点がアイ・ハヌムであったと考えられる。

ディオドトス１世　セレウコス王国の東方の属州から独立王国を作る

エウテュデモスを継いだデメトリオスは、前二世紀初頭、ヒンドゥークシュ山脈を越えて遠征し、西北インドのガンダーラにまで侵攻した。おりからマウリヤ朝の末期にあたり、ギリシア人はそれから一世紀半にわたって西北インドを支配した。これはインド=ギリシア朝と呼ばれる。一方のバクトリア王国は遊牧民の侵入を受け、アイ・ハヌムは前一四六年に姿を消した。

国家としてのバクトリア王国は、まぎれもなくヘレニズム諸王国の特徴を備えている。属州総督の地位を足場にして王国を築くというディオドトス一世のやり方は、セレウコスを始め大王の後継将軍たちが先鞭《せんべん》をつけたものにほかならない。またエウテュデモスが王を暗殺して王位を手に入れたのも、カッサンドロスと共通する。王国の中から王国が分離独立するのも、パルティアや後に触れるペルガモンと同じヘレニズム時代の特色である。もちろんこれらの特徴は、他の時代や地域にも当てはまる。それでもバクトリア王国をヘレニズム国家の一つとして理解する根拠は十分にあると言えるだろう。

もう一点、王国の不安定さもヘレニズム時代の特徴であるが、さらにバクトリア特有の事情を挙げておきたい。バクトリア王国に関する最も重要な史料が貨幣であることは、当時のこの地域の状況を端的に証言している。多くの場合、貨幣は大量に貯蔵された状態で発見された。なぜこのような見つかり方をするかといえば、持ち主が大量の貨幣をまとめて隠したからである。なぜ隠したかといえば、遊牧民の侵入や戦争を目前にして自分の財産を守るためである。そうやって隠匿《いんとく》された貨幣が手つかずで発見されたのは、持ち主が二度と戻らなかったことを示している。すなわちバクトリアでおびただしい貨幣が発見されたのは、バクトリアが遊牧民の侵入を含む戦争と動乱に満ち満ちていたことを物語るのである。

最果てのギリシア都市

すでに紹介したように、アイ・ハヌムは一九六五年、フランスの考古学調査隊によって発掘された。この都市はヘレニズム文化について何を語ってくれるだろうか。

都市は、アクロポリスと二つの川に挟まれた長方形の区域にある。アクロポリスの麓《ふもと》に大通りがほぼ南北に走り、主な建造物は大通りとアムダリア川の間にあって、都市プランはギリシア風の碁盤目状である。大通りの真ん中に列柱門があり、ここから西側へ入ると、宮殿を含む行政区、居住区のほか、神殿、体育場、英雄廟《びょう》、泉がある。東側には劇場や造兵廠《しょう》があり、全体として典型的なギリシア都市の特徴を備えている。また英雄廟からはギリシア語の碑文が見つかった。その一つは、はるばる聖地デルフォイからもたらされた寸言で、もう一つは人生の理想を謳《うた》った五行の箴言《しんげん》である。アイ・ハヌムの住民が、まぎれもなくギリシア風の生活を営んでいたことがうかがえる。

ここで問題なのは、こうしたギリシア風の生活と文化が、都市周辺の地元住民といかなるかかわりを持っていたかということだ。これをめぐってはさまざまな議論があり、簡単に結論を出すことはできない。思うに、アイ・ハヌムの居住区に実際に住んでいたのはあくまでもギリシア人であり、彼らは周囲からいわば隔離された生活を営んでいたのではないか。少なくとも、地元住民が自由に出入りしてギリシア人と対等に交わっていたとは考えにくい。アイ・ハヌムに限らず東方のギリシア都市は一種の飛び地であり、ギリシア都市の存在をもって直ちに文化の融合を語るのは性急ではなかろうか。

アイ・ハヌム遺跡　主神殿の址。ベルナール撮影

他方でアイ・ハヌムの建築物には、イラン文化やそれに先行するメソポタミア文化の影響が認められる。このことを指摘したのは、ほかならぬアイ・ハヌム発掘の責任者、ベルナール教授である。それによると、建築技術はおおむねギリシア風であるが、建築の全体的なプランは非ギリシア的である。

たとえば宮殿では行政区と居住区が並存し、複雑に入り組んだ廊下で結ばれているが、これはアカイメネス朝やバビロニアの宮殿に見られる特徴である。個人の家屋も、中央に中庭を配置するギリシア風ではなく、居住区画の北側に中庭があり、各部屋は最も重要な部屋のまわりを取り囲んで配置され廊下で仕切られている。これはペルセポリスの王たちの宮殿や中央アジアの家屋と共通する。さらに神殿は広い前室と奥の三つの主室からなり、パルティア時代の都市ドゥラ・ユーロポス（現地名サルヒーエ）の神殿に類似しており、後者はさらに新バビロニア時代の神殿にさかのぼる。

このようにアイ・ハヌムの建築には、メソポタミア、アカイメネス朝ペルシア、中央アジアという三つの様式が見られる。ギリシア都市の典型であるはずのアイ・ハヌムでさえ、決してギリシア風一色に塗りつぶすわけにはいかないのである。これまでアイ・ハヌムについて日本語で書かれた文献の多くは、ベルナール教授のこうした指摘を完全に見落としている。

東方文化の多元性

ヘレニズム時代の東方世界を「ギリシア風」の一言で片付けることができないことは、時代を下ればさらに明白である。

一九七八年、アフガニスタン北部のティリア・テペ（黄金の丘）で、旧ソ連の考古学調査隊が、紀元前後のクシャーン族のものと見られる六基の墳墓を発掘した。そのうち第三墳墓で見つかった若い女性は、多数のきらびやかな工芸品に取り囲まれていた。漢時代の中国に由来する銀の鏡、パルティア王国の貨幣、ティベリウス帝によってルグドゥヌム（現リヨン）で鋳造されたローマの金貨、ギリシア語で重さが刻印された銀製の蓋付きの器、ギリシア・ローマ様式の指環、インド由来の象牙製の櫛《くし》、アテナ女神の全身像を彫った楕円形のペンダント。これらは地中海からメソポタミア、ペルシア、インドにまで及ぶ、古代工芸品の豪華なカタログと言えよう。こうした古代文化の多様性の中で、ギリシア文化にだけ特権的な価値を与えるわけにはいかない。

インドの例を挙げると、マウリヤ朝の首都パータリプトラで、百柱の間が発掘された。これはアカイメネス朝の首都ペルセポリスの宮殿と同じ型であり、マウリヤ朝の宮殿がペルシア風に倣《なら》って建設されたことは疑いない。またアショカ王は仏跡を整備して記念の石柱を建てたが、高さ一〇メートルの柱の上にはライオンなどの動物像を載せた。これもペルセポリスの宮殿の柱頭と同じ型で、その動物像の表現様式にはギリシアの影響も見られる。時代が下るにつれて石柱は急速にインド風の特徴を色濃くしていくが、インド美術の黎明期にこれほど完成度の高い作品が生まれたのは、ギリシアとともにペルシア文化の影響なくしては考えられない。

日本でヘレニズム文化の代表と見なされているガンダーラ美術も、ギリシアの影響だけでは説明できない。仏像が作られ始めるのは、ギリシア人がガンダーラ地方を支配していた前一世紀から後一世紀前半ではなく、クシャン朝時代の後一世紀後半のことである。現在の研究によると、ガンダーラの仏教美術にはギリシア、イラン、ローマという三つの美術の様式と技法が用いられており、「ギリシア起源説」よりも「ローマ起源説」の方が有力である。

このようにヘレニズム時代のアジアは、さまざまな文化が織りこまれた多元的な世界として理解されねばならない。ギリシア文化はその中の重要ではあるが、あくまでも一つの要素なのである。

文化のもつ生命力

誤解のないように言っておくと、私は何も東方におけるギリシア文化の影響を過小評価しようというのではない。それどころかギリシア文化が各地で多くの人の心を捉えたことは紛れもない事実である。そもそも文化が広がるとか、影響を与える、融合するとは何を指すのか。その発端は、個々人が異国の文化の何かに具体的に触れること、そしてそれを美しいと感じることだ。初めて出会う文化の魅力を肌で感じ、本当にそれを美しいと思い、それをそばに置きたい、取り入れたい、真似したい、そう痛切に感じること。こうした思いがあって初めて異国の文化は新しい土地に受け入れられ、定着する。これが文化の伝播《でんぱ》というものであろう。

唐突な例だが、佐賀県の有名な焼き物、有田焼《ありたやき》を思い浮かべてみたい。日本で有田焼を最初に作ったのは朝鮮人の職人である。彼らがなぜ日本へ来たかというと、豊臣秀吉の朝鮮侵略の際に連行されてきたのだった。そうした職人たちが佐賀県で良い土を見つけ、それを素材に焼き物を作った。その美しさが多くの人を惹きつけて現在に残ったのである。作品自体のもつ美しさ、魅力のゆえにこそ、戦争や強制連行という悲惨な過去を乗り越えて有田焼は生き延びたのである。いわゆるヘレニズム文化もまた、数々の戦乱や民族移動の波にもまれながら、それを越えて広がり生き残った。絵画であれ彫刻であれ、ギリシア人が制作した個々の作品それ自体が、他にはない美しさと魅力をもっていた。それゆえギリシア文化はアジア各地で人々の心を捉らえ、新しい文化を生み出すエネルギーを供給したのだ。それだけの生命力をギリシア文化がもっていたことは、率直に認めねばならない。

アレクサンドロスの治世は戦争と破壊に満ちている。彼の征服はアジアの至る所に深い傷跡を残した。そのアジアにヘレニズム文化という新しい文化が生まれたというなら、それは大王の「ゆえに」ではなく、「にもかかわらず」と言うべきかもしれない。すぐれた文化のもつ生命力とそれに対する信頼、これこそが、われわれがこれからの時代を生き抜いていく一つの拠り所となるのではなかろうか。

ローマへ通じるヘレニズム

ヘレニズムの担い手はローマ人

先ほどガンダーラ美術に触れたとき、そこにはローマの影響があると述べた。ギリシア文化が東へ広がったという話題に、なぜローマが西から顔を出すのか。実はローマの存在を抜きにしてヘレニズム文化を語ることはできないのである。

バクトリアのギリシア都市アイ・ハヌムが遊牧民の侵入で姿を消した前一四六年は、奇《く》しくもローマがカルタゴを滅ぼし、同時にギリシアを属州とした年である。東方でギリシア人の重要拠点が消滅すると同時に、ローマは地中海全域の征服へ向けて、後戻りのできない一歩を踏み出した。これ以後、ローマには属州ギリシアの文化が輸入されて大流行し、ローマ人はギリシアの文学、哲学、弁論術、美術、建築など、要するにギリシア文化の粋《すい》を貪欲《どんよく》に吸収していった。

その現れの一つが、有名な大王のモザイクである。アレクサンドロスとダレイオス三世の対決を描いたこの見事な作品は、後七九年のヴェスヴィオス火山の噴火で埋まったポンペイの邸宅で発見された。なぜポンペイでこのようなモザイクが制作されたのか。モザイクの元になった原画は、前三〇〇年頃にギリシア人の画家フィロクセノスが描いた一枚の絵である。これはマケドニア王カッサンドロスの注文で制作され、首都ペラの王宮を飾っていた。しかるに前一四六年、ローマ軍がマケドニアの反乱を鎮圧して首都を略奪し、莫大な戦利品がローマにもたらされた。その中にこの絵も含まれ、何らかの形でローマ市民に広く知られたに違いない。前一二〇年から前一〇〇年頃、ポンペイでファウヌスの家と呼ばれる大邸宅が改築された時、この家の持ち主は当時流行していたギリシア趣味を取り入れ、原画からモザイクを作らせて談話室の床を飾ったのである。噴火で埋まった時のポンペイの人口は、推定で約一万数千から二万人。アレクサンドロス・モザイクは、こうした地方都市の富裕者にも、ヘレニズム芸術の傑作が歓迎されたことを示している。

アレクサンドロス・モザイク　騎乗の大王と戦車に乗るダレイオス３世。ナポリ国立考古学博物館蔵

こうしてローマ人が摂取したおかげで、ギリシア文化は装いを新たにし、広い土壌に移植され、地中海世界の全域に定着していった。その地中海世界に

は、もちろんローマ帝国の版図に入った西アジア、すなわち小アジア、シリア、エジプト、メソポタミアまでが含まれる。これらはかつてアレクサンドロスが征服した地域にほかならない。今日われわれが西アジアの各地で目にする古代都市の遺跡は、大半がローマ時代のものである。このように前一四六年は、地中海と中央アジアのそれぞれの歴史の画期であるばかりか、ローマとヘレニズム文化のかかわりの開始を告げる年でもあるのだ。

他方でローマ人は、紅海やペルシア湾を通る海路によって、インドとの交易を拡大していく。紀元前後には、東へ向かう季節風が発見され、これに乗ればアラビア半島南岸から二週間でインド西海岸に到着できた。インドからは香辛料、宝石、真珠、象牙、綿布、中国の絹などが輸入され、ローマからはおびただしい金貨がインドに流れ込んだ。海上の道によるインド・ローマ貿易が栄えた紀元一～二世紀は、ガンダーラ美術が登場して隆盛を迎えた時代と一致する。それゆえガンダーラ美術に影響を与えたローマ文化とは、実は西から迂回《うかい》したヘレニズム文化であった。

これらが示すように、ローマ人こそがギリシア文化の真の後継者であり、したがってヘレニズム文化の担い手でもあったのである。

ローマに遺贈されたペルガモン王国

ローマがヘレニズム世界から受け継いだ遺産の一つに、小アジア西部に栄えたペルガモン王国がある。この国の最後の王アッタロス三世は、前一三三年、遺言によって何と自分の国をそっくりローマに遺贈した。

それまで一つの村にすぎなかったペルガモンが、なぜヘレニズム世界有数の王国に成長できたのか。そのきっかけは、大王の後継将軍の一人であるリュシマコスが、前三〇二年、ペルガモンのアクロポリスに保管されていた九〇〇〇タラントンもの財宝の管理を、部下のフィレタイロスに委ねたことにある。その後フィレタイロスはセレウコスの側についたが、彼が暗殺されるとセレウコス朝の宗主権を認めつつ、ペルガモンの支配権を確立した。後を継いだエウメネス（一世）は、前二六二年にセレウコス朝のアンティオコス一世の軍を破り、独立を果たす。彼は学芸を保護して哲学者たちのパトロンとなり、その文化政策は次のアッタロス、エウメネス二世に受け継がれて見事に実を結ぶ。アッタロスは前二二八年に王位を宣言し、親ローマの立場をとりながらヘレニズム世界に台頭した。彼はアテナ女神を守護神とし、アテネをモデルとして都市と芸術の繁栄を図った。

ペルガモンのゼウス大祭壇　神々と巨人族との戦い——女神アルテミスと巨人オートスの浮彫り。ペルガモン博物館蔵

次のエウメネス二世は、ローマと同盟してセレウコス朝を破り、和約によって小アジアの西半分を獲得する。豊かな財力を背景に、彼は積極的な建築事業にのりだし、ペルガモンを壮麗なヘレニズム国家へと仕立て上げた。代々の王たちは、国家の政策と威信を表現する手段として、芸術と建築がいかに重要であるかをよく知っていた。だからこそ、彼らは文化事業におびただしい資金を投入したのである。標高三三三メートルのアクロポリスには、宮殿やゼウスの大祭壇をはじめとする数々の神殿、劇場、図書館、体育場が立ち並ぶ。それはまさに全盛期アテネの再来を思わせた。アクロポリスの頂上に立つと、まるで人間界を抜け出して神々の世界に一歩近づいた気分になる。この高さを味わうと、ペルガモンをギリシア文化の新たな中心にしようとした王たちの高遠な志が本当によく理解できる。

ところで、ペルガモン王国の繁栄の外的条件がローマとの同盟であったのに対し、その芸術表現に内的動機を与えたのは「蛮族」に対する勝利だった。その一つは東隣のビテュニア人、もう一つはヨーロッパから侵入してきたケルト人の一派、ガラテア人である。とりわけガラテア人はセレウコス朝と同盟しており、これに勝利したことがきっかけでアッタロスは王位を宣言したのだった。

かつてのアテネも、ペルシア人という異民族を撃退することによって繁栄への道を切り開いた。これと同じく、「蛮族」に対するペルガモンの勝利は、ペルガモン王国こそが野蛮に対するギリシア文化の守り手であるとの自覚を強めたのである。アッタロス一世が記念群像をアテネに奉納し、エウメネス二世とアッタロス二世がアテネに列柱館を寄進したのも、こうした思想に基づいている。
　一方に文化の中心があれば、他方にその対となる周縁が存在せねばならない。こうした中心と周縁、文明と野蛮という二項対立の考え方は、ギリシア文化を貫いた思想であり、ヘレニズム文化もそれを受け継いだ。その後継者もまたローマであった。

東方蔑視の眼差し

ヘレニズムの概念がはらむ最も重大な問題が、一方でギリシア文化を普遍的で至上のものと見なすギリシア中心主義、他方でオリエント文化を劣等で野蛮なものと見る東方蔑視の思想にあることはすでに触れた。実はこのような価値観が登場したのは、何も一九世紀のヨーロッパが初めてではなく、ローマ時代にさかのぼるのである。ローマ帝政期の伝記作家プルタルコスは、『英雄伝』のほかに『倫理論集』という大部《たいぶ》な論説集を著したが、その中の一篇「アレクサンドロスの幸運と卓越性について」において次のように述べている。

　彼は、ヒュルカニア人には結婚することを奨励し、アラコシア人には土地を耕すことを教え、ソグディアナ人には両親を殺さないで扶養することを説き、ペルシア人には母親と交わるのでなく敬うように説得した。アレクサンドロスがアジアを教化したおかげで、ホメロスが読まれ、ペルシア人やスシア人やゲドロシア人の子供たちは、エウリピデスやソフォクレスの悲劇を歌うことを学んだ。アレクサンドロスのおかげで、バクトリアとコーカサスはギリシアの神々を敬うことを学んだ。アレクサンドロスは夷狄《いてき》の諸民族の間に七〇以上の都市を建設し、ギリシア風の国制でアジアの地を耕し、野蛮で荒々しい生活様式を克服した。

彼は自分が神によって遣《つか》わされた万人の統治者、全世界の調停者であると信じ、人々の生活と慣習と結婚と生活様式を、まるで「親愛の杯」の中でするように混ぜ合わせて、あらゆるものを一つに統合したのである。

アレクサンドロスは野蛮な東方に文明をもたらした功労者、文明の使徒であり、さらに全世界の諸民族の統一者であると描いている。時あたかも、ローマ帝国は地中海世界を統一し、周辺の「遅れた」異民族に平和と文明の果実をもたらした。プルタルコスは、「ローマの平和」の時代にふさわしい歴史的意味付けを、大王に与えたのである。近代のヘレニズム概念もこれと並行関係にある。文明の中心たるギリシア・ローマは近代ヨーロッパに置き換えられ、地中海周辺の蛮族たちはアジア・アフリカの植民地と重ねあわされる。ヘレニズムの概念が一九世紀の西欧で誕生したのは決して偶然ではない。それは、西欧の帝国主義列強が地球全体を覆い尽くし、ヨーロッパ文明を植えつけていった時代に適合する考え方であったと言えよう。こうして文明の使徒という古代ローマのアレクサンドロス像が近代に甦《よみがえ》り、大王は文明化の旗手、東西融合という大理想の担い手とされたのだった。ヘレニズム概念がもつこのような価値観を批判的に克服することは、今日なおアレクサンドロス研究の重要な課題である。

それではヘレニズムの概念自体を今後どうすればいいのか。一つの方法は、この言葉を純粋に時代区分の概念として、価値中立的に用いることである。すなわち、アレクサンドロスの登場からクレオパトラの死までの三〇〇年間を、一つの時代と見なしてヘレニズム時代と呼び、この時代に生まれた文化をヘレニズム文化と称する、ただしそこにはギリシアとオリエントに関する価値判断は含めない、ということだ。

しかしそうは言っても、一つの概念から、それが生まれた歴史的背景を完全に消し去ることはできない。たとえ価値判断を含めなくとも、ギリシア文化が東方へ拡大した時代という意味は残るし、それを抜きにしてはヘレニズムの概念自体が成り立たない。結局われわれがなすべきなのは、ギリシア文化を含む多様な文化の、アジアにおける動向を実証的に研究していくという、当たり前のことしかないのではないか。

アレクサンドロス帝国の歴史的意味

断絶か連続か

第一章の末尾で本書の執筆方針を述べたとき、私は、アレクサンドロスの業績を歴史の長い射程で評価すべきことを強調した。では彼の帝国は歴史的にどう評価すべきであろうか。そのための手がかりは、彼の前と後で世界がどう変わったかを見きわめることである。具体的には、アレクサンドロスの治世を経て、アカイメネス朝時代とヘレニズム時代とで何が変わったかに注目することだ。

かつては、大王の遠征がアジアを一変させたかのように語られた。ペルシア帝国が滅び、大量のギリシア人が移住してヘレニズム文化が生まれたという叙述からは、一気に別世界が開けたような印象を受けた。しかし近年の研究は、そのような断絶よりも、むしろ連続性を強調している。つまり、大王はアカイメネス朝の統治組織を受け継いだので、帝国内の各地域から見れば支配者が交替したにすぎず、行政にも社会のあり方にも大きな変化は見られないというのである。これはセレウコス王国にも当てはまる。セレウコス朝の王たちは、多くの都市を建設し、入植させたギリシア人らを王権の基盤としたが、他方でペルシア人貴族らと妥協し、一般の農民や民衆を共に支配した。ここでもアカイメネス朝以来、国家統治と社会の基本的な仕組みは変わらない。

ではギリシア人が大量に東方世界に現れたことは、新しい現象ではないのか。実はアレクサンドロスの登場以前から、ギリシア人は積極的に東方世界に進出していた。ペルセポリスにおける宮殿の建設には、小アジアのギリシア人職人も参加した。エジプトでは前七世紀以降、ナイル・デルタの町ナウクラティスを拠点として交易を営んでいた。バクトリア地方では、大王以前のギリシアの貨幣も多数出土している。さらに、エウボイア島のエレトリア人のように、前四九〇年のペルシア戦争で捕らえられ、スーサ近郊に強制移住させられた例もある。

もっとも大王以前には、これらのギリシア人が東方世界に与えた影響は限られていた。アジア社会に目に見える変動が起きるのは、やはり東方遠征以後のことである。たとえば小アジアの非ギリシア人地域、サルディスや南西部のリュキア地方の諸都市では、前三世紀にギリシア風の国制が完成したことが確認されている。フェニキア諸都市も、後継者戦争の荒波をくぐり抜けながら、前三世紀に王政から共和政へと移行した。それまで農業地域だったシリア北部に都市生活がもたらされたのは、セレウコス朝の政策によるものだ。

このように東方遠征は、それまで緩やかに進行していたギリシア人のアジア進出を加速し、ギリシア風の生活と文化の到達範囲を一気に拡大した。量から質への転化をもたらしたと言ってよい。それゆえ、断絶か連続かという二者択一の議論は必ずしも当を得ていない。大王の遠征は、ギリシア人の世界をかつてなく広げ、次代における社会と文化の新たな発展の土壌を作り上げた。もちろんそれは、彼の天才なくしては不可能だった。この意味で、やはりアレクサンドロスの治世は、西アジア・中央アジアの歴史に一つの画期をなしたのである。

帝国支配と異民族

ある国を帝国と呼ぶための必須条件の一つは、それが複数の民族を支配領域に含むことである。とすれば、帝国支配が成功するための鍵は、異民族をいかに効果的に統治するかという点にある。

ギリシアの諸都市は、市民権を外国人に与えることに対して非常に消極的だった。相手が同じギリシア人であっても、市民権の付与は、自国に大きな貢献をしたといった例外的な場合に限られた。中でもアテネは厳格で、両親共にアテネ人である嫡出の男子だけが市民権を認められた。ギリシアにおいて市民権は事実上の特権と化し、都市は閉鎖的な共同体であり続けたのである。この傾向は、ヘレニズム時代においても基本的に変わらない。

これに対して、ローマは外国人にも積極的に市民権を与え、その結果、ローマ市民共同体そのものが絶えず拡大していった。イタリア半島の外に支配を広げてからは、最初は各地の支配階級だけに市民権を与えたが、それは次第に上層から下層へと拡大した。帝政の始まりから二世紀あまりたった二一二年、カラカラ帝の勅令により、帝国内に住むすべての自由人がローマ市民となった。万民法と呼ばれる普遍的な法体系を作り上げたのも、ローマ人である。

共に都市国家から出発しながら、ギリシア人は都市の狭い枠組みに固執し、ローマ人は市民権を開放することで世界帝国にまで成長した。他方でアカイメネス朝は、ペルシア人を支配階級としながら、諸民族が平和的に共存し交流する統治体系を実現していた。ペルセポリスの浮彫りには、王権は諸民族を抑圧するのでなく、彼らの共同によって支えられているという、アカイメネス朝なりの理念が表現されている。その王権は主神アフラ・マズダによって与えられたものであり、王は地上における神の代理人として、この世の秩序を守る任務を負っていた。こうした歴史の中で、アレクサンドロス帝国はどのように位置づけられるだろうか。

　東方遠征の先々においては、言うまでもなく、アジア人の人口がギリシア人・マケドニア人よりも圧倒的に多い。多様な異民族とどう折り合いをつければよいのか、これは大王だけでなく、マケドニア人・ギリシア人にとっても初めて直面する課題であった。遠征軍の将兵の発想は、ごく単純である。征服者たる自分たちだけが帝国の支配者となり、征服されたペルシア人らアジアの諸民族はおとなしく服従すればいい、こう考えた。第六章で、マケドニア国家中心主義と呼んだのがこれである。これに対してアレクサンドロスは、旧ペルシア人貴族を高位に登用し、またアジア人の若者を大量に軍隊に編入するなど、アジアの諸民族を何らかの形で統治体制に取り込もうとした。東方協調路線と呼んだのがこれである。この点で大王は、伝統的なギリシア・マケドニア中心主義とは一線を画し、新しい時代にふさわしい統治に向けて一歩を踏み出した。

アルタクセルクセス１世の玉座を支える人々　ペルセポリスのレリーフ

　しかし、彼の政策はあくまでも端緒的なものにすぎず、制度上の完成には程遠かった。ペルシア人総督の大粛清で彼の路線は後退を余儀なくされたし、アジア人の軍隊編入は兵力の不足に対応した政策にすぎない。第七章で述べたように、アレクサンドロスの民族融合策なるものも虚構である。側近たちの集団結婚はほとんど実を結ばなかったし、マケドニア人兵士とアジア人女性との通婚は、遠征の過程で結果として生じたものだ。彼らがもうけた子供たちを大王が引き取ったのも、自分の手足となって自在に使える忠実な軍隊を欲したためであり、新しい制度を創始したわけではない。

要するに大王の異民族政策は、その時々に利用できるものを採用するというやり方で、良く言えば柔軟、悪く言えばその場しのぎである。彼の前には、アカイメネス朝における諸民族のゆるやかな共存があった。彼の後には、ローマ帝国が積極的に市民権を拡大し、ローマ法という普遍的な法体系のもとに、全市民の統合をなし遂げた。彼の治世はその中間で、試行錯誤の段階にあったと見ることができる。あえて試行錯誤というのは、彼の政策に、空前の帝国にふさわしい何か実体のある理念が見出せないからだ。近代の例と比較すれば理解しやすいだろう。

アレクサンドロスと同じく、天才的な指揮官でしかも征服者といえば、ナポレオンの名が浮かぶ。しかし、ナポレオンは単なる軍事征服者にとどまらず、近代フランスを作り上げた建設者だった。県知事に代表される中央集権的な地方制度、中等学校リセ、レジオン・ドヌール勲章など、彼が作った制度は今も続いている。何よりもナポレオン法典を制定して、市民社会にふさわしい法と秩序の体系を作り上げた。その意味で彼は、封建社会を脱して近代の扉を開いた征服者である。

ナポレオンとは対照的に、いや古代ローマと比べても、アレクサンドロスの帝国には指導理念というものが見出せない。ここに彼の帝国の限界がある。それは、彼が自分一個の名声だけを、それも建設ではなくもっぱら征服活動によって追求したこと、アレクサンドロス帝国が徹頭徹尾、彼一人の帝国であったことに由来する限界である。

バクトリアとアフガニスタンの間

アレクサンドロスと現代とのつながりを考える時、見逃すことのできない暗黒面がある。東方遠征の全体を通じて、大王が最も苦戦を強いられた地域は、第一に中央アジア、すなわちバクトリアとソグディアナであり、次いで北西インドであった。いずれにおいても、民衆全体を敵とする凄惨な殲滅《せんめつ》戦が繰り広げられた。アムダリア川付近では、山にこもった現地住民三万人のうち、二万二〇〇〇人が殺された。ソグディアナ地方では、ガザの男は全員殺され、キュロポリスに集結した一万五〇〇〇人のうち八〇〇〇人が犠牲となった。ポリュティメトス川流域では、砦に逃げ込んだ住民が片端から殺害され、この川が潤す肥沃で人口の多い土地は荒廃させられた。

これらの戦いは、最強の軍隊による無慈悲な侵略と殺戮《さつりく》という、歴史上頻繁《ひんぱん》に繰り返されてきたパターンの先駆である。とりわけ古代バクトリア地方を含むアフガニスタンにおいて、大王の先例は二千数百年の時を超えて再現される。

一九世紀にはイギリスが、ロシアの脅威に対抗してインド帝国軍を侵攻させ、二度にわたるアフガン戦争を戦ったが（一八三八〜四二年、一八七八〜八〇年）、壊滅的な敗北を喫した。二〇世紀には、ソ連が侵攻して親ソ派政権を樹立したが、全土にわたる泥沼の内戦に引きずり込まれ、一〇年後に撤退した（一九七九〜八九年）。このアフガン侵攻は、ソ連自体の崩壊を促す原因にもなった。二一世紀最初の戦争は、9・11同時多発テロ事件の後に、アメリカが行ったアフガン攻撃だった。テロ事件の首謀者と目されるオサマ・ビン・ラディンを、タリバン政権が匿《かくま》ったというのがその理由である。

大国の侵攻と攻撃は、アフガニスタンの民衆に想像を絶する被害をもたらした。一九九二年の人口は二〇〇〇万人。ソ連侵攻以来二〇年に及ぶ内戦で、二五〇万人が殺されるか餓死などで命を落とし、国外への難民は六〇〇万人を超え、毎日七人が地雷を踏んだという。さらにアメリカは、世界で最も貧しく悲惨なこの国におびただしい爆弾を撃ち込み、民家を破壊し、結婚式さえ「誤爆」した。

アメリカのアフガン攻撃が始まったとき、ある雑誌の記事で、アフガニスタン征服に成功した唯一の外国人はアレクサンドロスだ、という指摘を読んだ覚えがある。しかし、彼は本当に成功したのだろうか。インドに向かうとき、バクトリアとソグディアナには、一万五〇〇〇の歩兵と三五〇〇の騎兵という大軍が残された。これ自体、彼の征服がいかに不安定であったかを証明している。実は、アフガニスタンを完全に制圧することなど誰にもできないのだ。イランの映画監督モフセン・マフマルバフは、二〇〇一年に、アフガニスタンの地理的条件と部族主義との関連を次のように描いている。

想像してみるといい。アフガニスタンを征服するために、戦士はひたすら山頂によじ登り、それから峡谷に転がり落ち、再び征服活動を続けるために、次の山頂によじ登る。その戦士がアフガニスタン全土を征服するというあり得ないことを仮定しても、勝利した自分の軍に補給するために、絶え間なくすべての峰を征服し続けなければならないのだ。まさにこの山々のために、アフガニスタンは完全に外敵の手に落ちることもなかったが、国内の味方の手に帰することもなかったのである。アフガンの人びとのソ連との戦いを外から眺めれば、それは一つの国民の抵抗に見える。しかし、内から見れば、それぞれの部族が、自分がその内に捕らえられている峡谷を守っていたのだ。そして外敵が出ていった時、再び誰もが自分の峡谷を世界の中心だと思いこんだ（『アフガニスタンの仏像は破壊されたのではない　恥辱のあまり崩れ落ちたのだ』）。

アレクサンドロスが古代アフガニスタンのすべての峰と峡谷を完全に制圧したなどというのは、幻想にすぎない。しかも彼の死後、中央アジアに入植させられたギリシア人二万三〇〇〇人が蜂起して、故国へ帰ろうとしたのだ。英国・ソ連・米国と同じく、アレクサンドロスもまたアフガニスタンでは敗北したと言うべきであろう。

終わりなき殺戮

大王による殲滅戦は、インド北西部においてますます激しさを増した。ヒュドラオテス（現ラヴィ）川の東の町サンガラでは、陥落の際一万七〇〇〇人が命を落とし、七万人以上が捕虜となった。その近くの町では、病気のため逃げられなかった住民五〇〇人が全員殺害された。サンボス王の国では八万人が殺され、多くの都市が破壊されて住民は奴隷とされた。二万人の住民が立てこもった町に対し、王は火をつけて多数を焼き殺し、逃れたのは三〇〇〇人にすぎない。マッロイ人の犠牲もおびただしいものだった。砦に立てこもった住民二〇〇〇人が全員殺され、ある町では戦闘と町の放火で五〇〇〇人が命を落とした。マッロイ人最大の町では、マケドニア兵は王が瀕死の重傷を負ったことに怒り、敵を皆殺しにして女子供も容赦《ようしゃ》しなかった。もちろん、これらの数字の信憑《しんぴょう》性には問題があり、犠牲者の正確な数は知るべくもない。それでも、ヴェトナム戦争を髣髴《ほうふつ》させるような人民戦争が強行され、数え切れない人々がマケドニア軍の凶刃《きょうじん》に倒れたことは事実である。

一体なぜ、これほど凄惨な事態が起きたのか。アジア人に対する蔑視だけでは説明がつかない。地中海地域とはまったく異なる自然条件、厳しい戦いの連続、王の負傷や戦友の犠牲に対する復讐心、容易には癒されない精神的疲労、これらに加えて、反転したとはいえ遠征自体の終わりが見えないことが、兵士たちの気持ちを荒廃させたに違いない。どこまで続く泥濘《ぬかるみ》ぞ。こうして蓄積された欲求不満の捌《は》け口を目の前の弱者に求め、鬱憤《うっぷん》晴《ば》らしをしていたのだ。アレクサンドロスも、遠征継続の見返りとしてそうした残虐行為を容認した。しかし、それは行く先々の住民にさらなる恐怖を与え、ますます多くの住民が帰順を拒否し、その結果また新たな犠牲を生むという悪循環に陥ったのである。

　征服された側に視点を置けば、アレクサンドロスの遠征は、今なお止むことのない大国の横暴と、それがもたらす惨禍の先駆けであると言わねばならない。ただし、これだけを強調するのも一面的である。大王の多面的で複雑な人物像は、現実世界だけには収まりきらないのだから。

歴史から叙事詩へ

　アレクサンドロスは実体を伴う理念を持たなかったと先に指摘した。あえて大王の理念を語るとすれば、それは帝国や社会の次元ではなく、アレクサンドロス個人の次元においてであろう。彼が追求したのは、人間を超えた英雄であること、自己の名声を永遠に残すことである。これはホメロス的社会にさかのぼる、ギリシア人のきわめて古い価値観であり、その意味で彼の功業は、その最も純粋な現れであった。前四世紀にギリシア諸都市が衰退する中、彼はギリシア的価値観を受け継ぎ、ホメロスの叙事詩をはるかに凌《しの》ぐ規模でそれを発揮して見せた。というより、彼の生涯そのものが叙事詩ではないか。人間世界を超越したとしか思えないアレクサンドロスの生涯は、その死とともに歴史から叙事詩へと昇華する。

　事実、大王にまつわる数々の伝説・説話は枝葉を伸ばし、「アレクサンダー・ロマン」と呼ばれる空想的・幻想的な物語へと成長した。その源流は、三世紀頃に成立した『アレクサ

ガラスの潜水箱で海中探査する大王　14世紀フランスの「アレクサンダー・ロマン」の写本。オックスフォード大学ボドリー図書館蔵　*Alexander the Great* より

ンドロス大王物語』で、作者は誤ってカリステネスと伝えられる。これが各国語に翻訳された上、自在に加筆・改竄《かいざん》が加えられ、中世から近代にかけ、ヨーロッパからアフリカ、中東、東南アジアまで、二四ヵ国語、八〇種類以上の物語が流布するに至った。

　これらの物語の中で、大王は深海に潜り、天空を飛翔する。中世ヨーロッパでは理想の騎士となり、また哲学者、宣教師、占星術師、錬金術師という風に七変化《しちへんげ》を見せた。ゾロアスター教では、聖典のアヴェスターを燃やしたという理由で（聖典はまだ書物の形になっていなかったにもかかわらず）三大悪人の一人とされたが、ペルシア人の民衆は彼を英雄視した。イスラム世界では超人的な戦士と見なされ、ある本では、チベットを越えて中国にまで進軍した。中央アジアでは、今日でもアレクサンドロスの子孫を名のる人々が各地に住んでいる。平家の落人《おちうど》伝説に類するものだが、これまた大王説話の一端に連なる。

　これらを荒唐無稽《こうとうむけい》と言って切り捨てるべきではない。時代と空間を超えて、かくも多彩な物語が生み出され得たのも、アレクサンドロスの人物と生涯が一篇の叙事詩をなしているからだ。叙事詩とは、英雄的な人物の功業を中心に、一つの民族全体にかかわる大規模な事件を語る作品である。その英雄は、武勇や行動力、高貴な魂など、その民族が理想とする能力と美徳を完璧に備えた最高の人物でなければならない。ギリシア人・マケドニア人にとって、東方遠征は民族あげての大事業であり、それを率いるにふさわしい英雄はアレクサンドロス以外にない。理想的人物としての大王像は、さらに時代や民族の違いを越えて流布していく。こうして大王は、叙事詩の主人公となって後世に生き、彼が切に願った不滅の名声は現実のものとなった。この意味において、アレクサンドロスは立派にその歴史的役割を果たしたのである。

おわりに

大王の求めたもの

最後に、大王についてだれもが抱く疑問に答えを出して本書を閉じることにしよう。そもそもアレクサンドロスは、一体何のためにあれほどの大遠征を敢行したのか。これは大王に関する最も素朴な疑問であり、同時に最大の難問でもある。手がかりとしては、たとえばアリアノスの伝記に出てくる彼の演説がある。インドのヒュファシス河畔で軍隊がこれ以上の前進を拒否したとき、彼は部隊長たちを集めて壮大な企図を語り、遠征継続へと彼らを鼓舞《こぶ》した。もっともこの演説自体はアリアノスが再構成したもので、アレクサンドロスが語った内容の直接の記録ではない。アリアノスというローマ時代の知識人が、大王ならこう語ったはずだとして論理的に構築した説明でしかない。しかしそうした限界を前提にしたうえで、大王の目的を推測することは可能である。

アレクサンドロスはこの演説でこう述べている。

志の高い人間にとっては、いかなる艱難辛苦《かんなんしんく》といえども、それが輝かしい大業の達成に導くかぎり、艱難辛苦それ自体に限界はないと私は考える（第五巻二六章）。

これに関連して、アリアノス自身は次のようなコメントを記している。

私自身は、アレクサンドロスが一体どんな構想を抱いていたのか、確実に提示することはできないし、私なりに推測してみるつもりもない。ただ次のことだけははっきり断言できる。すなわちアレクサンドロスの企図したところは、決して並みの卑小なものではなかった。たとえヨーロッパをアジアに併せようと、ブリテン諸島（イギリス）をヨーロッパに加えようと、彼は自分がすでに征服したものに安住してそこに留まることはせず、常に未知なるものをさらに遠くへ求めてやまなかった。たとえ他に相手がいなくても、彼は自分自身を相手に競ったのである（第七巻一章）。

これらの記述は、アレクサンドロスの内面を理解するための重要な手がかりである。第八章で述べたとおり、彼の心性は、不滅の名誉を求めるホメロス的英雄たちの心性と同一だった。名誉は常に勝利と共にある。それゆえ彼はいつまでもどこまでも敵を求め、敵を倒し、勝利を収めて絶えず不敗であり続けねばならない。それだけが彼の卓越性、並みの人間を超えた英雄たることを証明してくれる。こうした名誉欲こそが彼を内面から突き動かし、世界の果てを求めさせる原動力だった。

ではすべてを征服し、倒すべき敵も競い合う相手もいなくなったらどうするか。その時は自分を相手に競うしかない。自分自身への挑戦が新たな戦いの舞台となる。こうして挑戦と勝利は無限に続いて止むことがない。いやむしろ彼にとっては、敵を制圧し競争相手を倒すことそれ自体がすでに自己への挑戦だったのであろう。相手は他者であり同時に自分でもある。たとえ世界の果てに到達しても、彼は自分で次なる挑戦相手を作ったことだろう。世界の最果てがこの世に実在しようと自分の中にあろうと、もはや問題ではない。フロンティアは永遠に消滅しない、いや消滅させてはならないのだ。

要するに、大王が求めたものを何か特定の目標、具体的なモノで示すことはできない。挑戦し、勝利すること、それ自体が彼の求めたものである。一人の人間として見れば、これ以上純粋な生き方はないだろう。だがそのために一体どれほど多くの人命が失われ、どれほど多くの都市と地域が破壊されたことか。彼が引き起こした犠牲、巻き添えにしたものの大きさを考えると、アレクサンドロスは途方もないエゴイスト、究極の自己中心主義者と言うべきではなかろうか。

兵士はなぜ大王に付き従ったのか

アレクサンドロスのもとには、常にマケドニア軍という手足が付き従っていた。その将兵たちは、なぜ最後まで彼に忠実に従ったのか。最も単純な答えは、それ以外に選択肢がなかったからである。故国から数千キロも離れた未知の土地では、大王に頼る以外に何ができよう。大王から離れることは、即、生命の危険を意味した。彼に従わなければ、無事に故国へ帰ることなどあり得なかったのだ。

もう一つの答えは、王と兵士が共通の価値観で結ばれていたからである。一般のマケドニア人も、大王と同じく名誉を求めて生きていた。彼らにおいても名誉とは、戦争での勝利によってのみ得られる報賞である。少しでも高い名誉を得るには、それだけ大きな武勲をあげねばならず、そのためには絶えず仲間同士で競い合わねばならない。勇敢な戦いぶりが王によって認められれば昇進でき、高い地位と威信と戦利品が手に入る。名誉と威信をかけての無限に続く競争、これがマケドニア軍全体の士気を維持する装置だった。大王はこの仕組みでもって軍隊を隅々まで統制したのである。

別の言い方をすれば、これは軍という名の宮廷社会である。エリアスの名著『宮廷社会』が見事に描き出したように、一七世紀のヴェルサイユ、ルイ一四世の宮廷では、王を頂点とする秩序の中で、すべての貴族が厳格な位階序列に組み込まれ、威信をめぐる終わりのない競争に巻き込まれた。定められた礼儀作法の中で、わずかな変化も見逃さず、誰もが互いに一歩先んじようと、極度に張りつめた神経戦をくり広げていた。これと同じように、マケドニア兵もまた、祖国を離れて絶えず移動する遠征軍という閉ざされた世界において、武勲と名誉をめぐる終わりのない競争に巻き込まれていた。この競争に打ち勝って序列を昇っていくことだけが彼らの存在根拠であり、それだけが彼らにアジアの支配者の一員たる地位を保証した。これ以外の世界で生きることなど、思いもよらなかったのである。

アレクサンドロスは理想の指導者たりうるか

最後に、指導者としてのアレクサンドロスをどう評価すればいいだろうか。確かに彼は偉大な将軍であり、並ぶものないカリスマ性を持ち、強烈なオーラを放っていたに違いない。しかし彼の偉大さそれ自体にも、彼の生きた時代が深く刻印されている。彼の英雄的性格は、人間の世界と神々の世界が分かち難く結びついていた時代に固有の産物である。それゆえにこそ彼は自分を英雄と信じ、周囲の人々も彼を英雄として仰ぎ見ることができた。大王のカリスマ性もオーラなるものも、この英雄信仰があって初めて生まれるものだった。将軍としての天賦《てんぷ》の才も、あらゆる価値の源泉が戦争での武勲にあった時代だからこそ、あそこまで磨かれ、発揮され得た。不滅の名声を求めて世界の果てに至ろうとする心性も、死後の名誉が人生の究極目的だった古代ギリシアの価値観に由来する。

このように述べると、アレクサンドロスという不世出《ふせいしゅつ》の人物を貶《おとし》めているように思えるかもしれないが、そうではない。いかなる人物もその時代から自由ではあり得ない。ある人物が偉大なのは、彼がその時代の価値意識を集約し、その潜在的可能性を十全に引き出して現実のものとしたからである。アレクサンドロスは、古代ギリシア人の価値観を究極まで追求し、空前の結果を生み出した。その価値観とは、武勲と名誉こそすべてという一元的な価値観だった。彼自身がこれに依拠していただけでなく、遠征軍の将兵にもこれを貫徹させることで初めて、強力な指導性を発揮することができたのである。彼の偉大さの必須条件は、時代全体が古代戦士特有の価値観一色に染め上げられていたことにある。

では今日のわれわれは、アレクサンドロスという人物からどのような教訓を引き出すことができるだろうか。端的に言って、このような指導者を戴くことは、私にはあまり幸福とは思えない。単なる好みで言っているのではない。アレクサンドロスの偉大さの究極の秘密は、社会全体の一元的な価値観にあった。現代においても、閉ざされた国家や社会において、なら、あるいは時代がただ一つの方向へ雪崩を打って進む場合なら、大王のように強力な指導性が無類の効果を発揮するだろう。そこでは権力者が、それこそただ一つの価値観を絶対視し、それを国家・社会の隅々にまで及ぼそうとするに違いない。しかしそのような事態がもたらす未曾有《みぞう》の災難を、二〇世紀の人類は十二分に経験してきたのではなかったか。ブレヒトの戯曲『ガリレイの生涯』の次のような台詞が思い起こされる。

アンドレア　英雄のいない国は不幸だ！
ガリレイ　違うぞ、英雄を必要とする国が不幸なんだ。（岩淵達治訳）

アレクサンドロスの個々の資質や性格は、今なお魅力的である。しかしそのことと、専制君主としての大王とは必ずしも同じではない。多様な価値観が並存し、平和的に交流しあう世界を理想とするなら、アレクサンドロス型の権力はむしろ有害と言うべきだ。いたずらに大王の偉大さを賛美するのでなく、彼を生み出した社会の前提条件を批判的に見直せば、アレクサンドロスをむしろ偉大なる反面教師と見る方が有益かもしれない。それをふまえて、共存と寛容にふさわしい新たな指導者像を求めることが、二一世紀の課題なのではなかろうか。

学術文庫版へのあとがき

本書は、「興亡の世界史」第01巻『アレクサンドロスの征服と神話』を文庫化したものである。原著の出版から九年が過ぎた。この間もアレクサンドロスに関する研究書や論文集が毎年続々と刊行され、専門的な議論はますます緻密になっている。これらをすべて反映させようとすれば、本書の全面改訂が必要になるが、もちろんそれは無理な話。文庫化にあたっては、いくつかの誤りを正し、史料の訳文や不正確な記述を改めるにとどめた。

マケドニア王国に関連して新しい情報がある。

二〇一四年八月、エーゲ海北岸のアンフィポリスにおいて、マケドニア式の大規模な墓が発掘された。内部は盗掘され、副葬品は失われたが、カリュアティドと呼ばれる二体の少女像、ペルセフォネの誘拐の神話を描いた床モザイク、五体の人骨などが発見された。ギリシア文化省は被葬者を特定していないが、一部の研究者はこれを大王の母オリュンピアスの墓だと主張している。私が同年九月に訪問した時は、現場に立ち入ることができなかったが、現在は観光地化をめざして整備中とのことである。

王国の首都ペラの遺跡にほど近いアルコンティコでは、一五年前から大規模な墓地の発掘が続いている。敷地の五パーセントが発掘されただけで、すでに一〇〇〇基を超える墓が見つかった。特筆すべきは、前六世紀後半の富裕者たちの墓から大量の黄金製品が出土したことだ。古都ヴェルギナでも、前五〇〇年前後の王族女性の墓から、黄金の副葬品やテラコッタ製の小像が発見された。これらはペラ考古学博物館における特別展で展示された（二〇一四年九月～一五年九月）。マケドニア王国の繁栄を、フィリッポス二世の時代から一気に二世紀近くさかのぼらせる貴重な成果である。

私自身は二〇一一年から三年続けてイランを訪れ、写真家の鈴木革氏とともに現地調査を行った。スーサからペルセポリスに至る大王の行軍経路を特定すべく、イラン人協力者の車でザグロス山脈を走り回り、初めて二泊三日の登山までした。その成果が『図説アレクサンドロス大王』（河出書房新社、二〇一三年）で、鈴木氏撮影の見事な写真をふんだんに掲載した。その一部は本書文庫版でも使わせていただいた。あらためて感謝したい。

このように、マケドニア史の書き換えを迫る発見が現在も進行中であり、アレクサンドロスは依然として尽きることのない研究の泉なのである。

最後に、文庫化のための面倒な作業を引き受けてくださった、講談社学術文庫の鈴木一守氏にお礼を申し上げたい。

二〇一六年正月

森谷公俊

State, Berkeley and Los Angeles, 1990.　▶後継者戦争の中心にあったアンティゴノスについての包括的な研究書。アンティゴノスの歴史的評価を一新し、彼をマケドニア、アカイメネス朝、ヘレニズム諸王国の結節点に位置づける。
・J.D.Grainger, *Seleukos Nikator; Constructing a Hellenistic Kingdom*, London and New York, 1990.　▶セレウコスについての平易な伝記的研究書。他の後継将軍たちと比較しながら、セレウコスの独自性と彼の成功の原因を浮かび上がらせる。
・G.Hölbl, *A History of the Ptolemaic Empire*, London and New York, 2001.　▶プトレマイオス王国の概説書。建国の祖プトレマイオスをはじめとする代々の王たちの政策を、エジプト史の文脈の中で評価しようとする。
・M.C.Miller, *Athens and Persia in the fifth century BC; A study in cultural receptivity*, Cambridge, 1997.　▶前５世紀におけるアテネとペルシアの文化交流の実態を、壺絵などの図像史料も駆使しながら詳細に分析した労作。当時のアテネ人がペルシア文化への強い憧れを抱いていたことを実証し、中国趣味（Chinoiserie）にならってこれをペルシア趣味（Perserie）と名づける。

- J.R.Ashley, *The Macedonian Empire; The Era of Warfare under Philip II and Alexander the Great, 359-323 B.C.*, North Carolina and London, 1998.　▶フィリッポス２世およびアレクサンドロス大王の個々の戦闘のすべてを詳細に分析した軍事史研究。
- E.N.Borza, *In the Shadow of Olympus; The Emergence of Macedon*, Princeton University Press, 1990.　▶アレクサンドロス以前の古代マケドニア王国についての平易な入門的概説書。古代マケドニアの自然環境、研究と発掘の歴史、初期マケドニアの国家と社会、さらにヴェルギナの王室墳墓をめぐる論争点などがわかりやすく記述されている。
- N.G.L.Hammond, *Philip of Macedon*, Johns Hopkins of University Press, 1994.　▶古代マケドニア研究の第一人者である故ハモンドによる、フィリッポス２世についての最もまとまった伝記。関連史料は註に網羅されている。
- E.D.Carney, *Women and Monarchy in Macedonia*, University of Oklahoma Press, 2000.　▶著者のカーネイは、古代マケドニア史研究に女性史の分野を開拓した。マケドニアの王族女性一人ひとりの生涯を可能な限り再構成し、関連する問題点を論じている。
- P.M.Fraser, *Cities of Alexander the Great*, Oxford, 1996.　▶大王が建設したとされる都市アレクサンドリアについて、ギリシア語・ラテン語史料ばかりかアラビア語の文献までも駆使し、その実態を徹底的に再検討した労作。
- F.L.Holt, *Into the Land of Bones; Alexander the Great in Afghanistan*, Berkeley and Los Angeles, 2005.　▶古代バクトリアと現代アフガニスタンを往復しながら、大王によるバクトリア侵攻の歴史的意味を今日の時代から捉え直そうとする問題提起の書。９・11同時多発テロが大王像に与えた衝撃がうかがえる。
- F.L.Holt, *Thundering Zeus; The Making of Hellenistic Bactria*, Berkeley and Los Angeles, 1999.　▶出土貨幣の網羅的な分析をもとに、バクトリア王国の形成から消滅までを追った、ヘレニズム史研究の貴重な成果。
- S.Sherwin-White & A.Kuhrt, *From Samarkhand to Sardis; A new approach to the Seleucid empire*, London,1993.　▶シャーヴィン＝ホワイトとカートは共に、80年代半ば以降、ギリシア中心主義を批判しながらオリエント史の文脈でアカイメネス朝ペルシアを見直す新しい研究をリードしてきた。この二人によるセレウコス王国史の概説書。
- R.A.Billows, *Antigonos the One-Eyed and the Creation of the Hellenistic*

▶海外で考古学を修めた専門家による、学術的にして平易な遺跡案内。マケドニア王国からはヴェルギナ、ペラ、ディオン、ヘレニズム史関係ではペルガモンを含む。
・伊藤貞夫／本村凌二編『西洋古代史研究入門』東京大学出版会　1997年　▶主に大学院生クラスを対象とした研究案内。

アレクサンダー・ロマン

・伝カリステネス『アレクサンドロス大王物語』叢書アレクサンドリア図書館７　橋本隆夫訳　国文社　2000年
・ナポリの首席司祭レオ訳『アレクサンデル大王の誕生と勝利』芳賀重徳訳　近代文藝社　1996年
・ガルテールス・デ・カステリオーネ『アレクサンドロス大王の歌——中世ラテン叙事詩』瀬谷幸男訳　南雲堂フェニックス　2005年

英語の基本文献

（学生・大学院生を念頭におき、英語で読める最近のものに限定した）

・J.Roisman(ed.), *Brill's Companion to Alexander the Great*, Leiden, 2003. ▶大王に関する諸問題を扱った13編の論文からなる論文集。アレクサンドロス研究の現状を知るのに格好の手引きである。
・A.B.Bosworth, *Conquest and Empire; The reign of Alexander the Great*, Cambridge, 1988.　▶著者のボズワースは、現在のアレクサンドロス研究の第一人者。これはミニマリズムの立場で書かれた概説書で、大王の伝記および主題別の論述からなる。
・N.G.L.Hammond, *Alexander the Great; King, Commander and Statesman*, London, 1981.　▶ターン以来の理想主義的な大王像を受け継ぎ、アレクサンドロスをギリシア文明の旗手として描く。
・A.Stewart, *Faces of Power; Alexander's Image and Hellenistic Politics*, Berkeley and Los Angeles, 1993.　▶アレクサンドロスの図像に関する包括的な研究書。大王の治世から後継将軍の時代における大王の彫像、絵画、モザイク、貨幣、祭典などを網羅的に検討し、大王のイメージがヘレニズム諸王国の形成に果たした役割を論じる。
・P.Cartledge, *Alexander the Great; The Hunt for a New Past*, London,2004. ▶古代ギリシア史研究者による評伝。年代順ではなく主題別の議論によって、アレクサンドロスとその時代を捉えようとする。大学院レベルのテキストに最適。
・W.Heckel, *Who's Who in the Age of Alexander the Great*, Oxford, 2006. ▶アレクサンドロス帝国にかかわる800人余の人物を網羅した人名事典。各人物について、関連史料と主要文献を明示する。

ンドロスの遠征路をたどり、1926年にインド北西部（現パキスタン北部）のスワート渓谷を踏査した。上記２冊はその記録「インダスに至るアレクサンドロスの道」の全訳である。後者には、スタインが手がかりとしたアリアノスの大王伝とその注釈の関連箇所の翻訳を含む。
・エドヴァルド・ルトヴェラゼ『アレクサンドロス大王東征を掘る――誰も知らなかった足跡と真実』帯谷知可訳　NHKブックス　日本放送出版協会　2006年　▶著者はウズベキスタンの歴史学者・考古学者で、古代バクトリア・ソグディアナの発掘に30年以上携わってきた。その貴重な成果を平易にまとめた作品。

西アジア史

・ロマン･ギルシュマン『イランの古代文化』岡崎敬他訳　平凡社　1970年
・伊藤義教『古代ペルシア――碑文と文学』岩波書店　1974年　▶ベヒストゥンやペルセポリスに刻まれた主要な古代ペルシア碑文の翻訳を含む。
・足利惇氏『世界の歴史９　ペルシア帝国』講談社　1977年
・小川英雄／山本由美子『世界の歴史４　オリエント世界の発展』中央公論社　1997年
・前田徹ほか『歴史学の現在――古代オリエント』山川出版社　2000年　▶古代オリエントに関する研究案内。
・『別冊環⑧「オリエント」とは何か――東西の区分を超える』藤原書店　2004年　▶オリエント概念の再検討をめざした論集。

ギリシア史

・桜井万里子編『ギリシア史』山川出版社　2005年　▶先史時代から現代までを概観したギリシアの通史。古代からビザンツ時代、オスマン帝国時代を経て近現代に至るギリシア史を、政治史を軸にバランスよく叙述している。
・周藤芳幸／村田奈々子『ギリシアを知る事典』東京堂出版　2000年　▶古代と現代の二つの視点からトピック別にギリシアを描いた労作。第13章でギリシアとマケドニアをめぐる問題に言及している。
・歴史学研究会編『地中海世界史１　古代地中海世界の統一と変容』青木書店　2000年　▶古代から現代までの地中海世界を概観する５巻シリーズの１冊で、以下の論文を含む。「ギリシア世界の展開と東方世界」(師尾晶子)「ヘレニズム世界の形成と東地中海」(森谷公俊)「ヘレニズム時代における文化の伝播と受容」(大戸千之)
・周藤芳幸／澤田典子『古代ギリシア遺跡事典』東京堂出版　2004年

品。

研究書、その他

・森谷公俊『王宮炎上――アレクサンドロス大王とペルセポリス』吉川弘文館　2000年　▶ペルセポリス放火事件についての研究書。古典史料に加えて発掘報告書も仔細に検討し、王宮炎上事件の真相と伝承の形成過程について論じる。
・森谷公俊『アレクサンドロス大王――「世界征服者」の虚像と実像』講談社選書メチエ　2000年　▶大王の３大会戦（グラニコス、イッソス、ガウガメラ）について、関連史料を徹底分析し、会戦の実相を復元して、指揮官としてのアレクサンドロス像に迫る。またダレイオス３世の人物像やヘレニズム概念をめぐる問題にも言及する。
・大戸千之『ヘレニズムとオリエント――歴史のなかの文化変容』ミネルヴァ書房　1993年　▶セレウコス王国における都市と農民、異民族支配、小アジアやバビロンにおけるギリシア文化の浸透といった重要問題を可能な限り実証的に解明した研究書。ヘレニズム文化研究のための必読文献。
・F.W.ウォールバンク『ヘレニズム世界』小河陽訳　教文館　1988年　▶ヘレニズム時代全般に関して、日本語で読める最も標準的な概説書。
・N.セカンダ『アレクサンドロス大王の軍隊――東征軍の実像』柊史織訳　新紀元社　2001年
・NHK「文明の道」プロジェクト／森谷公俊他『NHKスペシャル文明の道①アレクサンドロスの時代』日本放送出版協会　2003年
・NHK「文明の道」プロジェクト／前田耕作他『NHKスペシャル文明の道②ヘレニズムと仏教』日本放送出版協会　2003年
・NHK「文明の道」プロジェクト／本村凌二他『NHKスペシャル文明の道③海と陸のシルクロード』日本放送出版協会　2003年
▶2003年に放送されたNHKスペシャル「文明の道」を出版したもの。①は諸民族の共存という観点からアレクサンドロスの遠征をたどる。②は中央アジアとインドにおけるヘレニズム文化の実相に迫る。③はローマと東方世界との交易を物語る数々の発掘成果を紹介している。CG合成を含む多数のカラー図版を掲載、巻末には遺跡案内も収める。
・オーレル・スタイン『アレクサンダーの道――ガンダーラ・スワート』谷口陸男・澤田和夫訳／長澤和俊注・解説　白水社　1984年
・スタイン／アリアーノス『アレクサンドロス古道』前田耕作監修／前田龍彦訳　同朋舎出版　1985年
▶スタインはハンガリー出身の著名な探検家にして東洋学者。アレクサ

参考文献

大王伝の翻訳

・フラウィオス・アッリアノス『アレクサンドロス東征記およびインド誌』本文篇+注釈篇　大牟田章訳・註　東海大学出版会　1996年　▶テキストの翻訳に1000頁におよぶ詳細な註を付した大冊。日本における西洋古代史研究の金字塔というべき画期的な訳業である。

・アッリアノス『アレクサンドロス大王東征記』上・下　大牟田章訳　岩波文庫　2001年　▶上記の文庫版。註を大幅に簡略化している。

・プルタルコス『プルタルコス英雄伝』中巻　村川堅太郎編　ちくま学芸文庫　1996年

・ポンペイウス・トログス／ユニアヌス・ユスティヌス抄録『地中海世界史』合阪學訳　京都大学学術出版会　1998年

・クルティウス・ルフス『アレクサンドロス大王伝』谷栄一郎・上村健二訳　京都大学学術出版会　2003年

人物伝

・大牟田章『アレクサンドロス大王――「世界」をめざした巨大な情念』清水新書　1984年　▶新書版でありながら、大王の内面に迫ろうとの著者の情熱が伝わる秀逸な作品。

・森谷公俊『アレクサンドロスとオリュンピアス』ちくま学芸文庫　2012年　▶大王の母オリュンピアスについての唯一まとまった伝記。女性史研究の成果をふまえ、悪女とされてきたオリュンピアスの人物像を見直すとともに、後継者戦争期における王族女性たちの活躍とその悲劇的な運命を描く。

・ピエール・ブリアン『アレクサンダー大王――未完の世界帝国』福田素子訳／桜井万里子監訳　創元社　1991年　▶ビジュアル版の伝記で、イスラム絵画も含む多数の図版を掲載する。巻末の資料編には、古典の抄訳の他、近代の大王像をうかがわせる資料や研究書の抜粋も含み、研究史の流れを追うことができる。

・ピエール・ブリアン『アレクサンドロス大王』田村孝訳　白水社　2003年　▶新書版の簡明な概説書で、年代順とテーマ別の論述の２部構成。

・ロビン・レイン・フォックス『アレクサンドロス大王』上・下　森夏樹訳　青土社　2001年　▶大王の生涯を追いながら、関連する諸問題をあらゆる方面にわたって記述した、総計1000頁を超える浩《こう》瀚《かん》な伝記作

西暦	ギリシア・マケドニア	西アジアと世界
		前218年、第２次ポエニ戦争開始、ハンニバルのイタリア侵入 202年、中国で劉邦が漢を建国
前146	バクトリアのギリシア都市アイ・ハヌムが遊牧民の侵入により消滅	ローマがカルタゴを破壊し、第３次ポエニ戦争終結。ローマがギリシアとマケドニアを属州とする
133	ペルガモンのアッタロス３世が王国をローマに遺贈	
		前120〜前100年頃、ポンペイでアレクサンドロス・モザイクが制作される

西暦	ギリシア・マケドニア	西アジアと世界
	分裂	
前317	オリュンピアスがフィリッポス３世夫妻を捕らえて殺害する	インドでチャンドラグプタがマウリヤ王朝を創始
316	カッサンドロスがオリュンピアスを捕らえて処刑	
313頃	プトレマイオスが首都をアレクサンドリアに移す	
311	４人の後継将軍が互いの勢力範囲を認めて和約を結ぶ	
310頃	カッサンドロスがロクサネとアレクサンドロス４世の母子を殺害し、マケドニア王家が断絶	
306	アンティゴノスが王位を宣言 他の将軍たちもこれに倣い、５つのヘレニズム王国が成立（～前304）	
304	セレウコスがインドに遠征、チャンドラグプタに敗れて講和を結ぶ	
301	イプソスの会戦でアンティゴノスが敗死	
283	プトレマイオス２世が父王を祀るプトレマイア祭を創始	
280	ケルト人の侵入によりマケドニア国内は荒廃	
277	アンティゴノス＝ゴナタスがマケドニア王位につき、アンティゴノス朝を創始 ヘレニズム３王国が確立	前272年、ローマがイタリア半島を制覇
262	ペルガモンがセレウコス朝から事実上独立	264年、ローマ・カルタゴの第１次ポエニ戦争始まる
250頃	バクトリアがセレウコス朝から事実上独立	
226	ペルガモンのアッタロス１世が正式に王位を宣言	
		221年、秦の始皇帝が中国を統一

西暦	ギリシア・マケドニア	西アジアと世界
	害を被る	
	ペルシア人総督たちの大粛清、属州総督たちに傭兵解散令を布告	
前324	スーサに帰還。ギリシア諸都市に亡命者帰国令を布告	
	集団結婚式をあげ、アカイメネス王家の二人の娘を娶《めと》る	
	イラン系の若者３万人がマケドニア式訓練を受けてスーサに到着	
	夏　オピスにおいてマケドニア人古参兵を除隊。騒擾事件と和解の饗宴	
	秋　エクバタナで親友ヘファイスティオンが病死	
323	春　バビロンに帰還。ギリシア諸国に自身の「神格化」を命令	
	アラビア半島周航遠征の準備に着手	
	６月10日　アレクサンドロス、熱病のため死去	
	アリダイオスがフィリッポス３世として即位	
	ペルディッカスが摂政となり、側近たちが総督領を分配	
	ロクサネが男児を生み、アレクサンドロス４世として即位	
321	反ペルディッカス連合が形成され、後継者戦争始まる	
	ペルディッカスがエジプト侵攻に失敗し、暗殺される	
	トリパラデイソスの会議で総督領の再分配	
	摂政アンティパトロスが王族を連れてマケドニアに帰国	
319	摂政アンティパトロスが死去。後継の摂政に対してカッサンドロスが反旗を翻し、王族が	

西暦	ギリシア・マケドニア	西アジアと世界
	秋　側近のフィロータスを処刑、その父で重臣のパルメニオンを謀殺	
前329	ヒンドゥークシュ山脈を越え、バクトリア地方に侵攻	
	オクソス（現アムダリア）川を渡り、ベッソスを捕らえる	
	ヤクサルテス（現シルダリア）河畔に「最果てのアレクサンドリア」を建設	
	スピタメネスの指導下にバクトリア・ソグディアナ住民が一斉蜂起、以後２年間にわたって苦戦が続く	
328	ソグディアナ地方で岩砦に拠る住民たちとの攻防戦	
	スピタメネスがスキタイ人に謀殺される	
	晩秋　側近のクレイトスを酒宴で刺殺	
327	春　ソグディアナ豪族の娘ロクサネと結婚	
	跪拝礼導入の試み失敗	
	近習たちの王暗殺陰謀事件が発覚、歴史家カリステネスも連座して処刑される	
	秋　パキスタン北西部へ侵攻	
326	インダス川を渡り、タクシラ地方に至る	
	５月　ヒュダスペス（現ジェルム）河畔でポーロス王との会戦に勝利	
	夏　ヒュファシス（現ベアス）河畔で将兵たちの前進拒否のため反転を決意	
	11月　インダス川の南下を開始	
325	マッロイ人との戦闘で瀕死の重傷を負う	
	インダス川流域の各地で無差別殺戮	
	夏　デルタ地帯のパタラに到達	
	ネアルコスにインド洋沿岸の探検航海を委ねる	
	10～11月　ゲドロシア砂漠の踏破で甚大な被	

西暦	ギリシア・マケドニア	西アジアと世界
		この頃、ローマがラティウム地方全域を制圧
前337	フィリッポス２世がギリシア諸国代表を集め、コリントス同盟が成立、対ペルシア遠征を決議	
336	春　ペルシア遠征の先発部隊が小アジア北西部に侵攻	
	夏　フィリッポス２世暗殺され、アレクサンドロス３世が即位	ペルシアでダレイオス３世が即位
335	アレクサンドロス、北方バルカン諸民族を平定し、ドナウ川を渡る	
	反乱したテーベを徹底破壊	
	コリントス同盟から全権将軍に任命される	
334	春　東方遠征に出発	
	グラニコスの会戦に勝利	
	小アジア西岸地方のギリシア諸都市を平定	
333	晩秋　イッソスの会戦でダレイオス３世の軍を破る	
	冬　フェニキア諸都市を獲得	
332	夏　テュロスを７ヵ月の包囲の末に占領	
	初冬　エジプトを無血占領	
331	２月　リビア砂漠のアモン神殿を訪問	
	４月　ナイル河口に新都市アレクサンドリアを着工	
	10月　ガウガメラの会戦で勝利、バビロン入城	アカイメネス朝ペルシア帝国が事実上崩壊
330	１月　ペルセポリスを占領し、都市部を略奪、莫大な財宝を接収	
	５月　王宮に放火し、ダレイオス３世の追撃行を開始	
		７月　ダレイオス３世が側近のベッソスらに殺害される
	ペルシア風の衣装や宮廷儀礼を採用	

西暦	ギリシア・マケドニア	西アジアと世界
前404	アテネが降伏し、ペロポネソス戦争終結	エジプトがペルシアから離反し、独立を回復 前403年、中国で戦国時代始まる（～前221年） 401年、ペルシアで王弟キュロスが反乱。彼の死後、ギリシア人傭兵１万人が無事帰国
395	ギリシアで反スパルタ連合が成立し、コリントス戦争開始	
393	マケドニアでアミュンタス３世が即位 この頃から北方民族の侵入に苦しむ	
386	ペルシア王が介入してコリントス戦争終結 大王の和約で小アジアのギリシア人に対するペルシアの支配を承認	
377	第２次アテネ海上同盟成立	
371	レウクトラの戦いでスパルタが大敗し、テーベが台頭	
359	マケドニアでフィリッポス２世が即位 王国の再建後、ギリシア侵攻を開始	
357	フィリッポス２世、隣国モロッソイの王女オリュンピアスと結婚	
356	７月　アレクサンドロス誕生	
343	アレクサンドロス、哲学者アリストテレスに師事する（～前340）	
		341年、ペルシアがエジプトを再征服
340	アレクサンドロス、父王の留守中に国事をあずかり、アレクサンドロポリスを建設	
338	８月　カイロネイアの会戦でマケドニアがギリシア軍に勝利	

西暦	ギリシア・マケドニア	西アジアと世界
		前552年、ダレイオス1世がアカイメネス朝の王位を奪い、中央集権体制を確立。新首都ペルセポリスを建設
前510頃	マケドニアがペルシアに臣従	
508	クレイステネスの改革でアテネの重装歩兵民主政が確立	509年、ローマで共和政が成立
499	小アジアのイオニア地方でギリシア人がペルシアに反乱	
492	第1次ペルシア戦争 ペルシア艦隊が嵐のため遭難し、撤退	
490	第2次ペルシア戦争 マラトンの戦いでアテネが勝利	486年、ペルシアでクセルクセス1世が即位
480～479	第3次ペルシア戦争 マケドニア王アレクサンドロス1世はペルシア側で参戦 サラミスの海戦とプラタイアの戦いでギリシア軍が勝利	
477	デロス同盟が結成され、ペルシアとの戦争が続く	
454	デロス同盟の金庫をアテネに移転 アテネがエーゲ海の覇権を握る	この頃、ローマで十二表法が制定される
449	アテネとペルシアの和約が成立	
440年代	ペリクレスの指導下でアテネの直接民主政が完成	
431	アテネ・スパルタ間でペロポネソス戦争始まる	
413	マケドニアでアルケラオスが即位 首都をペラに移し、富国強兵策を推進	411年、ペルシア王がスパルタへの支援を開始

年表

西暦	ギリシア・マケドニア	西アジアと世界
前8世紀	ギリシア人がポリスを形成	
776	第１回オリンピック競技会	
		前770年、中国で春秋時代始まる（～前403年）
750頃	ギリシア人が地中海・黒海への植民活動を開始	
		753年、伝承によるローマ建国
		この頃、アッシリア帝国の隆盛
700頃		古代ペルシア人がザグロス山脈南東部のパールサ地方に定着
7世紀中頃	マケドニア人がオリュンポス南麓に王国を建設	
	スパルタの国制が確立	
		612年、アッシリアの首都ニネヴェが陥落し、アッシリア帝国崩壊
594	アテネでソロンの改革	
550	この頃、スパルタがペロポネソス同盟を結成	
		この頃、ペルシア人がキュロス２世の下で征服戦争を開始
		551年頃、孔子が生まれる
		539年、ペルシア軍がバビロンを占領
		525年、ペルシア王カンビュセス２世がエジプトを征服し、オリエント世界を統一

られる。翌年春に大王と結婚し、最初の正妃となる。インドで男子を出産したが夭逝した。大王が死んだときは８ヵ月（別伝では６ヵ月）の身重であった。摂政となったペルディッカスと手を組み、大王の妃でライバルのスタテイラを偽の手紙で呼び寄せて殺害した。生まれた男子は将軍たちの取り決めに従い、アレクサンドロス４世として即位した。前321年、摂政アンティパトロスに従い、他の王族と共にマケドニアに赴く。アンティパトロスの死後、息子のカッサンドロスと摂政ポリュペルコンの間で王権が分裂し、王族も２派に分かれた。大王の母オリュンピアスは孫のアレクサンドロス４世とロクサネを守り、前317年、対立したフィリッポス３世（アリダイオス）とアデア＝エウリュディケを捕らえて殺害する。しかしカッサンドロスの軍勢に包囲され、翌年降伏して、オリュンピアスは処刑された。ロクサネとアレクサンドロス４世の母子は、マケドニアの実権を握ったカッサンドロスによってアンフィポリスに移され、監視下に置かれる。前310年頃、用済みとなった二人は秘かに殺害され、マケドニア王家は断絶した。

たらしい。スーサの集団結婚式ではダレイオス３世の娘ドリュペティスと結婚し、同じダレイオスの娘と結婚した大王とは義兄弟の関係になった。さらに事実上の宰相である千人隊長に任命され、大王に次ぐナンバー２の地位を占めた。しかし前324年秋、エクバタナで急死し、大王は彼を半神の英雄として祀った。

ペルディッカス Perdikkas（前360頃〜前321） アレクサンドロスの武将の一人。上部マケドニアのオレスティス地方出身。フィリッポス２世の暗殺時には王の護衛官で、暗殺者パウサニアスを追跡して殺害した。優秀な指揮官として早くから頭角を現し、３大会戦ではいずれも密集歩兵部隊を指揮した。前331年末、側近護衛官に任命されたが、その後も密集歩兵部隊を指揮して最前線で戦い、ソグディアナでは騎兵部隊の指揮官を務めた。ヘファイスティオンと共にインダス渡河の準備に派遣されており、彼も大王の東方政策を支持していたと思われる。スーサに帰還してペルシア人総督の娘と結婚し、他の同僚たちと共に論功行賞を受けた。ヘファイスティオンが死ぬと千人隊長の地位を継いでナンバー２となり、死に臨んだ大王はペルディッカスに指環を与えて彼を事実上の後継者に指名した。大王の死後は名目だけの二人の王の摂政となり、帝国全体の継承を目指したが、彼の野心を警戒する他の将軍たちと対立。前321年、エジプト侵攻に失敗して部下に殺害された。

ユスティヌス Junianus Justinus（後３世紀？） ローマの修辞学者で、大王伝の作家の一人。アウグストゥス時代の歴史家ポンペイウス・トログスに、すでに失われた『フィリッポスの歴史』42巻という大作があり、ユスティヌスがそれを要約して『地中海世界史』を作った。ローマ帝政期には、時には100巻を超える大規模な著作が数多く書かれ、一般読者のためにその摘要・要約が広く求められた。この作品もそうした一つで、アッシリア帝国に始まりローマの地中海統一に至る世界史である。第11〜12巻がアレクサンドロス大王にあてられているが、全体に不正確な記述が多く、現存する大王伝のなかでは最も信頼性が低い。アレクサンドロスが東方風に染まって堕落し、暴君と化したという倫理的判断が叙述の基調となっている。

ロクサネ Rōxanē（前340年代後半〜前310頃） アレクサンドロスの正妃。ソグディアナ地方の豪族オクシュアルテスの娘。前328年、家族と共に岩砦に立てこもったが、砦が陥落して捕虜となり、アレクサンドロスに見初め

げ、一大海上帝国を作り上げた。前313年頃、アレクサンドリアに首都を移し、研究所（ムセイオン）を設立するなど、この都市の繁栄の基礎を固めた。前304年に王位を宣言、晩年には息子のプトレマイオス２世を後継者に指名して共同統治者とし、王朝の安定を図った。晩年に執筆した大王伝は、とりわけ大王の戦争を詳しく記録した軍事史で、アリアノスの主要な典拠となった。もっとも、自分の手柄を誇大に書いたり、後継者戦争期のライバルの功績を軽視・無視するといった偏向性も帯びている。

プルタルコス Ploutarchos（後50以前～120以後）　ローマ帝政初期の伝記作家で、大王伝の作家の一人。ギリシアの小都市カイロネイアの名望家に生まれ、少年時代にアテネに遊学して哲学を学ぶ。30歳と40歳の頃にローマを訪問し、上流人士のソシウス・セネキオと親交を結ぶ。『英雄伝』はこの人物に捧げられた。派手な政治活動はせず、終生カイロネイアにとどまり、晩年にはデルフォイの最高神官や隣保《りんぽ》同盟の役員を務めた。生涯に約250篇におよぶ作品を著す。有名な『英雄伝』は、ギリシア・ローマの著名人を一人ずつ組み合わせた22組の対比列伝と４篇の単独伝記からなり、アレクサンドロス伝はカエサル伝と対になっている。その記述は膨大な読書量を踏まえ、多岐にわたる自在な語りはいかにも談話の名手を思わせる。大王の武勇と果敢な性格を浮き彫りにする一方、彼の弱点や欠点もていねいに描写するなど、人間味に富んだアレクサンドロス像を提供している。

ヘファイスティオン Hēphaistiōn（前356～前324）　アレクサンドロスの側近で最愛の親友。首都ペラの出身で大王と同年齢。アレクサンドロスと共に育てられ、ミエザでアリストテレスの教えを受けた。二人は同性愛関係にあったと推測されている。遠征１年目、戦死したプトレマイオスの後任として側近護衛官となり、フィロータス処刑後にはクレイトスと共に騎兵指揮官に任命された。しかし戦争では目立った活躍がなく、彼の昇進はもっぱら大王との親密な関係のおかげであった。彼の才能は軍事よりも組織の方面にある。フェニキアのシドンでは新しい王の選出を任され、バクトリア・ソグディアナ地方では都市の建設、糧秣《りょうまつ》の確保、川の架橋、連絡網の整備を担当した。またインダス渡河の準備に派遣され、インダス河口のパタラでも要塞や船渠《せんきょ》の建造に携わった。政策面では大王の東方様式化を支持して自分も東方風を取り入れ、反対派のクラテロスとは激しく対立した。大王の母オリュンピアスから嫉妬され、手紙で激しく言い争い、歴史家カリステネスや他の側近とも対立するなど、妬み深く喧嘩早い性格だっュリア人を撃退し、王位挑戦者を退けて危機を乗り切った。その後は政略結婚を重ねて周辺諸国との同盟関係を広げ、国境地帯の安全を確保した。さらに金鉱の開発、軍隊の改良と整備、都市の建設と農地の開墾、征服した諸民族の強制移住などによって急速に国力を増強し、マケドニアをバルカン半島随一の強国に育て上げた。ギリシアに対しても戦争と外交の両面を駆使して着々と征服を進め、前338年、カイロネイアの会戦に勝利してギリシア征服を成し遂げた。ギリシア諸都市をコリントス同盟に組織し、彼自身がその全権将軍となって、いよいよペルシア遠征に着手する。ところが前336年夏、娘の婚礼のさいに、同性愛関係のもつれから側近護衛官のパウサニアスによって暗殺された。フィリッポスはもっぱら大王の父親としてその名を知られているが、疑いなく西洋古代における最も優れた王の一人である。

フィロータス Philōtas（前360年代後半～前330） マケドニアの貴族で、大王の最高位の側近の一人。重臣パルメニオンの長男。東方遠征出発時には全マケドニア騎兵部隊の指揮官で、３大会戦ではアレクサンドロスのすぐ側で戦った。この名誉ある地位は、大王の即位を支持した父パルメニオンへの論功行賞の一環である。物惜しみしない性格で友人思いであったが、その反面、尊大かつ傲慢で、捕虜で愛人にした女性の前でアレクサンドロスを侮蔑する言辞を吐くなどした。前330年秋、フラダにおいて若者達による王暗殺の陰謀が発覚する。フィロータスは、この報せを２度も受けていながら大王に報告しなかったため、陰謀への関与を疑われた。大王の側近たちは反フィロータスの立場で結束し、裁判に持ち込んで彼を有罪に陥れる。こうしてフィロータスは処刑され、エクバタナにいた父パルメニオンも謀殺された。

プトレマイオス Ptolemaios（前360年代中頃～前283） アレクサンドロスの側近で、プトレマイオス朝エジプト王国の建設者。大王伝の作家の一人。上部マケドニアのエオルダイア地方出身。遠征には当初から参加し、前330年秋、陰謀事件に連座したデメトリオスの後任として側近護衛官に選ばれた。翌年にはダレイオス３世の殺害者ベッソスの身柄を確保し、ソグディアナやインドでも数々の作戦で活躍した。スーサの集団結婚式では、アルタバゾスの娘で大王の愛人バルシネの姉妹であるアルタカマと結婚した。大王の死後、エジプト総督に任命される。前321年、摂政ペルディッカスが大王の遺体を本国へ送り出すと、シリアで霊柩車を奪い取り、後継者戦争勃発のきっかけの一つを作った。その後は東地中海にも勢力を広

ネアルコス　Nearchos（前360年代～前310以後）　アレクサンドロスの武将で、大王伝の作家の一人。クレタ島出身のギリシア人だが、父親がクレタからマケドニア王国内のアンフィポリスに移住して市民権を得たので、彼はマケドニア人として育てられた。遠征１年目の冬、小アジア南西部のリュキアとパンヒュリアの総督に任命され、フリュギア総督アンティゴノスと密接な関係を築いた。その後、前線に召集され、前328年春に傭兵部隊を率いてバクトラで合流。本隊がインダス川に向かう際は、偵察部隊を指揮して先行した。前326年秋、ヒュダスペス河畔で三段櫂船の艤装《ぎそう》を担当した。インダス川を下った後、インド洋沿岸の探検航海を命じられ、前325年晩秋、北東季節風にのって出発。苦難に満ちた航海ののち、12月頃ハルモゼイアに着き、偶然大王と再会する。前324年３月にスーサで本隊と合流し、集団結婚式では大王の愛人バルシネと前夫メントルとの間に生まれた娘と結婚した。前323年、アラビア周航艦隊の指揮官に任命されたが、大王の死によって実現せずに終わった。後継者戦争ではアンティゴノスの陣営にあり、前312年には彼の息子デメトリオスの助言者としてシリアに滞在した。その後引退し、大王伝と航海誌の執筆に余生を捧げた。

パルメニオン　Parmeniōn（前400頃～前330）　マケドニアの将軍で、アンティパトロスと共に王国を支えた重臣。前336年、ペルシア遠征の先発部隊の指揮官の一人として小アジアに派遣される。フィリッポス２世の暗殺後はアレクサンドロスの即位を支持し、同僚指揮官で王の敵であるアッタロス殺害を黙認した。彼の支持はアレクサンドロス王権の安定に大きく貢献し、その論功行賞により、彼の一族はこぞって昇進し一大勢力を形成した。遠征軍では王に次ぐナンバー２の位置にあり、３大会戦では左翼全体の指揮をとった。ペルセポリス進発後、ダレイオスを追撃する大王と別れてエクバタナに駐在する。この頃大王は東方協調路線を進め、かつ軍隊を完全に我が物とするため、パルメニオン一族の影響力を排除する必要に迫られていた。前330年秋、フラダにおいて、長男フィロータスが王暗殺の陰謀に関与したとして処刑される。パルメニオンは事件とは無関係であったが、もはや大王はこの老将軍を生かしておくことはできず、パルメニオンと親しいポリュダマスをエクバタナへ派遣して彼を殺害した。

フィリッポス２世　Philippos Ⅱ（前382～前336）　マケドニアの王、アレクサンドロス大王の父。前360年代半ば、兄ペルディッカス３世の治世に人質としてテーベに送られ、10代半ばの３年間を過ごす。前359年、イリュリア人の侵入を受けて兄が戦死すると、23歳で即位。軍を再建してイリ

321年のトリパラデイソスの会議でバビロニア総督に任命されるが、５年後にアンティゴノスと対立し、エジプトに逃れた。前312年、バビロンに帰還して総督の地位を回復。それから東方に目を向け、前306年からバクトリア地方に遠征した。さらにインドへ侵攻したが、前304年、マウリヤ朝のチャンドラグプタに敗れて講和を結ぶ。この間、バクトリアにおいて王位を宣言した。アカイメネス朝の領土の大半を引き継ぎ、ティグリス河畔の新しい首都セレウキアをはじめ、シリア北部や小アジア西部に数多くの都市を建設した。前282年、トラキア地方を拠点とするリュシマコスと戦って勝利し、翌年にはヨーロッパ側に上陸、マケドニア本国めざして進軍しようとしたが、エジプトから彼のもとへ亡命していたプトレマイオス=ケラウノスに暗殺された。

ダレイオス３世 DareiosⅢ（前380頃～前330） アカイメネス朝ペルシア最後の王。王家の傍系の一人で、本名はアルタシャタ、父はアルサメス、祖父はアルタクセルクセス２世の兄弟のオスタネス。アルメニア総督であった時、宮廷内の陰謀により直系が途絶え、前336年に即位した。背が高く、武勇に優れ、高潔にして温厚な人物であったと伝えられる。アレクサンドロスが即位すると、ギリシア諸都市に資金を送り、反マケドニア運動を支援した。前333年秋、イッソスの会戦で敗れ、彼自身は逃走したが家族全員が捕虜となった。その後アレクサンドロスに親書を送り、領土の割譲、娘との結婚などと引き換えに家族の釈放を求めたが、果たせなかった。前331年10月１日、ガウガメラの会戦で再び敗北し、エクバタナに逃れる。前330年５月、マケドニア軍のペルセポリス進発を知ると、さらに東方へ向かった。しかしバクトリア総督ベッソスに実権を奪われ、囚《とら》われの身となる。７月、アレクサンドロスが彼の一行に追いつく寸前、ベッソスらによって殺害された。

ディオドロス Diodōros（前１世紀） シチリア出身のギリシア人歴史家で、大王伝の作家の一人。太古の時代からカエサルのガリア戦争にいたる『世界史』全40巻を著した。当時のローマは共和政から帝政への移行期にあり、この著作は地中海一帯を我が物としたローマ人にとっての「世界史」にほかならない。完全な形で残っているのは１～５、11～20巻で、第17巻がアレクサンドロスの治世にあてられ、大王の英雄的な姿を描いている。その一方で、大王の偉大さを強調するあまり、大げさな描写や感情的な表現に流れ、いかにも大衆受けをねらったような印象を与える。

ラニコス、イッソス、ガウガメラの３大会戦では親衛騎兵隊の指揮官を務め、グラニコスで大王がペルシア人将軍と一騎打ちを交した時には、間一髪でアレクサンドロスの命を救った。前331年末、病気のためスーサに残され、翌年パルティア地方で本隊と合流。フィロータスの処刑後、ヘファイスティオンとともに騎兵部隊の指揮権を分け合った。前328年秋、辞任したアルタバゾスの後任としてバクトリア総督に任命される。これを左遷と見なしたクレイトスは、赴任前夜、マラカンダ（現サマルカンド）で開かれた宴会でかねてからの不満を爆発させ、大王のアジア贔《びい》屓《き》を公然と非難した。同じく酩酊していたアレクサンドロスは激怒し、衝動的に槍で彼を刺し殺した。

コイノス Koinos（前360年代中頃～前326）　アレクサンドロスの武将。上部マケドニアのエリミオーティス地方の貴族出身。フィリッポス２世の時代から指揮官を務める。前335年、アレクサンドロスに粛清されたアッタロスの未亡人と結婚したが、彼女は重臣パルメニオンの娘である。こうしてフィロータスの義兄弟となり、パルメニオン派の一人としてアレクサンドロス治世の経歴をスタートさせた。３大会戦では密集歩兵部隊を率い、とくにイッソスとガウガメラでは近衛歩兵部隊のすぐ左、重装歩兵の最右翼の位置を占めた。遠征１年目の冬、自らもその一人である新婚の将兵を率いて帰国し、翌年春、増援部隊と共にゴルディオンで本隊に合流。前330年、フィロータスが告発されると、保身のためいち早く反対派に転じた。その後はソグディアナ地方でスキタイ人と戦い、インド北部のスワート方面でもしばしば独立して行動、ポーロス王との会戦では騎兵部隊を指揮するなど、軍人としての才能を遺憾なく発揮した。前326年、ヒュファシス河畔で兵士たちが遠征継続を拒否すると、大王は指揮官たちを集めてあくまでも前進を訴えた。だれもが王に直言するのを憚《はばか》る中、コイノスが立ち上がり、皆の気持ちを代弁して帰還を勧めた。その後まもなく病死し、アレクサンドロスは彼を可能な限り盛大に葬った。

セレウコス Seleukos（前350年代初め～前282）　アレクサンドロスの武将で、セレウコス朝シリア王国の建設者。父のアンティオコスはフィリッポス２世時代の高官。大王より少しだけ年長で、フィリッポス２世の近習であった。中央アジア方面の戦闘で頭角を現し、ポーロス王との会戦では近衛歩兵部隊を指揮した。スーサの集団結婚式ではペルシア人貴族スピタメネスの娘アパマと結婚し、異例のことだが生涯連れ添った。大王の死後、摂政ペルディッカスの直属の部下として二人の王を守る役目を与えられた。前ファイスティオンを「アレクサンドロスの友」、クラテロスを「王の友」と呼び、二人が喧嘩した時は「自分はあらゆる人々の中で君たち二人を最も愛している」と言った。他方で、マケドニア古来の慣習に固執したがゆえに、一般兵士から慕われた。後継者戦争当時、兵士たちはクラテロスの帽子を見、声を聞いただけで、武器をとって勇んで駆けつけると言われたほどだ。ポーロス王との会戦ではインド軍本隊の正面に残留して、敗走するインド軍を打ち破った。インドからの帰路は別動隊を率い、カルマニア地方で本隊と合流、スーサでダレイオス３世の兄弟オクシュアトレスの娘と結婚した。前324年、大王から本国の代理統治者に任命され、除隊した復員兵１万を率いて出発したが、翌年夏、キリキア地方で大王死去の報せを受けた。その後マケドニアに帰ったが、前321年、小アジアにおける戦闘で戦死した。

クルティウス・ルフス　Curtius Rufus（後１世紀）　ローマの元老院議員で、大王伝の作家の一人。全10巻のうち最初の２巻が失われているため、正確な題名はわからない。作者自身についてもほとんど不明だが、クラウディウス帝時代に大王伝を執筆したと推測されている。精彩に富む物語であるが、しばしば作者自身の倫理的な判断を織り交ぜ、アレクサンドロスが東方風の宮廷儀礼を採用するなど傲慢と怠惰に陥り、過度の飲酒とあいまって堕落していったとして、大王をきっぱり断罪する。その一方でアカイメネス朝の慣習やペルシア大王と側近たちとの会話など、ペルシア側の史料を用いたと思われる箇所も多く、他の作品には見られない豊富な情報を保存している。

クレイタルコス　Kleitarchos（前４世紀後半～前３世紀前半）　ヘレニズム時代初期の作家で、大王伝の作家の一人。小アジアのギリシア都市コロフォンの出身で、歴史家ディノンの子。師事していた哲学者スティルポンに従ってアレクサンドリアに移住し、プトレマイオスの庇《ひ》護《ご》を受けながら12巻の大王伝を執筆した。その作品は庇護者プトレマイオスに追従的である一方、人々が抱いていた大王像に合わせた物語であった。それゆえ正確な歴史とは程遠いが、ヘレニズム時代からローマ時代にかけて広く愛読され、古代におけるアレクサンドロス像の形成に決定的ともいえる影響を与えた。ディオドロスもクルティウスもこれを主要な典拠の一つとしている。

クレイトス　Kleitos（前360年代～前328）　アレクサンドロスの武将。姉のラニケはアレクサンドロスの乳母で、クレイトスと大王とは幼なじみ。グ

長男、後継者戦争時代のマケドニア王。東方遠征には従軍せず、マケドニアに留まっていた。父親が大王の不興を買うと、前324年にバビロンを訪れて弁明したが、かえってアレクサンドロスの怒りを買い、後々まで大王に対する恐怖心を抱くようになった。彼が大王を毒殺したとの噂は、後継者戦争時代の反対派による政治宣伝に由来する。前318年、アンティパトロスが死に際してポリュペルコンを後継摂政に指名したことに不満を抱き、アンティゴノスの支援を得て反旗を翻す。王族のうち、フィリッポス３世（アリダイオス）とその妃アデア＝エウリュディケが彼の側についた。しかし二人はオリュンピアスの軍勢と戦って敗れ、処刑される。急行したカッサンドロスは逆にオリュンピアスを包囲し、前316年春、彼女を捕らえて処刑した。こうしてマケドニアの単独支配者となり、大王の異母妹テッサロニケを妻に迎え、新しい首都を建設してテッサロニカと名づけた。アレクサンドロス４世とその母ロクサネの二人をアンフィポリスに移し、事実上幽閉した。前310年頃、秘かに二人を殺害し、前305年頃、王位を宣言した。

カリステネス　Kallisthenēs（前370頃～前327）　ギリシアの哲学者・歴史家で、大王伝の作家の一人。カルキディケー半島のギリシア都市オリュントスの出身で、哲学者アリストテレスの姪の子にあたる。アリストテレスの推薦で遠征に従軍し、アレクサンドロスから遠征の公式記録を執筆する任務を与えられた。自尊心が強く、寡黙で交際を嫌ったため、宮廷内では孤立していたが、若者には人気があり、哲学の教師として慕われた。前327年、ペルシア風宮廷儀礼である跪《き》拝《はい》礼の導入に反対、王の前で堂々たる反論を展開して王と対立した。そこへ近習たちの王暗殺陰謀事件が発覚、首謀者が彼の弟子であったことから、カリステネスの関与が疑われて処刑された。彼の大王伝は、アレクサンドロスを英雄アキレウスの再来として賛美する武勲詩で、大王神話の形成にひと役買った。また遠征先の地誌や故事にも詳しいことから、ローマ時代の伝記作家プルタルコス、地理学者ストラボンによって数多く引用された。

クラテロス　Krateros（前360年代初め～前321）　アレクサンドロスの武将。上部マケドニアのオレスティス地方の出身。遠征当初から密集歩兵部隊の指揮官を務め、イッソスとガウガメラの会戦では左翼の歩兵部隊全体を指揮した。前330年のフィロータス告発においては、個人的な敵意から主導的な役割を果たし、側近護衛官たちと結束してフィロータスを死刑に追い込んだ。大王の親友ヘファイスティオンとは激しく対立したが、大王はヘ

することを決定した。このため大王が急死すると、アンティパトロス一派による毒殺であるとの噂すら流れた。バビロンの会議で、あらためてマケドニアとギリシアの全権将軍と認められる。前322年にギリシア諸国の反乱（ラミア戦争）を鎮圧した。前321年にペルディッカスが死ぬと、トリパラデイソスの会議で摂政に任じられ、王族を率いて帰国した。前319年、ポリュペルコンを後継摂政に指名して80歳で世を去った。この指名が息子カッサンドロスを怒らせ、王権分裂の原因となった。

オネシクリトス Onesikritos（前370年代～前305以後）　ギリシアの哲学者で、大王伝の作家の一人。犬儒学派の哲学者ディオゲネスに学ぶ。東方遠征には当初から参加したらしい。インドのタクシラでインド人哲学者たちのもとへ派遣され、大王との会見を実現した。他方で航海にも通じており、インダス川下りでは旗艦の操舵手を務め、ネアルコスの探検航海にも参加した。彼の大王伝は事実と空想を自在に混合させた作品で、カリステネスと同じく大王に対して著しく追従的である。インドの自然や風物、バラモン僧に関する記述の断片が残されている。

オリュンピアス Olympias（前370年代中頃～前316）　アレクサンドロス大王の母、フィリッポス２世の妃。ピンドス山脈西側に位置するモロッソイ王国の王女で、父はネオプトレモス。サモトラケ島で密儀に入信し、蛇を用いる激情的な信仰に陶酔した。前357年にマケドニアのフィリッポス２世と結婚し、翌年にアレクサンドロスを、翌々年にクレオパトラを生んだ。前337年、フィリッポスが７番目の妻としてマケドニア貴族の娘を娶《めと》ると、王位継承権を奪われたと感じた母子は彼と対立し、オリュンピアスは故国モロッソイに帰った。翌年フィリッポスが暗殺されると、母子二人が黒幕であるとの噂が流れたが、確実な証拠はない。東方遠征中は、頻繁に手紙を送って息子の身辺に気を配る一方、本国の代理統治者アンティパトロスと対立した。アレクサンドロスの死後、生き残りをかけて娘のクレオパトラを後継将軍の一人に嫁がせようとしたが、果たせない。大王の正妃ロクサネと孫のアレクサンドロス４世が帰国し、さらにマケドニア王権が分裂すると、大王の血筋を守って摂政ポリュペルコンと手を結ぶ。前317年、反対派のフィリッポス３世（アリダイオス）とアデア＝エウリュディケを捕らえて殺害した。しかし、ピュドナの町でカッサンドロスの軍勢に包囲され、翌年春に降伏し、処刑された。

カッサンドロス Kassandros（前350年代～前297）　重臣アンティパトロスの

ス４世を名のった。王族が分裂すると、祖母であるオリュンピアスが後ろ盾となったが、前316年に彼女は殺害され、マケドニアの実権を握ったカッサンドロスは、彼を母ロクサネと共にアンフィポリスに移して監視下に置いた。前311年に４人の後継将軍たちが結んだ和約は、アレクサンドロス４世が成人するまでカッサンドロスがヨーロッパの将軍たるべきことを定めていた。しかし前310年頃、カッサンドロスは用済みとなった母子を秘かに殺害し、ここにマケドニア王家は断絶した。二人の死は前306年頃には広く知られ、後継将軍らが王を名のるきっかけを与えた。

アンティゴノス Antigonos（前382〜前301）　マケドニアの将軍で、後継者戦争の中心人物。隻眼《せきがん》という綽名をもつ。フィリッポス２世と同年で、王と共にマケドニア王国の興隆を身をもって経験した。東方遠征開始時にはギリシア同盟軍を指揮し、前333年、小アジア内陸の要衝フリュギアの総督に任命された。その後は近隣地域を平定し、イッソスの会戦から生き延びたペルシア人将軍たちの反攻を撃破するなど、小アジアの占領統治に大きく貢献した。大王の死後、摂政のペルディッカスと対立してヨーロッパに逃れ、彼の野心を宣伝して、後継者戦争勃発の一因を作った。ペルディッカスの死後、前321年、トリパラデイソスの会議で全マケドニア軍の指揮官に任命され、アジアにおける最高権力を手に入れた。これ以降、息子のデメトリオスと共に他の将軍たちと戦い続け、20年にわたって後継者戦争の中心に位置した。前306年には、キプロス沖でプトレマイオスの艦隊に大勝したことを記念して息子と共に王位を宣言し、ヘレニズム王国建設の先駆けとなった。しかし前301年、小アジアのイプソスにおける会戦で、セレウコスとリュシマコスの軍に敗れて戦死し、彼の王国は瓦解《がかい》した。

アンティパトロス Antipatros（前399頃〜前319）　マケドニアの将軍で、パルメニオンと並ぶ王国の重臣。フィリッポス２世の即位以前から軍人として活躍し、フィリッポス暗殺後は、直ちにアレクサンドロスの即位を支持して王権の安定に貢献した。東方遠征中は代理統治者としてマケドニア本国とギリシア本土を統治する一方、増援部隊を前線に送り続けた。前331年、スパルタ王アギスが蜂起すると、ギリシア同盟軍を合わせて４万の兵を率いて南下、翌年春、メガロポリスの会戦で反乱軍を破り、アギスを敗死させた。本国の統治においては、大王の母親オリュンピアスの干渉に悩み、二人はそれぞれ大王に手紙を書いて中傷合戦を繰り広げた。大王との溝は深まり、前324年、アレクサンドロスは彼を更迭してバビロンに召還より王子アレクサンドロスの教師となり、ミエザで３年間教えた。王子を文学好きにし、医学への興味も持たせ、自ら校訂した『イリアス』を贈った。アレクサンドロスが即位した翌年の前335年にアテネへ移り、リュケイオンに学園を創設、列柱廊を歩きながら議論することから「逍遥《しょうよう》学派」の名がついた。前327年に甥のカリステネスが処刑されると、アリストテレスは大王に悪意を抱くようになったといわれる。さらに大王暗殺計画に加わって、自ら毒を調合したとの噂さえ流れた。しかしこれらには根拠がない。前323年にアレクサンドロスが世を去り、アテネが反マケドニア蜂起に加わると、親マケドニア派と見なされた彼は瀆神《とくしん》罪で告訴され、エウボイア島のカルキスへ逃れて翌年死去した。

アリストブロス Aristoboulos（前４世紀前半～前３世紀初め）　大王伝の作家の一人。遠征中にアレクサンドロスからペルシア王キュロス２世の墓の修理を命じられており、技術者・建築家であったと見られている。大王の死後はマケドニアに帰り、カッサンドロスの治世を生きた。前３世紀初頭に84歳で大王伝の執筆を始めたといわれる。彼の作品は、アレクサンドロスへの追従《ついしょう》や事実の歪曲《わいきょく》とは無縁で信憑《しんぴょう》性が高いと評価され、ローマ時代のアリアノスによって活用された。

アリダイオス Arrhidaios（前358頃～前317）　フィリッポス２世の子で、アレクサンドロスの兄弟。マケドニアの名目上の王。母はテッサリア貴族出身のフィリンナ。知的障害をもち、宗教儀式以外の国事に関わることができなかった。東方遠征中の消息は不明だが、アレクサンドロスが死んだ時にはバビロンの宮廷におり、マケドニア軍将兵の合意で王位につけられ、フィリッポス３世を名のった。摂政ペルディッカスの保護下に置かれ、姪にあたるアデア＝エウリュディケと結婚した。前321年にペルディッカスが死ぬと、新たに摂政となったアンティパトロスに伴われてマケドニアに帰国した。アンティパトロスの死後、王権が分裂して王族も二つに割れ、アレクサンドロス４世を擁護するオリュンピアスと対立。前317年、妻アデアの率いる軍勢がオリュンピアス側に寝返り、妻と共にオリュンピアスに捕らえられて殺害された。

アレクサンドロス４世 AlexandrosⅣ（前323～前310頃）　アレクサンドロス大王と正妃ロクサネの子。マケドニアの名目上の王。大王の死から２ヵ月後（別伝では４ヵ月後）に生まれた。マケドニア軍将兵の取り決めに従い、フィリッポス３世アリダイオスの共治王として即位、アレクサンドロ

主要人物略伝

アッタロス　Attalos（前４世紀前半〜前336）　マケドニアの貴族。フィリッポス２世の外戚で、アレクサンドロスの宿敵。前337年、姪のクレオパトラがフィリッポス２世と結婚した時、披露宴で正統な後継者が生まれることを祈って乾杯した。これがアレクサンドロスを憤激させ、二人は不《ふ》倶《ぐ》戴《たい》天《てん》の敵となった。その後は彼女の後見人として宮廷で大きな影響力を持つようになる。前336年、フィリッポスが東方遠征の先発部隊を小アジアへ派遣したとき、アッタロスは３人の指揮官の一人に選ばれた。しかし同年にフィリッポスが暗殺されると、アレクサンドロスが派遣した部下によって暗殺された。

アリアノス　Flavios Arrianos（後２世紀）　ローマ帝政期の軍人・政治家・著作家で、大王伝の作家の一人。紀元１世紀末、小アジアの都市ニコメディア（現イズミット）の元老院議員身分のギリシア人名望家に生まれた。哲学者エピクテトスに師事した後、ローマの高官の知遇をえてトラヤヌス帝のパルティア遠征に参加、これをアレクサンドロスの遠征の再来と考えた。次のハドリアヌス帝時代にはローマ帝国東部辺境のカッパドキア属州総督を務め、北方スキタイ系の遊牧民とも戦った。こうして「ローマの平和」の時代に帝国の要職を歴任し、大きな名声を博して「第一級のローマ人」と謳われた。余生は著作に専念したが、その主題は広汎で、『アレクサンドロス大王東征記』『インド誌』のほか、出身地の郷土史である『ビテュニア誌』、トラヤヌスの東方遠征を顕彰する『パルティア誌』、総督の経験を踏まえた『黒海周航記』など多数にのぼる。彼の大王伝は、彼が最も信頼できると評価したプトレマイオスとアリストブロスの作品に依拠し、当時流布していた大王＝暴君説に対抗して、偉大な将軍としての大王像を描いた。近代の研究では大王伝の中で最も正確と評価され、長らく「正史」として扱われてきた。

アリストテレス　Aristotelēs（前384〜前322）　古代ギリシアの哲学者。アレクサンドロスの教師。カルキディケ半島の小都市スタゲイラに生まれる。父はマケドニアの宮廷で侍医を務めたニコマコスで、少年時代を首都ペラで過ごした。17歳でアテネに遊学し、プラトンの学園アカデメイアで20年間学ぶ。前347年にプラトンが死ぬと、小アジアのアッソス、次いでレスボス島のミュティレネへ移った。前343年、フィリッポス２世の招聘《しょうへい》に

〈ワ行〉

〈マ行〉

〈ヤ行〉

〈ラ行〉

〈ナ行〉

〈ハ行〉

〈サ行〉

〈カ行〉

索 引

アレクサンドロス大王、アレクサンドロス三世など頻出する用語は省略した。
見出しに＊を付した語は、巻末の「主要人物略伝」に項目がある。

〈ア行〉

本書の原本は、二〇〇七年一月、
「興亡の世界史」第01巻として小社より刊行されました。

森谷公俊（もりたに　きみとし）
1956年，徳島県生まれ。東京大学文学部西洋史学科卒業。帝京大学文学部教授。専門は古代ギリシア・マケドニア史。著書に『王宮炎上—アレクサンドロス大王とペルセポリス』（吉川弘文館），『アレクサンドロスとオリュンピアス』（ちくま学芸文庫），『図説アレクサンドロス大王』（河出書房新社）などがある。

講談社学術文庫
定価はカバーに表示してあります。

興亡の世界史
アレクサンドロスの征服《せいふく》と神話《しんわ》
森谷公俊《もりたにきみとし》

2016年2月10日　第1刷発行

発行者　鈴木　哲
発行所　株式会社講談社
東京都文京区音羽2-12-21 〒112-8001
電話　編集（03）5395-3512
販売（03）5395-4415
業務（03）5395-3615
装　幀　蟹江征治
印　刷　大日本印刷株式会社
製　本　株式会社国宝社

ISBN978-4-06-292350-7

「講談社学術文庫」の刊行に当たって

　これは、学術をポケットに入れることをモットーとして生まれた文庫である。学術は少年の心を養い、成年の心を満たす。その学術がポケットにはいる形で、万人のものになることは、生涯教育をうたう現代の理想である。

　こうした考え方は、学術を巨大な城のように見る世間の常識に反するかもしれない。また、一部の人たちからは、学術の権威をおとすものと非難されるかもしれない。しかし、それはいずれも学術の新しい在り方を解しないものといわざるをえない。

　学術は、まず魔術への挑戦から始まった。やがて、いわゆる常識をつぎつぎに改めていった。学術の権威は、幾百年、幾千年にわたる、苦しい戦いの成果である。こうしてきずきあげられた城が、一見して近づきがたいものにうつるのは、そのためである。しかし、学術の権威を、その形の上だけで判断してはならない。その生成のあとをかえりみれば、その根は常に人々の生活の中にあった。学術が大きな力たりうるのはそのためであって、生活をはなれた学術は、どこにもない。

　開かれた社会といわれる現代にとって、これはまったく自明である。生活と学術との間に、もし距離があるとすれば、何をおいてもこれを埋めねばならない。もしこの距離が形の上の迷信からきているとすれば、その迷信をうち破らねばならぬ。

　学術文庫は、内外の迷信を打破し、学術のために新しい天地をひらく意図をもって生まれた。文庫という小さい形と、学術という壮大な城とが、完全に両立するためには、なおいくらかの時を必要とするであろう。しかし、学術をポケットにした社会が、人間の生活にとってより豊かな社会であることは、たしかである。そうした社会の実現のために、文庫の世界に新しいジャンルを加えることができれば幸いである。

一九七六年六月

野間省一

外国の歴史・地理

中国古代の文化
白川　静著

中国の古代文化の全体像を探る。斯界の碩学が中国の古代を、文化・民俗・社会・政治・思想の五部に分ち、日本の古代との比較文化論的な視野に立って、その諸問題を明らかにする画期的作業の第一部。

441

ガリア戦記
カエサル著／國原吉之助訳

ローマ軍を率いるカエサルが、前五八年以降、七年にわたりガリア征服を試みた戦闘の記録。当時のガリアとゲルマニアの事情を知る上に必読の歴史的記録として有名。カエサルの手になるローマ軍のガリア遠征記。

1127

十字軍騎士団
橋口倫介著

秘密結社的な神秘性を持ち二百年後に悲劇的結末を迎えたテンプル騎士団、強大な海軍力で現代まで存続した聖ヨハネ騎士団等、十字軍遠征の中核となった修道騎士団の興亡を十字軍研究の権威が綴る騎士団の歴史。

1129

内乱記
カエサル著／國原吉之助訳

英雄カエサルによるローマ統一の戦いの記録。前四九年、ルビコン川を渡ったカエサルは地中海を股にかけ政敵ポンペイユスと戦う。あらゆる困難を克服し勝利するまでを迫真の名文で綴る。ガリア戦記と並ぶ名著。

1234

秦漢帝国　中国古代帝国の興亡
西嶋定生著

中国史上初の統一国家、秦と漢の四百年史。始皇帝が初めて中国全土を統一した紀元前三世紀から後漢末までを兵馬俑の全貌も盛り込み詳述。皇帝制度と儒教を軸に劉邦、項羽など英雄と庶民の歴史を泰斗が説く。

1273

隋唐帝国
布目潮渢《ちょうふう》・栗原益男著

三百年も東アジアに君臨した隋唐の興亡史。律令制の確立で日本や朝鮮の古代国家に多大な影響を与えた隋唐帝国。則天武后の専制や玄宗と楊貴妃の悲恋など、波乱に満ちた世界帝国の実像を精緻に論述した力作。

1300

外国の歴史・地理

愛宕《おたぎ》松男・寺田隆信著
モンゴルと大明帝国
征服王朝の元の出現と漢民族国家・明の盛衰。チンギス＝カーンによるモンゴル帝国建設とそれに続く元の中国支配から明の建国と滅亡までを論述。耶律楚材の改革、帝位簒奪者の永楽帝による遠征も興味深く説く。

1317

イザベラ・バード著／時岡敬子訳
朝鮮紀行　英国婦人の見た李朝末期
百年まえの朝鮮の実情を忠実に伝える名紀行。英人女性イザベラ・バードによる四度にわたる朝鮮旅行の記録。国際情勢に翻弄される十九世紀末の朝鮮とその風土、伝統的文化、習俗等を活写。絵や写真も多数収録。

1340

ルドルフ・ヘス著／片岡啓治訳（解説・芝　健介）
アウシュヴィッツ収容所
大量虐殺の責任者R・ヘスの驚くべき手記。強制収容所の建設、大量虐殺の執行の任に当ったヘスは職務に忠実な教養人で良き父・夫でもあった。彼はなぜ凄惨な殺戮に手を染めたのか。本人の淡々と語る真実。

1393

貝塚茂樹・伊藤道治著
古代中国　原始・殷周・春秋戦国
北京原人から中国古代思想の黄金期への歩み。原始時代に始まり諸子百家が輩出した春秋戦国期に到る悠遠な時間の中で形成された、後の中国を基礎づける独自の文明。最新の考古学の成果が書き換える古代中国像。

1419

堀　敏一著
中国通史　問題史としてみる
歴史の中の問題点が分かる独自の中国通史。中国の歴史をみる上で、何が大事で、どういう点が問題になるのか。書く人の問題意識が伝わることに意を注ぎ古代から現代までの中国史の全体像を描き出した意欲作。

1432

小林章夫著
コーヒー・ハウス　18世紀ロンドン、都市の生活史
珈琲の香りに包まれた近代英国の喧噪と活気。十七世紀半ばから一世紀余にわたりイギリスの政治や社会、文化に多大な影響を与えた情報基地。その歴史を通し、爛熟する都市・ロンドンの姿と市民生活を活写する。

1451

外国の歴史・地理

オランダ東インド会社
永積《ながづみ》　昭《あきら》著（解説・広末雅士）

東インド貿易の勝利者、二百年間の栄枯盛衰。香料貿易を制し、胡椒・コーヒー等の商業用作物栽培に進出して成功を収めたオランダ東インド会社は、なぜ滅亡したか？　インドネシア史を背景にその興亡を描く。

1454

大清帝国
増井経夫著（解説・山根幸夫）

最後の中華王朝、栄華と落日の二百七十年。政治・経済・文化等、あらゆる面で中国四千年の伝統が集大成された時代・清。満州族による建国から崩壊までを描き、そこに生きた民衆の姿に近代中国の萌芽を読む。

1526

酒池肉林　中国の贅沢三昧
井波律子著

中国の厖大な富が大奢侈となって降り注ぐ。甍を競う巨大建築、後宮三千の美女から、美食と奇食、大量殺人、麻薬の海、そして精神の蕩尽まで。四千年をいろどる贅沢三昧の中に、もうひとつの中国史を読む。

1579

魏晋南北朝
川勝義雄著（解説・氣賀澤保規）

〈華やかな暗黒時代〉に中国文明は咲き誇る。秦漢帝国の崩壊がもたらした混乱と分裂の四百年。専制君主なき群雄割拠の時代に、王羲之、陶淵明、『文選』等を生み出した中国文明の一貫性と強靱性の秘密に迫る。

1595

渤海国　東アジア古代王国の使者たち
上田　雄著

謎の国渤海と古代日本の知られざる交流史。七世紀末中国東北部に建国され二百年に三十回も日本に使者を派遣した渤海。新羅への連携策から毛皮の交易、遣唐使の往還まで、多彩な交流を最新の研究成果で描く。

1653

古代ギリシアの歴史　ポリスの興隆と衰退
伊藤貞夫著

西欧文明の源流・ポリスの誕生から落日まで。先史文明から諸王国の崩壊を経て民主政を確立した都市国家。ペルシア戦争に勝利し黄金期を迎えたポリスがなぜ衰退したか。栄光と落日の原因を解明する力作。

1665

外国の歴史・地理

ウィリアム・H・マクニール著／清水廣一郎訳
ヴェネツィア 東西ヨーロッパのかなめ 1081〜1797
ベストセラー『世界史』の著者のもうひとつの代表作。十字軍の時代からナポレオンによる崩壊まで、軍事・造船・行政の技術や商業資本の蓄積に着目し、地中海最強の都市国家の盛衰と、文化の相互作用を描き出す。
2192

パット・バー著／小野崎晶裕訳
イザベラ・バード 旅に生きた英国婦人
日本、チベット、ペルシア、モロッコ……。外国人が足を運ばなかった未開の奥地まで旅した十九世紀後半の最も著名なイギリス人女性旅行家。その幼少期から異国での苦闘、晩婚後の報われぬ日々まで激動の生涯。
2200

南川高志著
ローマ五賢帝「輝ける世紀」の虚像と実像
賢帝ハドリアヌスは、同時代の人々には恐るべき「暴君」だった！「人類が最も幸福だった」とされるローマ帝国最盛期は、激しい権力抗争の時代でもあった。平和と安定の陰に隠された暗闘を史料から解き明かす。
2215

川北 稔著
イギリス 繁栄のあとさき
今日英国から学ぶべきは、衰退の中身である——。産業革命を支えたカリブ海の砂糖プランテーション。資本主義を担ったジェントルマンの非合理性……。世界システム論を日本に紹介した碩学が解く大英帝国史。
2224

本村凌二著
愛欲のローマ史 変貌する社会の底流
カエサルは妻に愛をささやいたか？ 古代ローマ人の愛と性のかたちを描き、その内なる心性と歴史の深層をとらえる社会史の試み。性愛と家族をめぐる意識の変化は、やがてキリスト教大発展の土壌を築いていく。
2235

笈川博一著
古代エジプト 失われた世界の解読
二七〇〇年余り、三十一王朝の歴史を繙く。ヒエログリフ（神聖文字）などの古代文字を読み解き、『死者の書』から行政文書まで、資料を駆使して、宗教、死生観、言語と文字、文化を概観する。概説書の決定版！
2255